W0068291

Berühmte Verbrecher

Christiane von Beller

compact via ist ein Imprint der Compact Verlag GmbH

© Compact Verlag GmbH
Baierbrunner Straße 27, 81379 München
Ausgabe 2013

Alle Rechte vorbehalten. Nachdruck, auch auszugsweise,
nur mit ausdrücklicher Genehmigung des Verlages gestattet.

Text: Christiane von Beller
Chefredaktion: Dr. Matthias Feldbaum
Redaktion: Tanja Böhm
Produktion: Frank Speicher
Abbildungen: siehe Bildnachweis S. 224
Titelabbildungen: fotolia.com: JiSIGN (Fingerabdrücke), Pau Delacó (Handschellen);
iStockphoto.com/jsteck (Aktenmappe)
Gestaltung: h3a GmbH, München
Umschlaggestaltung: h3a GmbH, München

ISBN 978-3-8174-8962-6
381748962/1

www.compactverlag.de

VORWORT

In diesem Buch geht es nicht um einen bestimmten Verbrechertypus, sondern um die Vielfalt der berühmten Täter: um die grausamen, die cleveren, die sympathischen, die tragischen.

Manche Verbrecher sind heute nur bekannt, weil zufällig ein Blatt Papyrus oder eine Flugschrift erhalten blieb, andere weil eine neue Entwicklung aus der Kriminaltechnik zur Aufklärung beitrug, wie zum Beispiel der erste DNA-Massentest. Erst mit der Zunahme des Pressewesens wurden mediale Karrieren möglich, wie die von Jack the Ripper. Eine reißerische Berichterstattung bewirkt einen gewissen Bekanntheitsgrad und damit auch eine gute Vermarktungsmöglichkeit. Leider wahr: Das amerikanische Son of Sam Law, welches verhindern soll, dass Täter im Nachhinein Exklusivrechte für Film, TV und Print verkaufen, ist bis heute umstritten. In anderen Ländern sind ähnliche Gesetze völlig unbekannt.

Einige Verbrecher haben unsere Sympathien, wie der ehemalige Hochstapler Frank Abagnale. Spätestens seit Steven Spielberg seine Geschichte verfilmte, staunte die Welt über die Fähigkeiten des heutigen FBI-Beraters. Und wer kann sich das Lachen verkneifen, wenn es um die millionenteuren Hitler-Tagebücher geht? Kein Experte wollte sehen, dass auf ihnen statt AH die Initialen FH prangten.

Andere Verbrecher erschrecken und erschüttern uns bis ins Mark. Viele schockierende Thriller und schwarze Komödien entstammen gar nicht den Hirnen fantasiebegabter Autoren – sie entspringen direkt der Wirklichkeit.

Mit einigem zeitlichen Abstand werden Mörder sogar zu beliebten touristischen Aushängeschildern: Jack-the-Ripper-Touren sind in London fast Pflichtprogramm und Fritz Haarmann schaffte es immerhin zweimal in den Adventskalender der Hannover Marketing und Tourismus GmbH.

Am meisten aber irritieren die psychopathischen Serienmörder. Ihre Motive und Handlungen entziehen sich jeder Erklärung. Wissenschaftler können die Taten bis heute nicht immer eindeutig begründen. Der Kriminalpsychologe Dr. Thomas Müller, der viele Serienmörder interviewte, sagte einmal über Jeffrey Dahmer: „Er hat die manipulierendste Stimme gehabt, die ich in meinem ganzen Leben gehört habe: weich und einfühlsam, aber doch auf eine bestimmte Art bestechend, gerade, stark." Mit einem Wort: unheimlich.

INHALT

21. Jahrhundert

PANEB

Mord, Bau-Skandale und Sex-Affären – das hört sich sehr aktuell an, aber gegen solche Anschuldigungen musste sich vor über 3000 Jahren der Baumeister Paneb wehren. Ihm wurde während der Regierungszeit (1279–1213 v. Chr.) von Ramses II. die Bauaufsicht über Königsgräber und Tempelanlagen nahe der altägyptischen Hauptstadt Theben anvertraut und er diente mehreren Pharaonen.

NAME:
Paneb

VERBRECHERNAME:
Paneb, der Verbrecher

GEBURTSDATUM UND -ORT:
13. Jh. v. Chr. in Deir el-Medina, Ägypten

ANSCHULDIGUNGEN:
Bestechung, Unterschlagung, Körperverletzung, Sachbeschädigung, Diebstahl, Vergewaltigung, Ehebruch, Mord

TATORT:
Deir el-Medina, Ägypten

TODESDATUM UND -ORT:
Unbekannt. Paneb lebte im 5. Regierungsjahr von Siptah, ca. 1191 v. Chr., noch; beigesetzt in Deir el-Medina

Abu Simbel, die Tempelanlage von Ramses II.

KONKURRENZ UM DIE MACHT?

Paneb wurde in Deir el-Medina bei Theben geboren. Die Familien dort waren zuständig für den Bau und die Instandhaltung der Tempelanlagen am Nil und der Königsgräber im Tal der Könige sowie im Tal der Königinnen. Als Bauleiter der antiken thebanischen Baustellen folgte Paneb dem kinderlosen, nicht mit ihm verwandten Baumeister Neferhotep, obwohl solche Ämter üblicherweise in der Familie weitergegeben wurden. Paneb hatte mit seiner Beförderung zwar wirtschaftlich ausgesorgt, aber auch einen Konkurrenten und Neider auf den Plan gerufen. Dass er bis heute oft als „Paneb, der Verbrecher" tituliert wird, verdankt er dem Entwurf einer Anklageschrift, die Amennakht, ein Bruder Neferhoteps, an den Wesir Hori adressierte.

ANSCHULDIGUNGEN

Laut Amennakht musste Paneb den Wesir bestochen haben, sonst hätte er überhaupt nicht als Bauleiter eingestellt werden können. Eigentlich sollte Amennakht seinem Bruder im Amt folgen. Weiterhin wurde Paneb eine Vielzahl von sexuellen Übergriffen gegen verheiratete Frauen vorgeworfen – ob gewalttätig oder mit Einverständnis, wird unter Übersetzern kontrovers diskutiert. Mit mindestens einer verheirateten Dame sollen Paneb und sein Sohn Aapethy ein Verhältnis gehabt haben. Schwerwiegender dürfte der Vorwurf gewesen sein, Paneb habe mehrfach Baumaterial, Werkzeug und Arbeitskräfte von den königlichen Baustellen abgezogen, um seine eigene Grabstätte kostengünstig zu errichten. Angeblich stahl er auch zahlreiche Gegenstände aus Grabstätten, was als Beweis für seine Missachtung des Königtums angebracht wurde. Nach Trinkgelagen soll Paneb randalierend durch die Siedlung gezogen sein. Amennakht beschreibt diverse Prügeleien und bezichtigt Paneb schließlich sogar des Mordes.

PAPYRUS UND ANDERE QUELLEN

Das *Papyrus BM 10055* (British Museum), oder auch *Papyrus Salt 124* genannt, ist das wichtigste Dokument zu den angeblichen Verbrechen Panebs. Andere Quellen sind Tonscherben, Stelen und das Grab des Paneb. Danach war er sehr lange Bauleiter, verheiratet und Vater von

Die Ruinen Deir el-Medinas, der Geburtsstadt von Paneb

zahlreichen Kindern. Die Dauer seiner Amtszeit, sein erhaltenes Grab sowie die Tatsache, dass sein Sohn Aapethy nach ihm noch lange Bauleiter blieb, sprechen dagegen, dass Paneb je verurteilt wurde. So wird sein Sohn noch unter Ramses III. (reg. 1187–1156 v. Chr.) als Bauleiter in Deir el-Medina genannt. Wurde Paneb nur um seine Karriere beneidet? Sicher ist, dass Panebs Amtszeit in eine politisch unruhige Zeit fiel. Zeitweise rangen zwei Halbbrüder, Sethos II. und Amenmesse, um die Macht. Lieferengpässe bei Wasser, Getreide und Baumaterialien führten einige Jahre später zu den ersten belegten Streiks der Weltgeschichte, die 1159 v. Chr. in Deir el-Medina ihren Anfang nahmen.

Tipp

Literatur   Christian Jaqc: *Paneb, der Feurige*, 2002

LUCUSTA

Das Gift des gefleckten Schierlings tötet langsam und qualvoll. Lucusta, Auftragskillerin der römischen Prominenz im 1. Jahrhundert n. Chr., verfeinerte ihre Rezepte auf Kundenwunsch. Beispielsweise bevorzugte Nero eine sehr schnelle Erledigung seiner Aufträge, damit der Tod einem Herzinfarkt ähnelte. Für die talentierte Lucusta war das kein Problem.

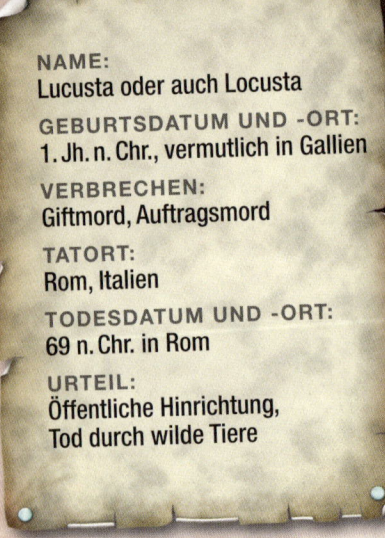

NAME:
Lucusta oder auch Locusta

GEBURTSDATUM UND -ORT:
1. Jh. n. Chr., vermutlich in Gallien

VERBRECHEN:
Giftmord, Auftragsmord

TATORT:
Rom, Italien

TODESDATUM UND -ORT:
69 n. Chr. in Rom

URTEIL:
Öffentliche Hinrichtung,
Tod durch wilde Tiere

Lucusta testet in Neros Gegenwart das für Britannicus vorbereitete Gift.

KONTAKT ZU AGRIPPINA

Die römischen Geschichtsschreiber Tacitus, Sueton und Cassius Dio berichten von Lucusta als Randfigur der Intrigen um die Macht in Rom. Vermutlich stammte Lucusta aus Gallien. Sie soll 39 n. Chr. Agrippina die Jüngere auf der Insel Pontia kennengelernt haben. Beide Frauen waren verbannt worden: Lucusta wegen eines Giftmordes, Agrippina hatte eine Verschwörung gegen ihren Bruder Caligula initiiert. Agrippina kehrte 41 n. Chr. in die Siedlung zurück, in der sie geboren worden war, und ließ diese 50 n. Chr. zur römischen Kolonie erklären. Daher schmückt ihre Statue noch heute als Stadtmutter das Rathaus der ehemaligen Colonia Claudia Ara Agrippinensium, des heutigen Köln.

KARRIERESCHUB IN ROM

Als Agrippina 49 n. Chr. Kaiser Claudius heiratete, brachten beide Kinder mit in die Ehe. Ihr Sohn Nero war ca. drei Jahre älter als Britannicus, der Sohn von Claudius. Im Auftrag Agrippinas vergiftete Lucusta Claudius 54 n. Chr. Neros Aufstieg zum Kaiser war damit frei. Ein Jahr später plante Nero seinen Konkurrenten Britannicus aus dem Weg zu räumen, bevor dieser Anspruch auf den Kaisertitel erheben konnte.

BRITANNICUS STIRBT

Ein erstes Attentat scheiterte, da sich Britannicus übergeben musste, nachdem er vergiftete Speisen gegessen hatte. Erbost darüber, soll Nero für den zweiten Anschlag die Herstellung des Giftes überwacht und Lucusta gedrängt haben, die Dosis „todsicher" zu erhöhen. Bei einem Abendessen gelang es den Mördern schließlich, Britannicus zu vergiften. Er wurde mit heftigen Krämpfen aus dem Raum geschafft und Nero verhinderte, dass ärztliche Hilfe gesucht wurde. Der Abendgesellschaft erklärte Nero die Beschwerden mit der Epilepsie Britannicus', während dieser nebenan verstarb.

KARRIERE

Nero belohnte die Giftmischerin Lucusta reichlich. Straffreiheit, Geld und Grundbesitz soll sie erhalten haben. Außerdem finanzierte Nero ihr angeblich eine eigene Schule – für Pflanzenkunde. Lucusta war auf dem Höhepunkt ihrer Karriere als Auftragsmörderin, mit den besten Referenzen der mächtigsten römischen Kreise und ohne Strafverfolgung. Damit ihre Opfer nicht bei vollem Bewusstsein langsam bis zur Atemlähmung litten, soll sie dem Schierlingsgift Opium

und andere bewusstseinsverändernde Substanzen beigemischt haben. Ihre genauen Rezepte sind verloren gegangen.

ENDE DES UNWESENS

Als Nero 68 n. Chr. aus Rom fliehen musste, war auch Lucustas Karriere schlagartig beendet. Ihren wichtigsten Kunden hatte sie noch mit einem Gift versorgt, mit welchem sich Nero durch Selbsttötung einer Festnahme entziehen wollte. Er stach sich aber stattdessen mit einem Dolch in die Kehle.

HINRICHTUNG

Neros Nachfolger Galba verurteilte die Giftmörderin schnell zum Tode. Lucusta wurde noch im selben Jahr öffentlich durch wilde Tiere zu Tode gequält, wahrscheinlich während einer Aufführung vor großem Publikum.

Nero und seine Mutter Agrippina

ROBIN HOOD

Zahlreiche Legenden ranken sich um Robin Hood. Er soll Reiche ausgeraubt haben, um den Armen und Unterdrückten zu helfen. Dafür wurde er vom Sheriff von Nottingham für vogelfrei erklärt. Ob eine historische Gestalt den Mythos vom edlen Outlaw begründete, konnte die Forschung bisher nicht beantworten.

NAME:
Im 15. Jh.: Robyn Hood

GEBURTSDATUM UND -ORT:
Ab dem 13. Jh. durch Balladen bekannt, England

VERBRECHEN:
Raub, Mord

TATORT:
Ursprünglich die Wälder bei Barnsdale, Grafschaft Yorkshire, zu beiden Seiten einer Handels- und Heerstraße zwischen Nordengland und Schottland

TODESDATUM UND -ORT:
Unbekannt

Robin-Hood-Denkmal vor dem Schloss in Nottingham

URSPRUNG IM MITTELALTER

Erstmals wird 1261/62 ein Wegelagerer namens Robin Hood erwähnt. Erste Texte sind jedoch erst aus dem 15. Jahrhundert überliefert. Die *Gest of Robyn Hood* von 1510 enthält 456 Strophen á vier Zeilen. Alle frühen Balladen erzählen übereinstimmend von einem brutalen Straßenräuber einfacher Herkunft im Barnsdale Forest, der bevorzugt reiche Kirchenvertreter in blutigen Kämpfen überfiel und ausraubte.

ENTWICKLUNG DER LEGENDE

Jahrhundertelang entstanden immer neue Dichtungen um den berühmten Räuber, die der englische Volkskundler Joseph Ritson im 18. Jahrhundert sammelte und in einer Anthologie veröffentlichte. Erst in dem das Mittelalter verklärenden 19. Jahrhundert bekam die Figur des Robin Hood die romantischen Züge, die bis heute in Film und Literatur faszinieren. Sir Walter Scott schuf in seinem Ritterepos *Ivanhoe* von 1820 den heute bekannten Robin Hood, den edlen, entrechteten Adligen, der für ein von den Normannen befreites England unter Richard Löwenherz kämpfte.

FIGUREN UND SCHAUPLÄTZE

Lady Marian und Bruder Tuck stammen aus mittelalterlichen Singspielen und verschmolzen spät mit der Robin-Hood-Legende. Little John, Will Scarlet und der Müllersohn Much dagegen gehören seit dem frühen Mittelalter dazu. Als der Schauplatz in den Sherwood Forest wechselte, kamen Prinz John und der Sheriff von Nottingham als Widersacher hinzu. Im Verlauf der Jahrhunderte wurde Robin Hood vom einfachen Wegelagerer zum Nationalhelden.

Kevin Coster als Robin Hood

REALER HINTERGRUND?

Historiker suchen bis heute nach der historischen Figur. Viele Gesetzlose werden diskutiert. Robert, Robin, Robyn, Hood oder Hod sind jedoch häufige Namen. Vielleicht ist Robert Fitz Odo, auch Fitzooth genannt, der Earl of Huntington (1160–1247) das historische Vorbild? Fitzooth wurde geächtet, enteignet und sein Land dem Earl of Chester zugesprochen, der auch in einigen Balladen auftaucht. Zudem wurde Fitzooth in Loxley, dem vermeintlichen Heimatort Robin Hoods, geboren.

ENGLANDS RETTER

Angelsachsen als „echte" Engländer und Normannen als böse Eindringlinge – das ist eine Konstruktion des 19. Jahrhunderts. Vielmehr stammt Richard I. selbst aus dem ursprünglich französischen Haus Plantagenet. Die Rivalität zwischen Richard und seinem Bruder Johann, den Richard zu seinem Stellvertreter machte, lag in der Erbpolitik ihres gemeinsamen Vaters begründet, der Johann vom Erbe ausschloss. Dennoch wurde Robin Hood zum Helden stilisiert, der die Gesetze nur brach, um Englands „wahren" König zu retten und für Gerechtigkeit zu sorgen.

Tipps

Filme	*Robin Hood – König der Vagabunden,* USA 1938, Regie: Michael Curtiz, Darsteller: Errol Flynn
	Robin Hood – König der Diebe, USA 1991, Regie: Kevin Reynolds, Darsteller: Kevin Costner
Literatur	Sir Walter Scott: *Ivanhoe,* 1820

GILLES DE RAIS

Der Waffenbruder Jeanne d'Arcs wurde wie sie wegen Ketzerei hingerichtet. Nach Besitzstreitigkeiten drohte ihm das Inquisitionsgericht mit
Folter. Daraufhin gestand der Marschall von Frankreich, Gilles de Rais,
1440 mindestens 140 Kinder ermordet zu haben. Heute gilt er als Vorbild für verschiedene Blaubart-Märchen.

Gilles de Rais

NAME:
Gilles de Montmorency-Laval,
Baron de Rais

VERBRECHERNAME:
Blaubart

GEBURTSDATUM UND -ORT:
1404 auf Schloss Champtocé-sur-
Loire in Frankreich

VERBRECHEN:
Ketzerei, Mord an mind.
140 Kindern

TATORT:
Schloss Champtocé in Frankreich

TODESDATUM:
26. Oktober 1440 in Nantes,
Frankreich

KRIEGSHELD

Gilles de Montmorency-Laval wurde 1404 in eine
der reichsten Familien Frankreichs hineingeboren
und besaß riesige Ländereien. Im Hundertjährigen
Krieg um den französischen Thron zum gefeier-
ten Helden aufgestiegen, ernannte ihn 1429 der
frisch gekrönte König Karl VII. zum Marschall von
Frankeich. Gilles de Rais blieb jedoch nur bis
ca. 1434/35 in militärischen Ämtern.

KÜNSTLERISCH BEGABT

Von Kindheit an galt Gilles de Rais als sehr
kreativ. Er zeichnete, malte, dichtete, schrieb
und inszenierte Theaterstücke, die er in seinen
Schlössern aufführen ließ. Dabei trat er auch
gern selbst als Schauspieler auf die Bühne. Zudem illustrierte und sammelte er Bücher. Seine
Bibliothek enthielt wertvolle Schriften römischer
Gelehrter wie Sueton, Ovid oder Valerius Maxi-

mus. Das 1435 vor den Toren Orlèans uraufgeführte Mysterienspiel *Le Mystère du Siège d'Orlèans* (*Das Geheimnis um die Belagerung von Orléans*) stammt vermutlich von ihm, denn es enthält Einzelheiten, die nur der Weggefährte von Jeanne d'Arc gewusst haben konnte. Auf jeden Fall finanzierte de Rais die spektakulären Aufführungen zum Andenken an die 1431 hingerichtete Jeanne d'Arc. Aus wirtschaftlichen Gründen begann er wohl auch 1432, einige seiner Besitztümer zu verkaufen.

VORWÜRFE

Am 29. Juli 1440 leitete der Bischof von Nantes und Kanzler des Herzogtums Bretagne, Jean de Malestroit, das Inquisitionsverfahren gegen Gilles dc Raic oin. Satanismus und rituelle Morde an Hunderten von entführten Kindern wurden ihm vorgeworfen. Der Anlass war, dass Gilles de Rais zu Pfingsten 1440 bewaffnet in eine Kirche eingedrungen war, um von dem Priester Jean Le Ferron eines seiner Schlösser zurückzufordern. Dessen Bruder und Schatzmeister des bretonischen Herzogs Johann VI., Geoffroy Le Ferron, hatte das Schloss günstig kaufen können, weil de Rais unter dem Druck seiner Gläubiger stand. Nach der Androhung eines Kirchenausschlusses und Folter gestand Gilles de Rais zahlreiche Verbrechen. Angeblich habe er Kinder bestialisch gequält und getötet. Opferzahlen zwischen 140 und 400 machten schnell die Runde. Vermeintliche Knochenfunde und von Blut besudelte Kammern regen bis heute auf zweifelhafte Weise die Fantasie der Menschen an.

FEHLURTEIL?

Aber schon Zeitgenossen zweifelten das Verfahren und Urteil an. Am 3. Januar 1443 schrieb

Darstellung des Prozesses gegen Gilles de Rais

König Karl VII. an den Herzog der Bretagne offen von einer Verschwörung und einem Fehlurteil. Die blutrünstigen Geschichten um Gilles de Rais verkauften sich aber stets besser als berechtigte Zweifel. Kaum beachtet, erklärte das Kassationsgericht in Paris 1992 den Prozess gegen Gilles de Rais für ungültig. Juristisch gesehen ist Gilles de Rais damit unschuldig. Seit 2010 liegt dem französischen Gericht ein Revisionsantrag vor, um das Verfahren wieder aufzurollen. Strafprozess oder Justizmord – der Fall de Rais beschäftigt bis heute Rechtswissenschaftler und Historiker. Beweise für die Morde gab es nicht, die Geständnisse wurden vom Inquisitor Jean Blouyn erpresst. Sicher ist nur, dass der Herzog der Bretagne und der Bischof von Nantes damals von seinem Tod enorm profitierten.

VLAD III. DRĂCULEA

Vlad III. diente Bram Stoker als Vorbild für den berühmtesten Vampir der Weltliteratur – Dracula. Außergewöhnlich grausam soll der Fürst der Walachei, ein Urahn des britischen Thronfolgers Charles, im 15. Jahrhundert geherrscht haben. Sein Beiname „der Pfähler" ist ihm bis heute geblieben.

Vlad III.

NAME:
Vlad III. Drăculea

VERBRECHERNAME:
Țepeș, zu deutsch: Pfähler

GEBURTSDATUM UND -ORT:
Um 1431 in Schäßburg, Rumänien

VERBRECHEN:
Hinrichtungen durch Pfählen, Verbrennen, Foltern, Häuten

TATORT:
Fürstentum Walachei, heute Südrumänien

TODESDATUM:
Jahreswende 1476/77 bei Bukarest ermordet oder gefallen

DER DRACHE

Der Vater, Vlad II., wurde 1431 in Nürnberg durch den König und späteren Kaiser Sigismund in den Drachenorden aufgenommen. Ein besiegter Drache als Symbol verwies auf den Heiligen Georg. Der neue Beiname „Drăcul" bedeutete Drachen. 1436 wurde Vlad II. Drăcul Fürst der Walachei. Sein Sohn bekam den Beinamen Drăculea, was übersetzt „Sohn des Drachens"

heißt. Später kam sein zweiter Spitzname hinzu: Țepeș, der Pfähler.

BEDROHUNG

Der südliche Karpatenraum war damals ein Krisenherd. Das kleine Fürstentum Walachei, zwischen dem Osmanischen Reich und dem

Königreich Ungarn gelegen, war Spielball der großen Mächte. Häufige Machtwechsel schadeten dem Fürstentum wirtschaftlich, während das nördlich gelegene Transsylvanien (Siebenbürgen) mit seinen reichen Handelsstädten eine zusätzliche Konkurrenz bildete.

Tipps	
Literatur	Bram Stoker: *Dracula*, 1987
Filme	*Nosferatu – Sinfonie des Grauens*, D 1922, Regie: Friedrich Wilhelm Murnau
	Vlad Țepeș, Rumänien 1979, Regie: Doru Nastase
	Bram Stoker's Dracula, USA 1992, Regie: Francis Ford Coppola

MACHTKÄMPFE

Vlad III. wurde in kriegerischen Auseinandersetzungen dreimal Fürst der Walachei, erstmals 1448, dann 1456 bis 1462 und für kurze Zeit 1476 bis zu seinem Tod. Weitaus länger lebte er in Gefangenschaft, festgesetzt von ungarischer oder von osmanischer Seite. Um seine Position zu festigen, könnte Vlad III. zu außergewöhnlicher Härte gegriffen haben. Ein furchterregendes Image war in seinem Interesse. In manchen Mythen überschreiten die Opferzahlen die damaligen Einwohnerzahlen um ein Vielfaches. Andererseits schaffte es Vlad III. in seiner kurzen Regierungszeit, die Korruption in seinem Fürstentum trotz Kriegswirren einzudämmen und die Wirtschaft wieder anzukurbeln.

MYTHOS

Die Berichte, die Bram Stoker zu der Figur des blutgierigen Vampirs inspirierten, stammen meist von politischen Gegnern. Der Holzschnitt, der Vlad III. inmitten von Gepfählten genüsslich speisend zeigt, ist aus Siebenbürgen. Selbst Menschenfleisch soll ihm gemundet haben. Russische Berichte beschreiben Opferzahlen und Maßnahmen weniger drastisch. Und rumänische Quellen beschreiben Vlad III. oft als identitätsstiftenden Nationalhelden, der in Kriegszeiten seine Unabhängigkeit verteidigen musste.

Schloss Bran, das den Besuchern als Draculaschloss präsentiert wird

PETER STUMPP

Der Fall Peter Stumpp erregte internationales Aufsehen. Flugschriften berichteten 1589 europaweit von den Gräueltaten des angeblichen Werwolfs von Bedburg. Selbst Kinder soll der Bauer und Hirte verspeist haben, wenn er in Gestalt eines riesigen Wolfes sein Unwesen trieb.

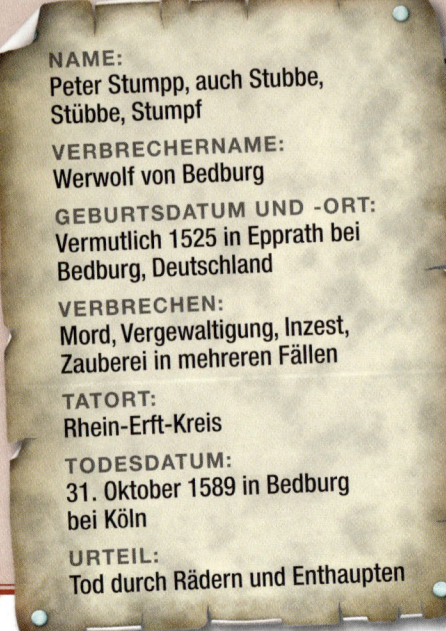

NAME:
Peter Stumpp, auch Stubbe, Stübbe, Stumpf

VERBRECHERNAME:
Werwolf von Bedburg

GEBURTSDATUM UND -ORT:
Vermutlich 1525 in Epprath bei Bedburg, Deutschland

VERBRECHEN:
Mord, Vergewaltigung, Inzest, Zauberei in mehreren Fällen

TATORT:
Rhein-Erft-Kreis

TODESDATUM:
31. Oktober 1589 in Bedburg bei Köln

URTEIL:
Tod durch Rädern und Enthaupten

Das Leben des Peter Stumpp als Werwolf

VORWÜRFE

In jungen Jahren ging Peter Stumpp der Legende nach einen Pakt mit dem Teufel ein. Mit einem Zaubergürtel konnte er sich seitdem jederzeit in einen riesigen Wolf verwandeln. Als solcher durchstreifte er jahrelang die Gegend westlich von Köln. Als ihm sein eigener Sohn zum Opfer fiel, verspeiste er dessen Gehirn.

Diese Taten gestand Stumpp aber nur unter Folter, ebenso wie den Inzest mit seiner Tochter, die Morde an 14 Kindern und zwei Schwangeren, das Essen von Menschenfleisch, sexuelle Ausschweifungen mit mehreren Geliebten und dem Teufel selbst. Am 28. Oktober 1589 wurde sein Todesurteil verkündet.

HINRICHTUNG

Zur öffentlichen Hinrichtung von Peter Stumpp, seiner Tochter und seiner Geliebten Katharina Trump, die entfernt mit ihm verwandt war, kamen rund 4000 Zuschauer. Am 31. Oktober 1589 wurde Stumpp vom Scharfrichter mit glühenden Zangen gequält und auf ein Rad gespannt. Ob anschließend Arme und Beine mit der Axt abgeschlagen oder von Tieren abgerissen wurden, ist unklar – auf jeden Fall starb er qualvoll und langsam. Ob er noch bei Bewusstsein war, als ihm am Ende der Kopf abgeschlagen wurde, ist fraglich. Seine Tochter und Katharina Trump wurden vom Scharfrichter erwürgt, bevor er sie, wie auch Peter Stumpp, auf dem Scheiterhaufen verbrannte – aus „Gnade".

WERWOLF-MYTHOS

Der Fall Peter Stumpp ist nur ein Werwolfprozess von vielen im 16. Jahrhundert, aber der bekannteste in Europa. Missliebige Frauen wurden als Hexen denunziert, unbeliebte Männer als Werwölfe. Oft reichte es schon, etwas außerhalb zu wohnen oder auch nachts zu arbeiten, wie es z. B. bei Hirten der Fall war, um zum Sündenbock zu werden.

GLAUBENSKRIEG

Im Kurfürstentum Köln, zu dem Bedburg gehörte, tobte in jenen Jahren (ca. 1583–88) der Kölner Krieg, auch Truchsessischer Krieg genannt. Als der Kölner Erzbischof und Kurfürst Gebhard Truchsess von Waldburg zum Protestantismus übertrat, drohte ganz Kurköln für den Katholizismus verloren zu gehen. Das gegnerische Domkapitel rief 1583 bayerische und spanische Truppen zu Hilfe. Die Kämpfe richteten in den Folgejahren nicht nur im Bedburger Umland große Schäden an. Städte, Burgen und Dörfer wurden von Söldnern geplündert und zerstört – Gewalttaten gegen die Zivilbevölkerung waren an der Tagesordnung. Die katholische Seite siegte und einflussreiche Protestanten wie Peter Stumpp waren die idealen Sündenböcke, um mit einer gezielt verbreiteten Werwolfpanik die Bevölkerung und auch adlige Kreise einzuschüchtern. Tatsächlich gab es nach Stumpps Hinrichtung in der Region keine Bekenntnisse zum Protestantismus mehr.

Die Hinrichtung des Peter Stumpp

PETER NIRSCH

Die Taten des Peter Nirsch waren im 16. Jahrhundert beliebter Stoff für schaurige Geschichten und Lieder. Über 500 Morde sollen auf das Konto des 1581 hingerichteten Verbrechers gehen. Taten in Württemberg und Bayern bis hin nach Böhmen werden Nirsch zugeschrieben. Auch Schwangere und Ungeborene fielen seiner Mordlust zum Opfer. Wahrheit oder Mythos?

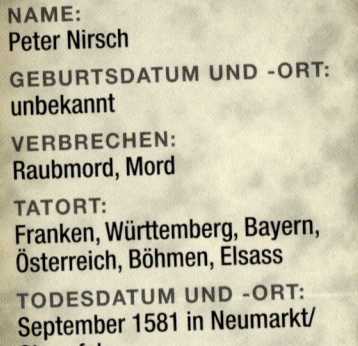

NAME:
Peter Nirsch

GEBURTSDATUM UND -ORT:
unbekannt

VERBRECHEN:
Raubmord, Mord

TATORT:
Franken, Württemberg, Bayern, Österreich, Böhmen, Elsass

TODESDATUM UND -ORT:
September 1581 in Neumarkt/ Oberpfalz

URTEIL:
Tod durch Folter und Rädern

Das klassische Rädern, wie es auch an Peter Nirsch vollzogen wurde

BEGINN DER MORDSERIE

Völlig ungeachtet der fehlenden Beweise, wird heute die Moritat, ein Lied, über den Serienmörder Peter Nirsch meist nicht hinterfragt und für die Wahrheit gehalten. Zudem wurde sein Name auch in Flugblättern und Berichten von anderen Mordgesellen erwähnt. Demnach begannen die Morde ca. 1575 in Franken. Er mordete nicht nur aus Habgier, denn Schwangere misshandelte er und schlitzte sie auf, bevor er sie tötete. Zudem soll Nirsch Ungeborenen das Herz entnommen und es gegessen haben. Ob das wirklich mehr als ein beliebtes gruseliges Erzählmotiv ist, welches seit dem Mittelalter häufig auftaucht, bleibt ungeklärt.

IM BUND MIT DEM TEUFEL

Peter Nirsch überfiel Reisende, die zu Fuß oder mit Pferden unterwegs waren. Für Zeitgenossen ein sicheres Zeichen, dass er mit dem Teufel im Bunde stehen musste. Auch die Tatsache, dass er in wenigen Jahren sämtliche Landstriche zwischen dem Elsass und Böhmen unsicher machen konnte, schrieb man der Unterstützung des Bösen zu. Der Teufel soll ihn über weite Strecken und Berge getragen haben. Dabei ist nicht einmal sicher, dass es den Serienmörder tatsächlich gegeben hat – die Geschichte wird märchenhaft ausgeschmückt.

Neumarkt in der Oberpfalz um 1644

TODESZAHLEN

Die überlieferte Moritat erzählt, wie er am Rhein rund 200 Menschen abschlachtete, im Württembergischen 123 Menschen und im Prager Umland 140 Menschen. Mit einigen vereinzelten Taten kommt man auf über 500 Opfer. Unklar bleibt allerdings, wer diese gezählt hat, und ob und wie ein Geständnis zustande kam.

ENTDECKUNG AUF DEM LAUSESTUHL

Eines Tages auf dem Weg von Regensburg nach Nürnberg machte Nirsch Rast in Neuenmarck (Neumarkt) in der Oberpfalz. In der Herberge vertraute er dem Wirt eine Tasche mit Utensilien für die sogenannten schwarzen Künste an – damals das reinste Teufelszeug. Zu dieser Zeit wurde wohl nach Peter Nirsch gefahndet, denn besondere körperliche Kennzeichen waren bekannt: zwei krumm verformte Finger, Narben am ganzen Körper sowie eine markante Narbe im Gesicht. Als Nirsch nun zum Baden und

Entlausen ging, erkannten andere Gäste den Gesuchten. Unauffällig meldeten sie ihren Verdacht dem Wirt, der die Tasche des Verdächtigen inspizierte. Neben dem „Teufelswerkzeug" fand er auch ein Kinderherz und eine Kinderhand. Damit war die Sache klar und bewaffnete Gerichtsdiener wurden gerufen. Sie nahmen Peter Nirsch fest und überstellten ihn dem Gericht.

LANGSAMER TOD

Am 16. September 1581 begann die Hinrichtung in Neumarkt. Man hatte beschlossen, den Serienmörder langsam über mehrere Tage hinweg zu töten. Zunächst schnitt man ihm Hautstreifen vom Leib. Er musste auf einer glühend heißen Pferdestatue reiten. In die offenen Wunden goss man heißes Öl, mit flüssigem Blei quälte man seine Füße. Schließlich wurden ihm die Knochen mit dem Rad zerstoßen. Damals üblich wäre auch eine Vierteilung und Pfählung der Körperteile gewesen. Aber davon steht nichts in der Moritat von Peter Nirsch.

CHRISTMAN GNIPERDOLIGA

Will man einem sensationslüsternen Flugblatt glauben, welches 1581 im Bistum Trier kursierte, hält Christman Gniperdoliga, auch Groperunge aus Kerpen genannt, den europäischen Rekord im Serienmord. Sein selbst verfasstes Mordregister soll 964 Opfer auflisten.

NAME:
Christman Gniperdoliga

VERBRECHERNAME:
Groperunge aus Kerpen

GEBURTSDATUM UND -ORT:
Unbekannt in Kerpen

VERBRECHEN:
Raubmord, Mord in mehreren hundert Fällen

TATORT:
Region Luxemburg, Trier, Traben-Trarbach

TODESDATUM UND -ORT:
Juni 1581, unbekannt

URTEIL:
Tod

Titelblatt der Schmähschrift *Erschröckliche newe Zeytung Von einem Mörder Christman genannt*

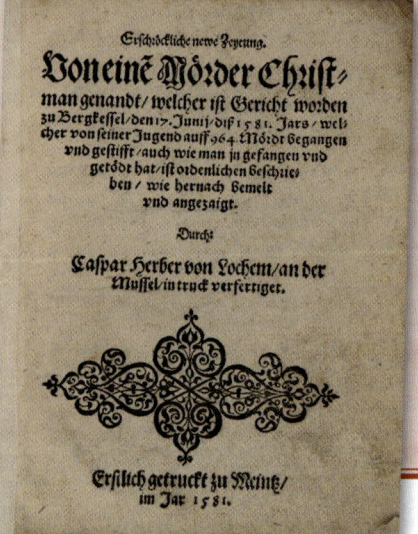

WAHRHEIT ODER MYTHOS?

Besagtes Flugblatt ist mehr blutrünstige Moritat als dokumentarischer Bericht. Demnach stammte Gniperdoliga aus Kerpen im Rheinland. Bevor er im Lützelburger Land und Bistum Trier auftauchte, soll er für zwei Jahre ein Kumpan des Serienmörders Peter Nirsch gewesen sein. Ihm wurden auch Zauberkünste nachgesagt.

EINE REGION IM TERROR

Rund 13 Jahre lang soll Gniperdoliga Reisende überfallen und getötet haben. Sicher war man unterwegs nur in großen Gruppen. Die Städte warnten davor, allein oder zu zweit zu reisen. Der Räuber hauste versteckt in einer Hütte oder Höhle auf dem Fraßberg, oberhalb von Traben-Trarbach, weitab jeder Siedlung. Von nur zwei

Anhöhen aus, die er als Aussichtspunkte nutzte, soll er die wichtigsten Wege zwischen Bacharach am Rhein, Thionville, Trier, Metz, Saarbrücken, Simmern und Kreuznach eingesehen und kontrolliert haben. Wer sich dieses große Gebiet auf der Landkarte anschaut, muss das allerdings bezweifeln.

ERMORDUNG DER EIGENEN KINDER

Seine Raubzüge führte er angeblich nicht nur allein durch, brachte aber seine Kumpane ebenfalls um. Allerdings erst nachdem diese das Diebesgut bis zu seinem Versteck transportiert hatten. Das einzige Opfer, welches mit dem Leben davonkam, war eine junge Frau, der er auf ihrem Weg von Boppart nach Trier auflauerte. Sieben lange Jahre hielt Gniperdoliga diese Frau in seinem Versteck gefangen. Alle sechs Kinder, die in dieser Zeit geboren wurden, tötete er und aß ihre Herzen. Eines Tages soll er seiner unfreiwilligen Lebensgefährtin tatsächlich erlaubt haben, in die nächstgelegene Stadt zu gehen. Er ließ sie schwören, ihn nicht zu verraten, andernfalls würde er sie umbringen. Unsichtbar könne er sie überall unbemerkt aufspüren und töten.

GNIPERDOLIGA WIRD VERRATEN

Trotz ihrer Todesangst kehrte seine Gefangene nicht zurück, sondern blieb in der Stadt. Aber erst als die Einwohner versprachen, sie zu beschützen, begann sie, alles über den gefürchteten Raubmörder zu erzählen. Als sie zurück zur Höhle ging, folgten ihr in einigem Abstand etwa 30 schwerbewaffnete Männer. Sie lockte den Mörder ins Freie, wo er endlich festgenommen werden

konnte. Am 21. Mai 1581 kam Christman Gniperdoliga als Gefangener nach Bernkastel.

REICHE BEUTE

In seinem Versteck fand man neben Diebesgut im Wert von rund 700.000 Gulden auch sein Mordregister. Darin soll Gniperdoliga jeden Mord eingetragen haben. Nach dem 1000. wollte er nach eigener Aussage aufhören. Er kam bis zu Nummer 964.

TOD DURCH RÄDERN

Zur Strafe wurde der Serienmörder am 17. Juni 1581 gerädert. Man zerbrach ihm mit der Kante eines Wagenrads die Knochen und band ihn auf das Rad. Er soll noch neun Tage so festgebunden überlebt haben. Sein langsamer Tod war wohl gewollt, denn er bekam sogar noch zu Trinken, während er sich quälte.

Darstellung des Räderns um 1548

DIE BLUTGRÄFIN

Sadistische Serienmörderin oder Opfer einer politischen Intrige? Zur Familie der wohlhabenden „Blutgräfin" gehörten Könige und Kardinäle. Wegen Hunderten von Morden wurde sie 1611 auf ihrer eigenen Burg in ein Turmverlies gesperrt. Elisabeth Báthory soll das Blut junger Frauen als Jungbrunnen benutzt haben.

Elisabeth Báthory

NAME:
Elisabeth Báthory

VERBRECHERNAME:
Blutgräfin

GEBURTSDATUM UND -ORT:
7. August 1560 in Nyírbátor, Ungarn

VERBRECHEN:
Zahlreiche Morde (35 bis 650)

TATORT:
Čachtice und Wien

TODESDATUM UND -ORT:
21. August 1614 auf Burg Čachtice in der heutigen Slowakei

URTEIL:
Ab 1611 Arrest im Turm der Burg Čachtice

VON HOHEM ADEL

Elisabeth (ungar. Erzsébet) Báthory wurde am 7. August 1560 in Nyírbátor im Nordosten Ungarns geboren. Die Báthorys gehörten zu den reichsten und einflussreichsten Familien in Südosteuropa. Mit 15 Jahren wurde Elisabeth mit dem Adligen Franz Nádasdy verheiratet. Nádasdy, der „Schwarze Ritter", fiel in den Konflikten mit dem Osmanischen Reich durch besondere Grausamkeit auf. Als er 1604 starb, übernahm seine Witwe die Verwaltung und die politische Macht strategisch wichtiger Landstriche. Zudem soll der katholische Habsburger König Matthias II. von Ungarn bei der protestantischen Gräfin hochverschuldet gewesen sein. Gründe genug, um sich Feinde zu machen.

VERHAFTUNG

Gerüchte machten die Runde, die Gräfin quäle junge Frauen bis zu deren Tod. Angeblich waren es zunächst Bedienstete und Bauernmädchen, die sie folterte, verstümmelte und tötete. Aber als auch Mädchen aus aristokratischen Familien verschwanden, wurde die Gräfin angezeigt. Am 29. Dezember 1610 verhaftete der Vizekönig und oberste Richter von Ungarn, Georg Thurzo (1567–1616), Elisabeth Báthory auf ihrer Burg Čachtice – auf frischer Tat ertappt, wie Thurzo behauptete.

PROZESS

Elisabeth Báthory wurde nie offiziell angeklagt und verurteilt, eventuell aufgrund ihres hohen Standes. Man vernahm 1611 rund 300 Zeugen, befragte die Gräfin selbst aber nicht. Es gibt kein Geständnis und keine Stellungnahme von Elisabeth Báthory zu den Vorwürfen. Man beschuldigte die Gräfin, zahlreiche Mädchen ermordet zu haben. Tagebücher der berühmten Mörderin sollen in Archiven schlummern, andere Quellen „wissen", dass sie verschwunden sind. Drei ihrer Dienerinnen starben als Mittäterinnen auf dem Scheiterhaufen. Die vermeintliche Serienmörderin sperrte man im Turmzimmer ihrer Burg ein. In der Nacht auf den 21. August 1614 bemerkte ein Diener ihren Tod.

MYTHOS

Erst rund 100 Jahre nach ihrem Tod verbreitete sich die Legende, Elisabeth Báthory habe das Blut ihrer Opfer getrunken und in deren Blut gebadet. Auf diese Weise habe die „Blutgräfin" versucht, ihre Jugend und Schönheit zu erhalten. Verbreitet wurden diese Geschichten durch den Jesuiten László Turóczi. Weitere Mythen zu Zahl und Foltermethoden sind seither entstanden. In strengen Wintern soll sich die Gräfin daran ergötzt haben, Mädchen so lange mit Wasser übergießen zu lassen, bis diese zu Eissäulen erstarrt erfroren. Auch eine eiserne Jungfrau soll auf Burg Cächtice zum Einsatz gekommen sein. Die Opfer mussten sich in die hohle Metallkonstruktion hineinstellen. Wurde diese geschlossen, bohrten sich lange, inwendig angebrachte Nägel in das Opfer. Báthory soll das auslaufende Blut aufgefangen und getrunken haben. Heute ist sie in Literatur und Film gleich neben Vlad III. das berüchtigtste Vorbild für Vampirgeschichten und andere dunkle Erzählungen.

Die eiserne Jungfrau

DIE FAMILIE LIEHMANN

Vater, Mutter, Sohn und ein Bruder der Mutter – die Familie Liehmann wurde 1660 wegen zahlreichen Raubmorden in Wohlau hingerichtet. Im Verhör beschrieben sie sogar, wie sie gemeinsam ein neugeborenes leibliches Kind töteten und verzehrten. Und das war nicht der einzige Säugling, der ihnen zum Opfer fiel.

NAME:
Hans Liehmann (Vater), Barbara Wild (Mutter), Hans Liehmann (Sohn)

VERBRECHERNAME:
Liehmann-Familie, Liehmann-Bande; „Weinhans" für Hans Liehmann

GEBURTSDATUM UND -ORT:
Unbekannt

VERBRECHEN:
Mord, Raub, Kannibalismus, Sodomie, Missbrauch, Brandstiftung, Vergewaltigung, Ehebruch und Hurerei

TATORT:
Region Wohlau, Schlesien

TODESDATUM UND -ORT:
27. April 1660 in Wohlau, heute Wołów, Polen

URTEIL:
Öffentliche Hinrichtung durch Folter und Vierteilung

Darstellung der Greuel im Dreißigjährigen Krieg

DIE BANDE

Als die Täter 1660 überführt wurden, waren Hans Liehmann und sein Schwager Georg Wilde Ende 40, der Sohn Hans soll 14 oder 15 Jahre alt gewesen sein. Über ein weiteres Bandenmitglied, Hans Hahn, auch Guhl-Hans oder Schram-Hans genannt, wird berichtet, er sei 49 Jahre alt gewesen. Hahns Frau Barbara war Mitwisserin und vertuschte die Taten. Die erwachsenen Bandenmitglieder waren von den Wirren des Dreißigjährigen Krieges geprägt.

DER ANFÜHRER

In sogenannten peinlichen Verhören, also unter Folter, gestand der ältere Hans Liehmann, die treibende Kraft hinter den gemeinsam begangenen Taten gewesen zu sein. Nichts und niemand war vor den Übergriffen der Familie sicher. Als die Verbrechen in ihrem ganzen Ausmaß bekannt wurden, waren viele Wohlauer Bürger bestürzt. Die Familie war nie verdächtigt worden. Vielleicht blieb sie so unauffällig, weil sie etwas außerhalb auf einem einsamen Gehöft lebte.

RAUBEN UND ...

Der Weinhans stahl Gänse von der Wiese, Gemüse vom Feld und Stoffe aus Häusern. Aus Scheunen entwendete er Feldwerkzeuge. Nachts fischte er ohne Genehmigung oder drosch geklautes Getreide. Überfallenen wurde Kleidung, Schmuck und Geld geraubt. Ochsen und Pferde waren ebenfalls gefragt. In Kriegszeiten war der Handel mit Metallen besonders lohnenswert. Verlassene Gehöfte durchkämmte die Bande nach Zäunen, Ketten, Stangen und Haken. Alles, was sich für Rüstungsgüter einschmelzen ließ und tatsächlich nicht niet- und nagelfest war, wurde mitgenommen. Der Handel florierte rund 15 Jahre lang.

... MORDEN

Der skrupellose Hans Liehmann hatte immer eine Waffe dabei. Wer sich ihm in den Weg stellte, musste sterben. Auch für Kleinstbeträge mordete die Bande und verscharrte die Opfer. Kleinkinder sollen sie zerstückelt und gegessen haben, Schwangeren den Bauch aufgeschlitzt und den Ungeborenen das Herz herausgerissen

haben. Der Guhl-Hans meinte, mit den Händen von toten Kindern zaubern zu können. Barbara Wilde war wohl immer Komplizin und Mittäterin. Selbst das eigene Kind bzw. den eigenen Bruder haben Mutter und Sohn Liehmann angeblich mit den anderen verspeist, nachdem der Vater das Neugeborene getötet hatte.

HINRICHTUNG

Am 27. April 1661 fand in Wohlau die Hinrichtung statt. Der Sohn Hans Liehmann bekam wegen seines jugendlichen Alters ein milderes Urteil: Ihm wurde mit einem Schwert der Kopf abgeschlagen, ohne vorherige Folter. Die fünf übrigen Verurteilten, neben Hans Liehmann seine Ehefrau Barbara Wilde, deren Bruder Georg Wilde sowie Hans Hahn und dessen Ehefrau Barbara Hahn, wurden gerädert, zersägt, geköpft, geviertelt – die Exekution wurde für die Öffentlichkeit spektakulär inszeniert.

Verschiedene Strafen und Hinrichtungsarten

MELCHER HEDLOFF

Die Schrecken des Dreißigjährigen Krieges brachten eine große Zahl von Raubserienmördern hervor. Einer von ihnen war Melcher Hedloff. Der Wildschütze soll 251 Menschen erschossen oder geköpft haben, um sie auszurauben. 1654 wurde er in Oels bei Breslau hingerichtet.

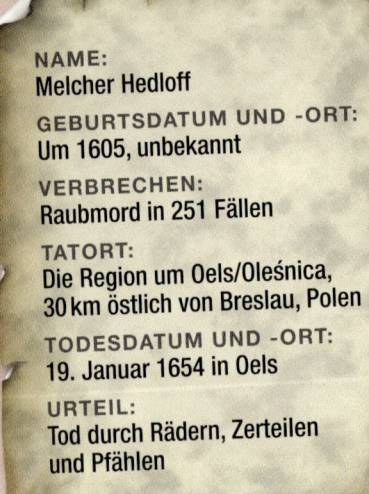

NAME:
Melcher Hedloff

GEBURTSDATUM UND -ORT:
Um 1605, unbekannt

VERBRECHEN:
Raubmord in 251 Fällen

TATORT:
Die Region um Oels/Oleśnica,
30 km östlich von Breslau, Polen

TODESDATUM UND -ORT:
19. Januar 1654 in Oels

URTEIL:
Tod durch Rädern, Zerteilen
und Pfählen

Melcher Hedloff

UNSICHERE ZEITEN

Über Melcher Hedloffs Kindheit ist nichts bekannt. Ein Prozessbericht von 1653 gibt sein Alter mit 48 Jahren an. Die unsicheren Zeiten zu Beginn des 17. Jahrhunderts bestimmten sein Leben. Nachdem er Soldat gewesen war, lebte Hedloff von der Wilderei, immer bewaffnet mit zwei Gewehren und kleineren Waffen. Ab 1638 raubte er Reisende aus. Aus dem Hinterhalt überfiel er auf einsamen Straßen seine Opfer. Er nahm alles, was sich verwerten oder verkaufen ließ – Pferde, Sättel, Wagen, Schmuck, Geld, Pistolen, Degen, Taschen, Mäntel, Wamse, Röcke. Sogar die Unterwäsche, wenn sie von guter Qualität war. Er tötete und begrub die

Beraubten an Ort und Stelle. Scheinbar ging es ihm vor allem um den Raub. Dabei war es am einfachsten, die Überfallenen sofort verschwinden zu lassen. Das Gericht nannte als Motiv später „Trieb und Anleitung des Teufels".

ERSTE VERSUCHE

Während des Krieges überfiel er sein erstes Opfer, einen reisenden Studenten aus Riga. Ihn hatte Hedloff ausgeraubt, zögerte aber mit der Ermordung, sodass der Student aus seiner Gefangenschaft befreit werden konnte. Ein Wirt und ein Müller hatten Verdacht geschöpft, als der Student verschwand. Auch der zweite Raubmord konnte von demselben Wirt vereitelt werden. Der überlebende Leutnant trug 200 Dukaten bei sich.

BRUTALE VERBRECHEN

Nach diesen Misserfolgen scheint Melcher Hedloff sein Vorgehen geändert zu haben. In den nächsten Jahren beseitigte er ohne Gnade, schnell und effektiv jeden Zeugen. Die überfallenen Reisegruppen lösten sich quasi in Luft auf. Aber selbst einfache Leute waren vor ihm nicht sicher. So gab er in den Verhören an, wie er Jahre zuvor eine schwangere Frau und deren kleine Tochter umgebracht hatte. Er hatte vorgegeben, ihr den Weg durch den Wald zeigen zu wollen, woraufhin sie verschwand. Als Soldat habe er zahlreiche Frauen vergewaltigt; selbst den mehrfachen Missbrauch der eigenen Tochter gestand er.

GEFASST

Wie er 1653 entlarvt und gefasst wurde, ist nicht bekannt; vielleicht durch Zufall oder weil sein Enkelkind verschwand. Seine unverheiratete Tochter war 1652 schwanger geworden. Angeblich um nicht mit der Schande leben zu müssen, zwang Hedloff seine Frau und seine Tochter, das Kind gleich nach der Geburt an Weihnachten 1652 zu töten und zu begraben. Aber die Schwangerschaft war nicht unbemerkt geblieben. Die beiden Frauen kamen in Haft, wo sie Ende 1653 starben. Im November 1653 begannen die Verhöre des Melcher Hedloff. Er konnte sich an 251 Morde erinnern, manche datierte er sogar auf den Tag genau.

EXEKUTION

Die öffentliche Hinrichtung fand am 19. Januar 1654 in Oels statt. Die vorderen Fingerglieder zwickte der Scharfrichter mit glühenden Zangen ab, danach wurde Melcher Hedloff geviertelt, seine Arme und Beine wurden ihm gebrochen und schließlich stellte man einzelne Körperteile vor der Stadt auf Pfählen zur Schau.

Darstellung einer Viertelung

MARIE MADELEINE DE BRINVILLIERS

Seit 1683 müssen die Apotheker in Frankreich ein Giftbuch führen. Der Anlass war die Giftaffäre, die 1672 mit der Entlarvung der adligen Giftmörderin Marie-Madeleine Marguerite d'Aubray ins Rollen kam. Sie tötete ihren Vater und zwei Brüder. Ihr Gift wirkte über Monate, bis die Opfer scheinbar nach langer Krankheit starben.

Marquise de Brinvilliers

NAME:
Marie-Madeleine Marguerite d'Aubray, Marquise de Brinvilliers

GEBURTSDATUM UND -ORT:
2. Juli 1630 in Paris

VERBRECHEN:
Giftmorde

TATORT:
Paris

TODESDATUM UND -ORT:
17. Juli 1676 in Paris

URTEIL:
Tod auf dem Schafott

REICH UND VERSCHWENDERISCH

Mit 21 Jahren heiratete Marie-Madeleine Marguerite d'Aubray den Marquis Antoine Gobelin de Brinvilliers. Beide Eheleute stammten aus betuchten Adelsfamilien. Der Marquis mit dem Ruf eines Lebemanns floh bald vor seinen Gläubigern ins Ausland. Seine junge Ehefrau setzte die Gütertrennung durch, um ihr Vermögen zu sichern. Auf das Familienerbe erhob sie gemeinsam mit drei Geschwistern Anspruch. Durch ihren Mann hatte die Marquise 1659 Godin de Sainte-Croix kennengelernt, der bald ihr Geliebter wurde. Ein hübscher Kavallerie-Offizier von schlechtem Charakter – so beschrieben ihn Zeitgenossen. Ihr Vater brachte Sainte-Croix 1663 für ein Jahr in die Bastille, wo dieser bei einem italienischen Giftmischer in die Lehre ging.

Die Folter der Marquise de Brinvilliers

Auftrag seit April 1670 deren Speisen. Nach drei Monaten starb der ältere Bruder, nach sechs Monaten der jüngere. Die Obduktionen bewiesen einen unnatürlichen Tod. Die Schwester entging dem Giftmord.

KOMMISSAR ZUFALL

Ein Zufall brachte die Taten ans Licht: Sainte-Croix starb 1672 in seinem Labor, möglicherweise an giftigen Gasen. Man fand bei ihm Schuldscheine und Briefe der Marquise sowie verschiedene Gifte. La Chausée wurde bald gefasst und 1673 hingerichtet. Die Brinvilliers floh nach England, später nach Lüttich, wurde aber ausgeliefert.

GIFTKÜCHE

Allein und auf das Erbe aus, versöhnte sich die Brinvilliers mit ihrem Vater. Sie kochte für ihn und pflegte den Vater, als dieser immer kränklicher zu werden schien. Als Sainte-Croix wieder frei war, kannte er die Herstellungsarten von giftigen Arsenik-Rezepturen. Er versorgte de Brinvilliers wahrscheinlich mit Gift aus seinem Labor. Später gestand sie, ihrem Vater in acht Monaten rund 30 kleine Mengen Gift unter das Essen gemischt zu haben. Im September 1666 starb der Vater an den Folgen einer schleichenden Vergiftung, ohne dass jemand Verdacht geschöpft hätte.

ALLEINIGE ERBIN

Dennoch drückten die Brinvilliers weiterhin Schulden. Sie schleuste einen Kammerdiener bei ihren Brüdern ein: Jean Stamelin, genannt La Chaussée. Dieser vergiftete in Brinvilliers'

COUR DES POISONS

Die Marquise starb 1676 auf dem Schafott. Ihre Leiche wurde verbrannt. Gerüchte von einem Netzwerk von Wahrsagern, Satanisten und Giftmischern kamen auf. 1677 richtete König Ludwig XIV. einen Gift-Gerichtshof, den Cour des poisons, ein. Die Affäre zog weite Kreise, bis hin zum französischen Königshof. Viele Prominente und Adlige gerieten in Verdacht. Als der Cour des poisons 1680 seine Arbeit beendete, lagen 360 Verhaftungen und 218 Verhöre hinter den Sonderermittlern. 110 Urteile waren gefällt. Die letzte Hinrichtung der Giftaffäre erfolgte 1683 und Frankreich regelte den Handel mit Giftstoffen mithilfe strengerer Gesetze.

Tipp

Literatur	E. T. A. Hofmann: *Das Fräulein von Scuderi*, 1819/21

TEOFANIA DI ADAMO

„Aqua Tofana" – die klare, geruch- und geschmacklose Flüssigkeit war das perfekte Gift. Schon in kleinsten Mengen hochgiftig, erfreute es sich im 17. und 18. Jahrhundert in einschlägigen Kreisen großer Beliebtheit. Teofania di Adamo aus Neapel kannte das geheime Rezept und vertrieb das Mittelchen europaweit.

NAME:
Teofania di Adamo

GEBURTSDATUM UND -ORT:
Vermutlich 1653 in Neapel

VERBRECHEN:
Giftmord, Beteiligung an Giftmorden in 600 Fällen, Herstellung und Handel von Aqua Tofana

TATORT:
Italien und ganz Europa

TODESDATUM UND -ORT:
Vermutlich 1719 bei Neapel

URTEIL:
Vermutlich Tod durch die Garotte

Die giftige schwarze Frucht der Tollkirsche

FAMILIE

Teofania ist eine von drei berühmten Giftmischerinnen. Sie lernte ihr Handwerk wahrscheinlich bei ihrer Mutter, Tufania aus Palermo. Schon diese handelte mit Aqua Tofana und wurde dafür um 1659 zum Tode verurteilt. Julia Tofania, die Tochter Teofanias, vertrieb das Gift später in Rom.

BETRIEBSGEHEIMNIS

Ihren ersten eigenen Giftmord soll Teofania als Jugendliche begangen haben. Lohnenswerter scheint der Handel mit dem unauffälligen Gift gewesen zu sein. Das Rezept ist nicht mehr genau bekannt. Es wird vermutet, dass es Arsenik, Antimon, Bleioxid und Belladonna, das Gift der

Tollkirsche, enthielt. Teofania füllte es in Fläschchen ab und etikettierte es wie geweihtes Wasser aus Wallfahrtsorten. Mit dem Bild des heiligen Nikolaus von Bari und einem passenden Schriftzug schöpfte kein Zöllner oder Ermittler Verdacht. So gelangte es europaweit zu zahlungskräftigen Kunden aus Prominenz und Adel.

ANKLAGE UND TOD

Aber die wachsende Zahl mysteriöser Todesfälle fiel auf. Der König von Neapel richtete eine Sonderkommission ein, die Teofania auf die Spur kam, als die erfolgreiche „Geschäftsfrau" 66 Jahre alt war. Ihr Handwerk sowie den Handel betrieb sie somit schon ein halbes Jahrhundert lang. Die Zahl ihrer Opfer konnte nur geschätzt werden, Teofania selbst ging von rund 600 Opfern aus. Nachdem sie entdeckt wurde, flüchtete sie in ein Kloster, welches dem König ihre Auslieferung verweigerte. Daraufhin ließ dieser das Kloster stürmen. Erst vier Jahre später konnte Teofania der Prozess gemacht werden und sie starb 70-jährig auf dem Schafott. Zuvor hatte sie zahlreiche Namen ihrer meist weiblichen Kunden verraten, was eine Prozesswelle auslöste.

NOCH MEHR FAMILIE

Eine weitere Giftmörderin mit dem Namen Giula Tofana soll eine Tochter oder Schwester der Teofania gewesen sein. Sie wirkte vor allem in Rom. Auch sie war eine Spezialistin, wenn es um das berüchtigte Aqua Tofana ging. Papst Alexander VII. ermittelte, um dem Treiben Giulas ein Ende zu setzen. Beichtväter sollen sich angesichts des grausamen Treibens nicht mehr an das Beichtgeheimnis gehalten haben. Giula Tofana starb am Galgen auf dem Campo de' Fiori in Rom.

GIFT FÜR DIE PROMINENZ

Tatsächlich werden die Aussagen über die Taten und das Ausmaß dieser drei namensähnlichen Giftmörderinnen oft vermischt. Auch ein weiterer Name ist in Umlauf: Giulana Toffana. Unstrittig dagegen ist die Existenz dieses gefürchteten Giftes, damals nicht zu identifizieren und kaum nachzuweisen. Durch die Dosierung konnte der Todeszeitpunkt variiert werden. Schon wenige Tropfen lösten eine schleichende Vergiftung aus. Unter den Hunderten von Opfern sollen auch Könige und Päpste gewesen sein. Wolfgang Amadeus Mozart äußerte Monate vor seinem ungeklärten Tod gegenüber seiner Frau Constanze, dass er damit vergiftet worden sei. Dies konnte nie bewiesen werden. Aber ebenso wenig, dass der frühe Tod des kaum 36-jährigen Mozart eine natürliche Ursache hatte.

War Mozart Opfer eines Giftanschlages?

JONATHAN WILD

Fester Bestandteil der Stadtgeschichte, Inspiration für Defoe, Fielding und Brecht – Jonathan Wild kontrollierte Anfang des 18. Jahrhunderts die Bandenkriminalität in London. Für die Öffentlichkeit blieb er währenddessen einer der angesehensten Bürger der Stadt.

Jonathan Wild

NAME:
Jonathan Wild

GEBURTSDATUM UND -ORT:
1682 in Wolverhampton, England

VERBRECHEN:
Korruption, Betrug, Erpressung, organisierte Kriminalität

TATORT:
Wolverhampton, London und Umgebung

TODESDATUM UND -ORT:
24. Mai 1725 in London

URTEIL:
Tod am Galgen

FLUCHT IN DIE STADT

Der Sohn einer armen Familie lernte in seiner Geburtsstadt Wolverhampton ein Handwerk, bevor es ihn mit 21 Jahren nach London verschlug, wo er sich als Dienstbote verdingte. Er verließ Frau und Kind, nachdem er wegen hoher Schulden in Schwierigkeiten geraten war. Von der Prostituierten Mary Milliner, seiner späteren Lebensgefährtin, lernte er Trickdiebstahl und andere kriminelle Techniken. Das war seine Eintrittskarte in die Londoner Unterwelt.

LONDON NOCH OHNE POLIZEI

Die anschließende Karriere Wilds wurde durch die damalige Verbrechensbekämpfung begünstigt. Bis zur Mitte des 18. Jahrhunderts gab es

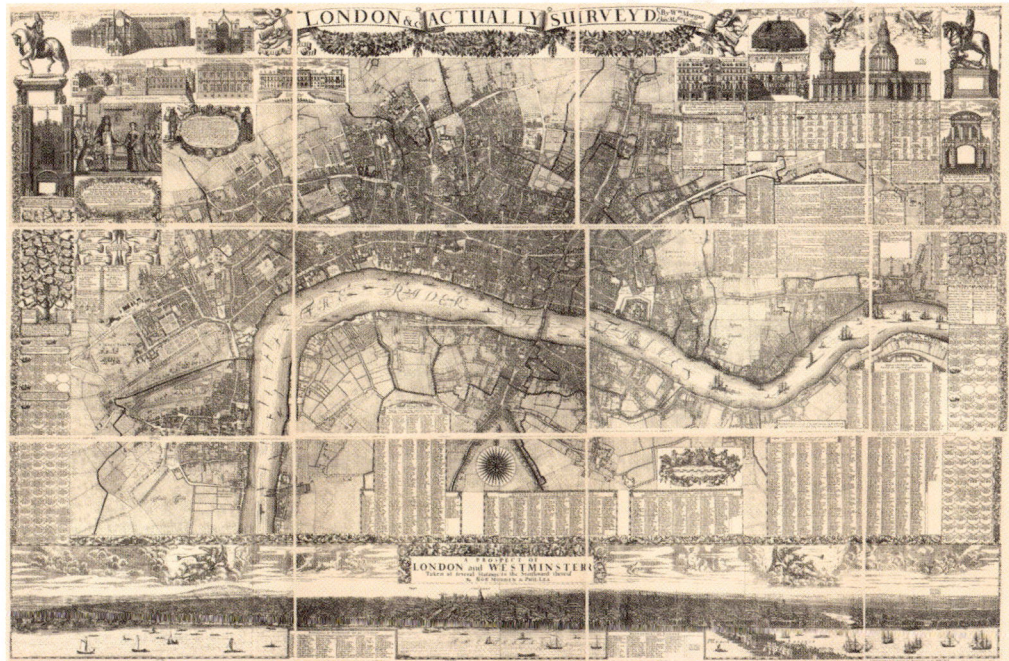

London um 1682

in London keine staatlich oder kommunal organisierte Polizei. Delikte wie Raub, Diebstahl, Betrug oder Erpressung wurden durch privat bezahlte oder ehrenamtliche Detektive und Bürgerwehren verfolgt. Hatte das Opfer eines Verbrechens das nötige Kleingeld, konnte es einen sogenannten Thief Taker, einen Diebesfänger, engagieren. Die ausgesetzten Belohnungen und Kopfgelder sicherten einer ganzen Berufsgruppe den Lebensunterhalt.

LONDON ALS SAMMELBECKEN

Die Kriminalitätsrate nahm dramatisch zu, möglicherweise weil zahlreiche Kriegsheimkehrer aus dem Spanischen Erbfolgekrieg (1701–14) in die Stadt strömten. Über Verbrechen wurde in den Zeitungen reißerisch berichtet. Viele Bürger fühlten sich bedroht und feierten umso lieber einen vermeintlichen Retter: Jonathan Wild. Nachdem ihm einfache Hehlerei mit Diebesgut zu geringe Gewinne einbrachte, schwang er sich zum berühmtesten Thief Taker der Stadt auf.

GENIALES GESCHÄFTSMODELL

Für die Öffentlichkeit war er der angesehene Bürger, der äußerst erfolgreich Diebesgut aufspürte. In Spitzenzeiten betrugen die Belohnungen, die er für seine Dienste forderte, den Gegenwert eines durchschnittlichen Jahreseinkommens der damaligen Zeit. Niemand ahnte, dass seine Diebesbanden im ganzen Stadtgebiet ihr Unwesen trieben. Was seine Leute geklaut hatten, konnte er natürlich auch schnell

„wiederfinden". Die Presse versorgte er mit selbst verfassten Erfolgsberichten, welche diese völlig unkritisch abdruckte.

BANDENCHEF

Nach außen der vertrauenswürdige Bürger, regierte er in der Unterwelt mit harter Hand. Konkurrenz duldete er nicht. Wer nicht mit ihm kooperierte, den denunzierte er bei den Gerichten. Für die Auslieferung eines Diebes gab es für ihn eine extra Belohnung und der Dieb landete am Galgen. Wild brüstete sich selbst damit, mindestens 60 Verbrecher auf diese Weise zur Strecke gebracht zu haben.

ALLE FÄDEN IN EINER HAND

Die Bürger vertrauten Wild blind und die Verbrecher wagten es nicht, gegen ihn auszusagen. Aufgrund seiner zahlreichen Kontakte diesseits und jenseits des Gesetzes verfügte er über viele Informationen, mit denen er Bandenmitglieder und Bürger erpressen konnte. Dazu ließ er verschlüsselte Kleinanzeigen in Zeitungen abdrucken, die

Jack Sheppard

den Adressaten genau zu verstehen gaben, womit sie erpresst wurden. Selbst Ort und Zeit einer Übergabe versteckten sich im Text.

BERATER ZU SEINEN GUNSTEN

1718 ernannte sich Wild selbst zum „Thief Taker General of Great Britain and Ireland". Der vermeintliche Held beriet ab 1720 sogar die Stadtverwaltung, mit welchen Methoden man am besten die Kriminalität in London eindämmen könne. Auf Wilds Vorschlag hin wurden die Belohnungen für Thief Taker heraufgesetzt, für die Ergreifung eines Täters von 40 auf 140 Pfund.

BANDENKRIEG

Im Sommer 1724 konnte Jonathan Wild die berüchtigte Carrick Gang festsetzen, die 21 Mitglieder zählte. Die Belohnung dafür betrug nach heutigen Maßstäben rund 114.000 Euro. Der Hintergrund war allerdings ein Bandenkrieg. Die Carrick Gang bedeutete Konkurrenz für Wild und wollte sich nicht unterordnen. Die Öffentlichkeit feierte einmal mehr Jonathan Wild als Retter von Recht und Gesetz.

WILDS ANSEHEN SINKT

Erst der 22-jährige Ausbrecherkönig Jack Sheppard konnte 1724 an Wilds gutem Ruf kratzen. Sheppard war nicht nur ein berüchtigter Räuber und Dieb – er widersetzte sich auch sehr geschickt seiner Festnahme. Wild hatte ihn im Februar 1724 erstmals festgenommen, aber er war sofort wieder geflohen. Weitere Festnahmen und zunehmend spektakuläre Fluchten folgten im Mai, im Juli und im September 1724. Journalisten rühmten die famosen Fähigkeiten des gut aussehenden Verbrechers. Der junge Sheppard

Ticket für die Hinrichtung Wilds

gen. Im gleichen Maß, wie Wild einst gefeiert wurde, schlug ihm nun der Hass der aufgebrachten Bevölkerung entgegen. Nie zuvor hatte jemand in solchem Ausmaß Verbrechen organisiert. Selbst Mitglieder der Stadtregierung hatten sich von Wild bestechen lassen.

TICKETS ZUR HINRICHTUNG

Am 24. Mai 1725 fand die Hinrichtung Jonathan Wilds in Tyburn, dem Galgenplatz Londons, statt. Der Vorverkauf der Tickets für die besten Plätze bei Wilds Hinrichtung lief sehr gut. Eine riesige Zuschauermenge begleitete den einst angesehenen Bürger zum Galgen. Der damalige Journalist Daniel Defoe berichtete, dass niemals bei einer Hinrichtung in London mehr Zuschauer gezählt wurden. Wild hatte am Abend zuvor versucht, sich das Leben zu nehmen, und stand wahrscheinlich noch unter der Wirkung starker Beruhigungsmittel.

gewann zunehmend Sympathien, während Jonathan Wilds Ansehen sank.

KONKURRENT GEHÄNGT

Als Wild im September 1724 Sheppard zum fünftenmal fing, wurde dieser rund um die Uhr bewacht. Man kettete den zum Tode Verurteilten an schwere Gewichte. Die Gefängniswärter verlangten Eintritt für die Besichtigung des Delinquenten. Am 16. November 1724 wurde Sheppard gehängt. Wilds untadeliger Ruf war aber schon angeschlagen.

LEICHNAM VERSCHWUNDEN?

Sein Leichnam soll zu Forschungszwecken seziert worden sein. Andere Quellen berichten von einem leeren Sarg, den man bei seiner Exhumierung fand. Es bleibt ein Geheimnis, wie das Skelett Jonathan Wilds schließlich in den Besitz des Hunterian Museums in London kam, wo es heute zu besichtigen ist.

WILD WIRD ERTAPPT

Im Februar 1725 versuchte Wild, ein Bandenmitglied zu befreien und wurde festgenommen. Schnell war klar, dass er sich aus dieser Situation nicht mehr würde herausreden können. Daher trauten sich immer mehr ehemalige Weggefährten, gegen den Verbrecherkönig auszusa-

Tipps

Literatur	Daniel Defoe: *The True and Genuine Account of the Life and Actions of the Late Jonathan Wild*, 1725
	Henry Fielding: *The History of the Life of the late Mr. Jonathan Wild the Great*, 1743
	Bertolt Brecht: *Die Dreigroschenoper*, 1928

DARJA SALTYKOWA

Als russisches Pendant zur ungarischen Blutgräfin Elisabeth Báthory gilt die Gutsbesitzerin Darja Nikolajewna Saltykowa. Zu Beginn des 18. Jahrhunderts quälte und tötete sie auf ihrem südlich von Moskau gelegenen Gut zahlreiche ihrer Leibeigenen.

NAME:
Darja Nikolajewna Saltykowa, geb. Iwanowa

VERBRECHERNAME:
Russische Blutgräfin

GEBURTSDATUM UND -ORT:
1730, unbekannt

VERBRECHEN:
Folter, Mord

TATORT:
Gutshof bei Moskau

TODESDATUM UND -ORT:
9. Dezember 1801 in Moskau

URTEIL:
Todesstrafe, umgewandelt zu lebenslanger Haft im Kerker

Der Rote Platz in Moskau im 18. Jahrhundert, auf dem die Verbrecherin an den Pranger gestellt wurde

LEIBEIGENE OHNE RECHTE

Darja Iwanowa war die dritte Tochter eines reichen Großgrundbesitzers. Sie heiratete den Offizier Gleb Saltykow, bekam zwei Kinder und verwitwete mit nur 26 Jahren. Von da an war sie Alleinherrscherin über einen riesigen Grundbesitz, mehrere Anwesen und Hunderte von Leibeigenen. Zu der Zeit besaßen die Bauern keine Rechte und waren der Willkür ihrer Herren ausgeliefert – der wichtigste Grund, warum Saltykowa über Jahre für ihre Morde nicht belangt wurde.

UNERFÜLLTE LIEBE ALS MOTIV?

Über das Motiv und den Beginn ihrer Misshandlungen kann nur spekuliert werden. Angeblich verliebte sich Darja Saltykowa in Nikolai Tjutschew, einen Ingenieur, der sie aber abwies. Weil sie mit dieser Ablehnung nicht zurechtkam, soll sie einen völlig irrationalen Hass auf andere Frauen entwickelt haben. Unter ihren wahrscheinlich 138 Opfern befanden sich jedenfalls nur zwei Männer. Nur 38 Morde konnten ihr schließlich nachgewiesen werden.

SADISTISCH GEQUÄLT

Darja Nikolajewna Saltykowa tötete nicht sofort, vielmehr erniedrigte und quälte sie ihre Opfer, bis diese an ihren Verletzungen starben. Es begann immer damit, dass sie Bedienstete wegen angeblich schlechter Arbeit beschimpfte, sie mit Gegenständen wie heißen Bügeleisen verletzte und die Frauen weiter zur Arbeit zwang, was zu einer Spirale der Gewalt führte. Ihr jeweiliges Opfer konnte zunehmend schlechter arbeiten und wurde weiteren Qualen ausgesetzt, z. B. mit kochend heißem Wasser übergossen, bis schließlich der Tod eintrat.

MAUER DES SCHWEIGENS

Andere Bedienstete ließen die geschundenen und verstümmelten Leichen verschwinden. Bei Fragen hieß es, dass es sich um einen Unfall gehandelt habe. Die Gutsherrin verbreitete unter ihren rechtlosen Leibeigenen nichts als Furcht und Schrecken. Erst 1762 gelang es zwei flüchtigen Bauern, Iermolai Ilyin und Savely Martynov, unter Einsatz ihres eigenen Lebens die Zarin direkt zu informieren. Katharina die Große ordnete Ermittlungen an. Zwei Jahre später wurde offiziell Anklage erhoben. Möglicherweise schützte ihr Adelsstand die Serienmörderin vor einem schnellen Prozess. Die Untersuchungen kamen nur schleppend voran, weil die Zeugen Angst hatten auszusagen. Im Jahr 1768 erging endlich das Urteil: Todesstrafe. Komplizen und korrupte Polizeibeamte, die jahrelang Saltykowas Taten gedeckt hatten, wurden in Arbeitslager verbannt.

Katharina die Große

KERKER FÜR DIE ADLIGE

Die Strafe für Darja Nikolajewna Saltykowa selbst wurde geändert in lebenslange Haft, vielleicht wieder im Hinblick auf ihren Adelsstand. Die Verurteilte wurde auf dem Roten Platz öffentlich an den Pranger gestellt, mit einem Schild, auf dem „Peinigerin und Mörderin" zu lesen war. Danach sperrte man sie im Keller eines Klosters ein. Dort soll sie noch 33 Jahre lang in Dunkelheit vor sich hin vegetiert haben. Licht bekam sie nur, wenn ihr Essen gebracht wurde.

Tipp

Literatur   Boris Akunin: *Schöner als der Tod: Friedhofsgeschichten*, 2007

ANNA MARGARETHA ZWANZIGER

Ihren ersten Giftmord beging sie im festen Glauben, dass der Witwer des Opfers sie heiraten würde, doch diese Hoffnung erfüllte sich nicht. Anna Margaretha Zwanziger mordete weiter, wann immer sie eine Chance sah, sich wirtschaftlich zu verbessern.

Tatort Nürnberg um 1648

NAME:
Anna Margaretha Zwanziger, geb. Schönleben

GEBURTSDATUM UND -ORT:
7. August 1760 in Nürnberg

VERBRECHEN:
Giftmord

TATORT:
Nürnberg

TODESDATUM UND -ORT:
17. September 1811 in Nürnberg

URTEIL:
Tod durch Enthauptung

SCHLECHTER START

Mit nur fünf Jahren Vollwaise, wuchs die Wirtstochter Anna Margaretha Schönleben in wechselnden Pflegefamilien auf. Als sie zehn Jahre alt war, nahm ihr Vormund sie in seinen Haushalt auf. Mit 19 Jahren wurde sie mit dem viel älteren Notar Zwanziger verheiratet, einem Trinker, der sich wenig um seine Frau und die zwei gemeinsamen Kinder kümmerte.

FRÜHE WITWE

Mit 21 Jahren bekam Zwanziger das Erbe ihrer Eltern ausbezahlt, was jedoch schnell verprasst war. Es hieß, ihr cholerischer Mann habe sie zur Prostitution gezwungen. Als ihr Mann 1796 starb, besaß Zwanziger nur wenig. Ihre Wanderschaft begann, denn keine Liebschaft und keine Beschäftigung als Haushälterin war von Dauer.

ERSTES OPFER

Als sie 1808 in den Haushalt des von seiner Frau getrennt lebenden Justizangestellten Glaser kam, witterte sie ihre Chance. Doch die Eheleute Glaser versöhnten sich. Und auch als am 26. August 1808 die Ehefrau plötzlich verstarb, dachte der Hausherr nicht an eine neue Ehe. Er entließ Zwanziger.

NOCH EIN TODESFALL

Seit September 1808 arbeitete sie für den Justizangestellten Grohmann. Im Frühling 1809 plante dieser seine Hochzeit, allerdings nicht mit seiner Haushälterin. Er erkrankte jedoch und starb am 8. Mai 1809.

TOD IM WOCHENBETT

Noch im gleichen Monat wurde Zwanziger Haushälterin bei Richter Gebhard. Die Hausherrin hatte ein Kind bekommen. Zwar kümmerte sie sich rührend um Mutter und Kind, dennoch verstarb die junge Mutter im Wochenbett. Daraufhin hieß

Arsen

es, die Zwanziger bringe Unheil ins Haus, aber niemand hatte einen konkreten Verdacht.

LANGE UNVERDÄCHTIG

Zeitgenossen schilderten sie als anbiedernd und kriecherisch, Richter Gebhard hielt sie für eine gute Kraft in seinem Haushalt. Erst als immer wieder Gäste über Übelkeit und Erbrechen klagten, nachdem sie im Haus gespeist hatten, wurde Anna Margaretha entlassen.

ÜBERTRIEBEN FREUNDLICH

Mit einem guten Arbeitszeugnis ausgestattet, sollte sie im September 1809 das Haus verlassen. Verdächtig war ihre Freundlichkeit zum Abschied, denn sie holte z. B. selbst das Salz aus dem Keller, gab dem kleinen Sohn des Hauses Kekse und Milch und kochte für Kolleginnen noch heiße Schokolade. Deshalb wurden Lebensmittelproben zur Analyse in eine Apotheke geschickt. Man fand Arsen im Salz. Daraufhin wurden einige Leichen exhumiert. Mit Arsen vergiftete Leichen verwesen anders und zeigen auch nach Monaten offensichtliche Merkmale.

OHNE REUE

Bei ihrer Verhaftung im Oktober 1809 hatte die Mörderin mehrere Päckchen arsenhaltiger Gifte bei sich. Trotzdem gestand sie erst während der Verhandlung am 16. April 1810. Sie bestritt jede Tötungsabsicht und stellte sich als Opfer ihrer unglücklichen Lebensumstände dar, nicht als Täterin. Im Juli 1811 erging das Todesurteil, welches am 17. September 1811 vollzogen wurde: Sie wurde mit dem Schwert enthauptet.

DIE HARPE-BRÜDER

Die Harpe-Brüder gelten als die ersten Serienmörder der Neuen Welt. Ende des 18. Jahrhunderts, als die heutigen Staaten Kentucky und Tennessee von den weißen Siedlern noch kaum erkundet, geschweige denn gegründet waren, zogen die skrupellosen Brüder raubend und mordend durch die Regionen am Ohio und am Mississippi.

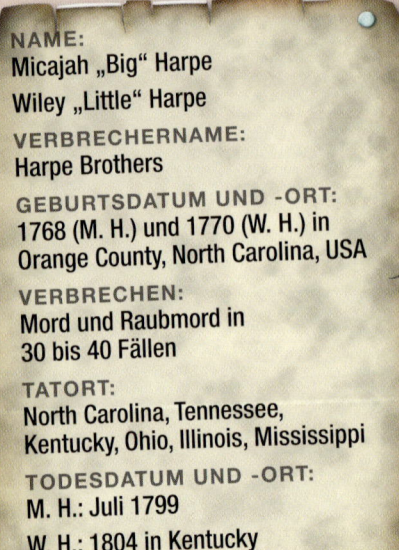

NAME:
Micajah „Big" Harpe
Wiley „Little" Harpe

VERBRECHERNAME:
Harpe Brothers

GEBURTSDATUM UND -ORT:
1768 (M. H.) und 1770 (W. H.) in
Orange County, North Carolina, USA

VERBRECHEN:
Mord und Raubmord in
30 bis 40 Fällen

TATORT:
North Carolina, Tennessee,
Kentucky, Ohio, Illinois, Mississippi

TODESDATUM UND -ORT:
M. H.: Juli 1799
W. H.: 1804 in Kentucky

URTEIL:
Tod

Die Harpe-Brüder

BRÜDER ODER COUSINS?

Über die Herkunft der Harpe-Brüder gibt es unterschiedliche Berichte. Ihre Vorfahren stammten aus Schottland und kämpften im amerikanischen Unabhängigkeitskrieg auf britischer Seite. Manche Historiker gehen davon aus, dass die beiden in Wirklichkeit Cousins waren. Ursprünglich sollen sie William und Joshua Harper geheißen haben. Ihre Familien sollen um die Jahre 1759/60 aus Schottland eingewandert sein. Ihre Väter siedelten sich zwischen 1761 und 1763 in Orange County an.

WILDER WESTEN

Es waren unsichere Zeiten, als sich die ersten Pioniere aufmachten, den amerikanischen Wes-

Szenen des amerikanischen Unabhängigkeitskrieges

ten als Siedlungsgebiet zu erkunden. Bis dahin hatten sich nur einige Jäger in das Land der Cherokee vorgewagt, die sich nur mithilfe der ansässigen Indianer in der Wildnis zurechtfanden.

UNSICHERE ZEITEN

Als 1775 der Krieg begann, mussten die Harpes wegen ihrer pro-britischen Einstellung North Carolina verlassen. Ob die Schwestern Susan und Betsy Roberts freiwillig mitkamen, ist unklar. Es heißt, Micajah habe Susan geheiratet und Betsy sei eine Nebenfrau gewesen. Wiley soll 1797 Sally Rice geheiratet haben. Den Harpe-Brüdern wurden aber auch mehrere Entführungen von Frauen nachgesagt. Micajah soll im Jähzorn ein eigenes Kind, dessen Mutter Susan Roberts war, im Säuglingsalter getötet haben.

KRIEG UM DIE UNABHÄNGIGKEIT

Von 1775 bis 1783 dauerte der Krieg gegen die britische Kolonialmacht. Die beiden Harpes waren immer wieder an Kämpfen beteiligt, auf Seiten

der Briten und auch der Cherokee, bei denen sie für rund 13 Jahre mit ihren Familien lebten. Nach dem Frieden 1783 gingen die Kriege gegen die indianische Urbevölkerung weiter.

BLUTIGE TATEN

Irgendwann während des Krieges begann die kriminelle Karriere der Harpes. Auf ihren Raubzügen sollen sie 30 bis 40 Menschen ermordet haben. Nicht immer wegen der Beute, einige Taten wurden reiner Mordlust zugesprochen. Den Opfern waren oft die Eingeweide entnommen und an deren Stelle Steine in den Leib eingenäht, um die Leichen besser im Fluss versenken zu können.

DAS ENDE

Im Sommer 1799 wurde Micajah Harpe von John Leiper erschossen. Er soll zuvor eine Frau ermordet haben und wurde deswegen von einer Art Bürgerwehr verfolgt. Moses Stegal, der Ehemann des letzten Opfers, enthauptete Micajah und spießte dessen Kopf als Trophäe an einer Kreuzung in Webster County, Kentucky auf. Wiley starb Anfang 1804 durch den Strang. Er war von einem anderen Outlaw verraten worden. Was aber am Mythos der Harpe-Brüder wirklich dran ist, darüber werden sich Historiker weiter streiten.

> **Tipp**
>
> **Literatur** T. Marshall Smith: *Legends of the War of Independence, and of the Earlier Settlements in the West, 1855*

DER SCHINDERHANNES

Der Schinderhannes kämpfte weder für Schwächere noch für die Freiheit und war nicht der Anführer anderer „guter" Räuber. Zum deutschen Robin Hood stilisierten ihn erst zeitgenössische Schriftsteller – garniert mit einem Schuss Romantik.

Johannes Bückler

NAME:
Johannes Bückler

VERBRECHERNAME:
Schinderhannes

GEBURTSDATUM UND -ORT:
Herbst 1779 in Miehlen, Deutschland

ANSCHULDIGUNGEN:
Raub, Erpressung, Diebstahl

TATORT:
Hunsrück, Taunus

TODESDATUM UND -ORT:
21. November 1803 in Mainz

URTEIL:
Tod durch Fallbeil

LEGENDE

Noch vor seiner Hinrichtung kamen zwei erdichtete Biografien über den Schinderhannes heraus, die seinen Ruf als deutscher Robin Hood begründeten. Vorausgegangen war ein Prozess vor dem französischen „Tribunal criminel spécial" in Mainz mit 68 Angeklagten, von denen 20 zum Tode verurteilt wurden. Zur Hinrichtung am 21. November kamen rund 30.000 Zuschauer. Die verklärenden Biografien fanden reißenden Absatz.

HERKUNFT

Johannes Bücklers Eltern waren arme Leute. Der Vater arbeitete als Scharfrichterknecht und Abdecker, auch Schinder genannt. Im Jahr

1783 flüchtete die Familie wegen eines Diebstahls der Mutter ostwärts, der Vater wurde Soldat, desertierte – ungefär 1788/89 kehrte die Familie in den Hunsrück zurück.

STECKBRIEFLICH GESUCHT

Mit 15 Jahren begann Johannes mit Viehdiebstählen: ein Pferd, einige Hammel und Kuhhäute. Gleichzeitig war er in der Lehre als Abdecker, bis er 1796 erstmals inhaftiert wurde. Nach seiner Flucht kursierte im Dezember 1796 der erste Steckbrief über den „schönen Hannes", der damals erst 17 Jahre alt war.

VIEHDIEBE

Es folgten rund 40 Vieh- und Pferdediebstähle und mindestens ein Einbruch. Es gab erste Todesfälle bei Überfällen mit Kumpanen, aber nie wurde ihm selbst ein Mord oder Totschlag nachgewiesen. Im Februar 1799 gefasst, saß Hannes bis zu seiner Flucht im August 1799 im Turm zu Simmern.

RÄUBERGRUPPEN

Schinderhannes plante nun mit wechselnden Kumpanen größere Projekte. Eine feste Bande gab es nicht; man arbeitete mal mit diesen, mal mit jenen „Kollegen" links und rechts des Rheins zusammen. Im April 1800 wurden er und Julchen Bläsius ein Paar. Der gemeinsame Sohn, Friedrich Wilhelm, kam am 1. Oktober 1802 zur Welt. Bis zum April 1802 gingen über 70 Straftaten auf

Das Haus von Johannes Bückler in Miehlen

Bücklers Konto: Erpressungen, Raubüberfälle, Diebstähle, Einbrüche – und wieder gab es Tote.

ENDE DES RÄUBERLEBENS

Im April 1802 zog Hannes mit Julchen fort und versuchte sich als Händler Jacob Ofenloch, doch es gelang ihnen nicht, ein neues Leben zu beginnen. Eher zufällig verhaftete eine Streife Johannes Bückler am 31. Mai. Als man ihn als Schinderhannes identifiziert hatte, wurde er nach Frankfurt am Main, damals eine Freie Reichsstadt, überführt. Um eine Auslieferung ins französische Mainz zu verhindern, sagte Johannes Bückler umfassend aus. Am 16. Juni 1802 wurden er und Julchen dennoch ins linksrheinische Département de la Sarre ausgeliefert. Zahlreiche Festnahmen folgten.

SCHAUPROZESS

Am 24. Oktober 1803 begann der Prozess. 400 Zeugen sagten aus. Mitte November ergingen 20 Todesurteile, aber von den Justizbeamten waren schon vor Prozessbeginn Einladungen zur Hinrichtung der Räuber verschickt worden. Julchen kam für zwei Jahre in Haft. Johannes Bückler wurde am 21. November 1803 hingerichtet.

Tipps

Literatur	Carl Zuckmayer: *Schinderhannes. Schauspiel in vier Akten,* 1927
Film	*Der Schinderhannes,* D 1958, Regie: Helmut Käutner

GESCHE GOTTFRIED

Anfang des 19. Jahrhunderts tötete sie 15 Menschen, die ihr allesamt nahestanden: Eltern, Kinder, Ehemänner, Freunde und ihren Bruder. Weitere 19 ihrer Bekannten überlebten ihre Giftanschläge nachweislich knapp. Gesche Gottfried war die letzte Verurteilte, die in Bremen öffentlich hingerichtet wurde. Ihre Motive bleiben bis heute rätselhaft.

NAME:
Gesche Margarethe Gottfried, geb. Timm

VERBRECHERNAME:
Engel von Bremen

GEBURTSDATUM UND -ORT:
6. März 1785 in Bremen

VERBRECHEN:
Giftmord

TATORT:
Bremen

TODESDATUM UND -ORT:
21. April 1831 in Bremen

URTEIL:
Tod, letzte öffentliche Hinrichtung in Bremen

Gesche Gottfried

ANFÄNGE

Die Zwillinge Gesche Margarethe und Johann Timm wurden 1785 in Bremen geboren. Der Vater war Schneider, die Mutter Näherin. 1806 heiratete Gesche den Sattlermeister Johann Miltenberg, der das Vermögen in Kneipen und Bordellen verprasste. Aus dem elterlichen Haushalt kannte sie „Mäusebutter" zur Insektenbekämpfung. Dass diese arsenhaltige Substanz hochgiftig ist, war ihr bekannt. Als ihr erstes Opfer, ihr Ehemann, 1813 starb, kannte Gesche ihren späteren zweiten Ehemann Michael Christoph Gottfried bereits.

OPFER ZWEI BIS SIEBEN

1815 starben innerhalb weniger Monate ihre drei Kinder und ihre Eltern. Man staunte, wie die arme Frau ein solches Schicksal ertrug und hegte keinen Verdacht. Im folgenden Jahr starb ihr Bruder nach einem gemeinsamen Essen.

KURZE EHE

Auch als Gesche schwanger wurde, zögerte ihr Liebhaber Gottfried noch, sie zu heiraten. Er erkrankte und wurde von ihr liebevoll gepflegt. Kurz vor seinem Tod am 5. Juli 1817 wurde die aufopferungsvolle Pflegerin auch seine Frau und beerbte ihn. Das gemeinsame Kind soll eine Totgeburt gewesen sein.

ERNEUTE GELDPROBLEME

Aus Geldnot vermietete sie 1821 ihr Haus an das Ehepaar Rumpff. 1823 verlobte sie sich mit dem Händler Paul Thomas Zimmermann, den sie noch vor einer Hochzeit vergiftete, denn er hatte schon sein Testament zu ihren Gunsten geändert. Eine Freundin starb im März 1825, ein guter Nachbar im Dezember desselben Jahres.

WOHNRECHT

Inzwischen hatte Gesche ihr Haus an die Rumpffs verkauft, sich aber ein Wohnrecht gesichert. Sie besorgte den Haushalt. Kurz nach einer Entbindung starb Wilhelmine Rumpff Ende 1826. Ein halbes Jahr später wurden ihre Freundin Beta Schmidt und deren dreijährige Tochter Gesches Opfer. Wenige Wochen danach forderte ein alter Geschäftsfreund von Gesche entliehenes Geld zurück. Er starb am 24. Juli 1827 als 15. und letztes Opfer.

Der Spuckstein neben dem Bremer Dom

ENDLICH ENTDECKT

Im Haushalt verteilte sie wahllos kleine Giftmengen. Der vertrauensvolle Rumpff wurde misstrauisch, als er weiße Körnchen auf einem Schinken entdeckte, und ließ die Substanz analysieren. Der Hausarzt Dr. Luce fand Arsen. Am Abend des 6. März 1828 wurde Gesche Gottfried verhaftet.

DAS ENDE

Im Gefängnis wurde sie über drei Jahre fast täglich von zwei Senatoren befragt, dennoch fand niemand eine Erklärung für die Morde von Gesche Gottfried. Das Urteil wurde am 21. April 1831 früh morgens vollzogen. Scharfrichter Dietz führte den tödlichen Schlag mit dem Schwert aus. Es sollte die letzte öffentliche Hinrichtung in Bremen sein. Gesches Kopf wurde in Spiritus konserviert und im Museum am Bremer Domshof ausgestellt. Seit 1913 ist der Kopf der berühmten Verbrecherin verschollen. Am Platz der Hinrichtung ist heute ein Gedenkstein als Mahnmal im Pflaster eingelassen: der sogenannte Spuckstein.

DAVID „ROBBER" LEWIS

Der Postkutschenräuber und Volksheld von Cumberland County, Pennsylvania starb, bevor man ihm den Prozess machen konnte. Bis heute suchen Schatzsucher nach der Beute des erfolgreichen Fälschers und Räubers. David „Robber" Lewis selbst hatte kurz vor seinem frühen Tod von drei Goldverstecken erzählt.

NAME:
David Lewis

VERBRECHERNAME:
Robber, Robin Hood of Pennsylvania

GEBURTSDATUM UND -ORT:
4. März 1790 in Carlisle, USA

ANSCHULDIGUNGEN:
Geldfälschung, Raub

TATORT:
Pennsylvania

TODESDATUM UND -ORT:
Sommer 1820 in Bellefonte, USA

URTEIL:
Todesstrafe für Desertion

Eine Postkutsche im 19. Jahrhundert, die bewacht wird, damit man sich gegen Räuber wie David Lewis wehren kann

BÜRGERLICHE FAMILIE

Der 1790 in Carlisle geborene David Lewis erzählte im Gefängnis von einer schwierigen Kindheit ohne Vater. Dabei war allgemein bekannt, dass die Mutter ihren Jüngsten immer in Schutz nahm und der Vater ihm eine sehr gute Bildung angedeihen ließ. Die Familie war wohlhabend. Einige Verwandte von ihm hatten gute Positionen in Verwaltung, Justiz und Kirche inne. Der Vater, der in England studiert hatte, soll sogar mit George Washington verwandt gewesen sein.

TALENTIERTER SCHAUSPIELER

Vom jungen David Lewis sagte man, er sei ein guter Lehrer mit besten Manieren. Aber er war auch ein smarter Abenteurer, kam wegen Bagatelldelikten mit dem Gesetz in Konflikt und ließ sich vom Militär anwerben. Mit 20 desertierte er, ein Kriegsgericht verhängte die Todesstrafe über ihn. Er tauchte unter und begann 1812 eine Karriere als Geldfälscher. Die Öffentlichkeit täuschte der gutaussehende Hochstapler mit wechselnden Rollen. Mal trat er als englischer Dandy auf, mal als Pflanzenzüchter aus Georgia, mal als begabter Sänger.

ZWEI EHEN, FÜNF KINDER

1810 heiratete er seine erste Frau Melinda Blankenburg in New York City. Mit 25 Jahren war er Witwer mit zwei kleinen Töchtern, Jamima (Mary Jane) und Keziah. Mit seiner zweiten Frau Margaret bekam or 1815, 1817 und 1819 drei Söhne. Gleichzeitig sattelte er beruflich um – vom Fälscher zum Postkutschenräuber. Geld- und Goldtransporte versprachen noch höhere Gewinne als das Fälschen von Banknoten. Dafür zog die Familie von New York wieder aufs Land nach Pennsylvania, wo sie Höhlen als Unterschlupf nutzte.

ROBIN HOOD VON PENNSYLVANIA

Tatsächlich soll David Lewis ein Herz für Arme in Not gehabt haben. Dies war vielleicht nicht der Motor für sein Tun, aber wenn er Geld vergeben konnte, tat er das. Weil er z. B. Bauernfamilien mit Steuerschulden oder Abgaben half, wurde er von der Bevölkerung nicht verraten. Schon zu Lebzeiten genoss er die Sympathie großer Bevölkerungsgruppen.

> **Tipp**
>
> **Literatur** C. D. Rishel und D. Lewis: *The Life and the Adventures of David Lewis the Robber and Counterfeiter*, 1890

TOD

Als er mit seinen Kumpanen am 2. Juli 1820 eine Postkutsche überfiel, erlitt er im Feuergefecht eine Schussverletzung. Der Coup sollte 13.000 Dollar einbringen, stattdessen landete David Lewis im Gefängnis. Seine Wunde wollte nicht heilen, eine eventuell rettende Armamputation lehnte er ab. David Lewis starb, doch zuvor konnte er noch seine Biografie diktieren. Seinen Gefängniswärtern erzählte er von drei Geheimverstecken voll Gold. Rund 10.000 Dollar in Gold sollten in einer Höhle am Juniata River liegen, ein zweiter Schatz am Conodoguinet Creek vergraben sein und der dritte, im Wert von rund 20.000 Dollar, bei Bellefonte, wo er auch im Gefängnis starb. Seinen Bewachern sagte er, er könne das Versteck des Schatzes immer vom Fenster aus sehen. Gefunden wurde bis heute keines dieser Goldverstecke.

Liegt am Juniata River noch immer ein Schatz vergraben?

CARL WALLMANN

„Den Rieken nehm ickt, den Armen jew ickt" – das soll das Motto des Räuberhauptmanns Rose, bürgerlich Carl Wallmann genannt, gewesen sein. Aber das ist schon Teil der Verklärung dieses angeblichen norddeutschen Robin Hoods. Wahr ist vor allem, dass er von den Reichen genommen hat – und das mit viel List und Tücke.

NAME:
Heinrich Christian Carl August Wallmann

VERBRECHERNAME:
Räuberhauptmann Rose

GEBURTSDATUM UND -ORT:
10. Juni 1816 in Helmstedt, Deutschland

VERBRECHEN:
Einbruch, Raub, Bandendiebstahl

TATORT:
Grenzgebiet zwischen dem Herzogtum Braunschweig und der preußischen Provinz Sachsen

TODESDATUM UND -ORT:
Unbekannt, vermutlich in den USA

URTEIL:
1845 zu 15 Jahren Zuchthaus, 1848 Amnestie und Abschiebung in die USA

KOPFGELDPRÄMIE:
100 Taler, heute zw. 2600 und 5000 €

Carl Wallmann

KINDHEIT

Carl Wallmann wurde 1816 in Helmstedt als uneheliches Kind von Johanna Elisabeth Rose, verwitwete Wallmann, geboren. Der Vater blieb unbekannt. Damit waren Carls Chancen auf eine richtige Berufsausbildung gering. Aber das kluge Kind konnte in die Schule gehen, lernte Lesen und Schreiben. Später verkaufte Wallmann Fisch und Obst.

KLEINE DIEBSTÄHLE

Im herzoglichen Infanterieregiment von Braunschweig angeheuert, lernte der spätere Räuber den Umgang mit Feuerwaffen. Schon 1833 wurde er zum ersten Mal aktenkundig, wegen eines gescheiterten Fischdiebstahls. Aber er lernte dazu: In den 1830er-Jahren beging er eine zunehmende Zahl von kleinen Diebstählen und Gaunereien. Die wirtschaftliche Not trieb ihn an.

RÄUBERHAUPTMANN

Ungefähr ab 1840 scharte er viele Schicksalsgenossen um sich und wurde Anführer einer Räuberbande. Nach dem Geburtsnamen seiner Mutter wurde er im Volksmund als Räuberhauptmann Rose schnell bekannt. Die Bande von Räubern und Hehlern agierte bis 1843 sehr erfolgreich im braunschweigisch-preußischen Grenzgebiet. Sie raubten in Kirchen, Klöstern, Gruften oder Bürgerhäusern auf der einen Seite der Grenze und flüchteten schnell auf die jeweils andere Seite. Obwohl der Räuberhauptmann immer mit einer Pistole und einer mit ge-

Herzog Wilhelm von Braunschweig

hacktem Blei gefüllten Doppelflinte unterwegs war, richtete Carl Wallmann nie eine Waffe gegen Menschen. Brutaler Straßenraub kam für die Bande nie infrage, was den Räubern große Sympathien in der Bevölkerung einbrachte. Man staunte über die Dreistigkeit, mit der die Raubzüge ausgeführt wurden und die Justiz erntete Spott. Lieder, sogenannte Moritaten, erzählten von den klugen Räubern und den ungeschickten Verfolgern. Der Räuberhauptmann Rose wurde zum norddeutschen Robin Hood verklärt. Belege dafür, dass er tatsächlich etwas von seiner Beute an die Armen verteilte, existieren allerdings nicht.

FESTNAHME

Im Sommer 1841 wurde Carl Wallmann verraten und festgenommen. Die Behörden hatten 100 Taler Belohnung auf seine Ergreifung ausgesetzt. Aber er konnte fliehen und noch bis 1843 seine Bande anführen. Als er schließlich am 10. Februar im Haus seiner Freundin Friederike Bokelberg endgültig festgesetzt wurde, listete das Obergericht in Wolfenbüttel annähernd 130 Straftaten auf. Ihm und weiteren rund 50 Mitangeklagten wurde zwei Jahre später der Prozess gemacht. Die Richter verurteilten Carl Wallmann 1845 zu 15 Jahren Zuchthaus.

ABSCHIEBUNG

Carl Wallmann saß aber nur zwei Jahre der Strafe ab, denn der Braunschweiger Herzog Wilhelm amnestierte ihn 1848 und ordnete seine Abschiebung in die Vereinigten Staaten von Amerika an. Eine damals übliche Methode, um missliebige Bürger loszuwerden. Vom Räuberhauptmann Rose hörte man nach der Abschiebung nie wieder etwas.

JOHN JOEL GLANTON

Schon zu Lebzeiten galt John Joel Glanton als brutaler, rücksichtsloser und gerissener Bandit, der vor keiner Tat zurückschreckte. Er zog seinen Opfern die Kopfhaut ab und sammelte die Skalps. In den kriegerischen Auseinandersetzungen im Texas der 1840er-Jahre zwischen weißen Siedlern, indianischen Ureinwohnern und Mexikanern stand er auf niemandes Seite, aber immer auf der Seite des Geldes – kein Held für verklärende Wild-West-Romantik.

NAME:
John Joel Glanton

VERBRECHERNAME:
Kopfhautjäger

GEBURTSDATUM UND -ORT:
1819 in Edgefield County, USA

ANSCHULDIGUNGEN:
Mord, Raub

TATORT:
Texas

TODESDATUM UND -ORT:
23. April 1850 in Yuma, USA

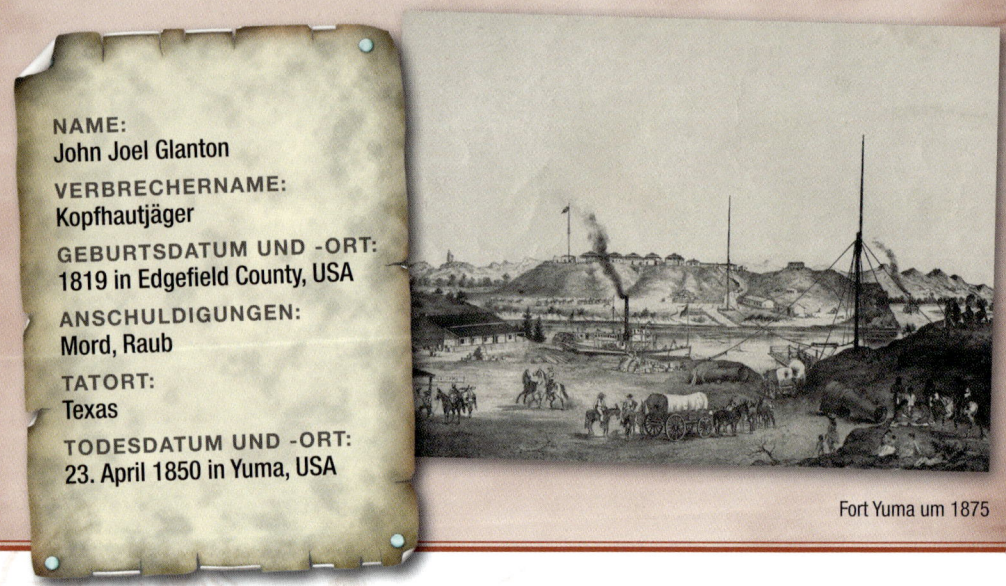

Fort Yuma um 1875

WILDES TEXAS

Als Jugendlicher verließ John Joel Glanton seine Familie in South Carolina und zog Richtung Texas. Texas war hart umkämpft. Dort lebten mehrere indianische Völker. Erste Kolonialherren waren die Spanier, seit 1821 gehörte es zu Mexiko und 1836 wurde Texas nach einem Krieg eine unabhängige Republik.

MORD AN DER EHEFRAU

Mit 17 Jahren wurde John Joel Glanton kurzzeitig als Militär-Scout angeheuert. Er heiratete eine Indianerin des Lipan-Stammes, der zu den Apachen gehörte. Das junge Paar ließ sich auf einer kleinen Farm am Guadalupe River in Gonzales County, Texas, nieder. Doch wenige Monate später kam die Katastrophe: Als er von

Ein Häuptling der Komantschen

einer Jagd zurück-
kehrte, fand er die
Leiche seiner Frau,
skalpiert und ermordet,
mutmaßlich von Ko-
mantschen. Eine an-
dere Version erzählt,
dass aus dem Dorf alle
Frauen und Kinder
entführt worden waren.
Daraufhin hätten die
Siedler die Verfolgung
aufgenommen und
schließlich die aufge-
spürten Indianer regel-
recht abgeschlachtet.
Aber niemand der
Entführten sei noch
zu retten gewesen.

IN DER ARMEE

Glanton zog Richtung
San Antonio und
heiratete seine zweite Frau, die aus einer
angesehenen mexikanischen Familie stammte.
Er begleitete eine Expedition nach Westen,
heuerte wieder in der Armee an und diente
unter dem Regiment von Captain Jack Hayes
im mexikanisch-amerikanischen Krieg. Schnell
erhielt er den Ruf eines brutalen Kämpfers.
Nach einer Saloonschießerei musste er 1848
desertieren.

BANDE VON DESPERADOS

Mit der Glanton-Gang kam er zu sagenhaftem
Reichtum. Die Geschäftsidee außer Raub war,
gegen Prämien Skalps von Indianern zu beschaf-
fen. Die mexikanische Regierung bezahlte

50 Dollar in Gold für jeden
Apachen-Skalp, für die von
Häuptlingen noch mehr.
Die Glanton-Gang, bestehend
aus Kanadiern, Indianern,
Mexikanern, Schwarzen und
anderen Outlaws, einte vor
allem eins: Mord als Geschäft.
Sie skalpierten völlig wahllos
Menschen mit dunklen Haa-
ren. Hauptsache, die Skalps
brachten ihnen als „echte"
Apachen-Skalps die begehr-
ten Prämien ein. Verletzte
Bandenmitglieder wurden
erschossen, wenn sie eine
schnelle Flucht gefährdeten.
So entledigte man sich auch
gleich eventueller Zeugen.

GOLDGRÄBER AUSGERAUBT

Innerhalb kurzer Zeit kontrol-
lierte die Bande die kleine Stadt Yuma am Colorado River sowie die Fähren über den Fluss.
Goldgräber, die mit ihrer Ausbeute aus Kalifornien
zurückkehrten, wurden auf den Fähren überfallen
und über Bord geworfen. Die erbeuteten Gold-
funde wurden bis heute nicht entdeckt.

DAS ENDE

1850 stürmten Yuma-Indianer die Stadt. Glantons verstümmelten Leichnam fand man in seinem Fort Defiance, in dem er sich verschanzt
hatte. Die Legende erzählt, die Indianer hätten
zuvor Glantons Verstecke ausgespäht, später
das blutbehaftete Gold ausgegraben und im
Colorado River versenkt.

ZORRO

Das Vorbild für die Legende von Zorro, des edlen Räubers, hat tatsächlich gelebt. Mit ca. 20 Jahren war Joaquin Murrieta als Goldgräber in Kalifornien so erfolgreich, dass Neider seine Frau ermordeten und ihm alles raubten. Die Behörden verfolgten die Verbrecher aus rassistischen Gründen nicht. Nach diesem Unrecht begann die kriminelle Karriere des Rächers.

NAME:
Joaquin Carillo Murrieta

VERBRECHERNAME:
Robin Hood of Chile, - of Mexico, - of Eldorado, Zorro

GEBURTSDATUM UND -ORT:
um 1829–32 in Alamos, Mexiko oder Trincheras, Chile

VERBRECHEN:
Pferdediebstahl, illegaler Pferdehandel, Bankraub, Mord

TATORT:
Kalifornien, Mexiko

TODESDATUM UND -ORT:
Erschossen am 25. Juli 1853 in San Benito County, Kalifornien

KOPFGELDPRÄMIE:
5000 $, heute ca. 115.000 €

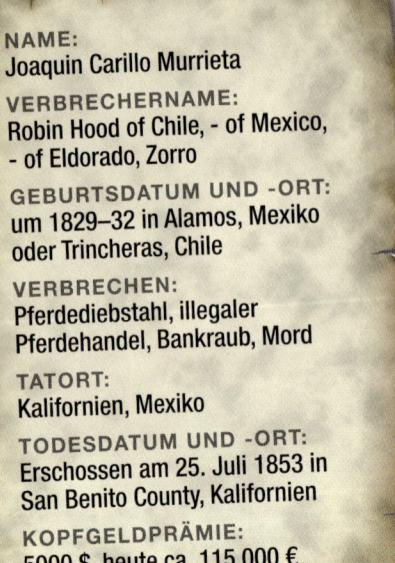

Goldgräber in Kalifornien

HERKUNFT

Murrietas Herkunft ist umstritten. Bekannt sind die Eltern: Joaquin Murrieta und Rosalia Carillo. Aber ob er in Mexiko oder Chile geboren wurde, ob der Ort Alamos oder Trincheras war, ist nicht sicher. Vermutlich hatte er mütterlicherseits englische und indianische Vorfahren (Cherokee). Sein Vater stammte aus einer wohlhabenden spanischen Adelsfamilie. „Zorro" selbst war bekannt für seine Offenheit gegenüber allen Ethnien.

Antonio Banderas als Zorro

war Manuel Garcia, wegen seiner verstümmelten Hand „Three-Fingered Jack" genannt.

GEJAGT

Die Bande lebte von Viehdiebstählen, Überfällen und Bankraub. 19 Menschen kamen zu Tode. Der kalifornische Gouverneur John Bigler setzte eine Belohnung von 5000 Dollar auf die Ergreifung Murrietas aus und gründete die California State Rangers, angeführt von Captain Harry Love. Die Ranger bekamen 150 Dollar pro Monat und waren freigestellt für nur eine Aufgabe: die Ergreifung der Murrieta-Gang.

IM GOLDRAUSCH

Mit ca. 20 Jahren zog er mit seiner Frau und seinem Bruder nach Kalifornien – der Goldrausch war 1848 ausgebrochen. In nur 20 Monaten wuchs San Francisco von 1000 auf 25.000 Einwohner. Die Zustände waren rau, der mexikanisch-amerikanische Krieg gerade erst beendet. Nicht-Weiße konnten Weiße nicht anklagen. Damit waren viele vogelfrei, auch die Murrietas. Als die sehr erfolgreichen Goldgräber überfallen und beraubt, die Frau vergewaltigt und ermordet, der Bruder getötet und er schwer verletzt wurde, suchte Joaquin Murrieta zunächst Hilfe bei der Justiz. Diese wurde dem mexikanisch-indianischen Opfer aber verweigert; niemand verfolgte die Mörder.

FIVE JOAQUINS

Als Pferdedieb begann Murrieta, mit seiner Bande umherzuziehen, immer auf der Suche nach den Mördern seiner Frau. Eines Tages spürte er sechs der Täter auf und tötete sie. Die Outlaws wurden bald als Five Joaquins bekannt, weil fünf Mitglieder diesen Vornamen trugen. Der sechste

IN BRANDY KONSERVIERT

Am 25. Juli 1853 kam es zu einem Feuergefecht zwischen den Rangern und der Bande. Joaquin Murrieta und Three-Fingered Jack starben, Murrietas Kopf und Garcias Hand konservierten die Ranger in Gläsern voller Brandy. Die makaberen Trophäen wanderten als Ausstellungsstücke durch die Lande.

MYTHOS ZORRO

Ein Jahr später begann mit einer Zeitungsserie die Legendenbildung. Die historischen Ungerechtigkeiten gegen Mexikaner und andere ethnische Gruppen in Kalifornien waren der Hintergrund. Eine Schwester Murrietas sagte 1879, der Kopf im Brandyglas sei nicht der ihres Bruders.

Tipps

Film	Das Zeichen des Zorro, USA 1920 Regie: Fred Niblo
Literatur	Johnston McCulley: *The Curse of Capistrano*, 1919

BLACK BART

„Eine der schillerndsten Persönlichkeiten, denen ich in meiner Tätigkeit bei Wells Fargo begegnete, war Black Bart, der kultivierte Wegelagerer mit den originellsten Methoden", schrieb 1920 der Finanzmanager James E. Rice voller Respekt über den Gentleman-Banditen Charles Earl Boles. Dieser hatte jahrelang die Werttransporte der Wells Fargo Company ausgeraubt.

NAME:
Charles Earl Boles/Bolles/Bowles oder C. E. Bolton

VERBRECHERNAME:
Black Bart (the Poet)

GEBURTSDATUM UND -ORT:
1829 in Norfolk, England

ANSCHULDIGUNGEN:
Postkutschenraub

TATORT:
Nordkalifornien

TODESDATUM UND -ORT:
Unbekannt, 1888 verschwunden, vermutlich 1917 in New York City gestorben

URTEIL:
6 Jahre Haft im San Quentin State Prison

Black Bart

UNGEWÖHNLICH HÖFLICH

Der Postkutschenräuber trat immer ausgesprochen höflich auf, agierte stets allein und hinterließ mehrfach Gedichte am Tatort. Nie ein böses Wort, kein Schuss – als wäre das nicht schon genug Stoff zur Legendenbildung, trat „Black Bart" auch immer gut gekleidet auf. Auffällig waren zudem seine leuchtend blauen Augen.

SPÄTE RÄUBERKARRIERE

Seine kriminelle Karriere begann er mit Anfang 40. Nicht ein einziger Hinweis darauf, dass ihn ein besonderes Ereignis aus der Bahn geworfen hatte. Zuvor führte er ein normales bürgerliches Leben. Geboren 1829 in England, seit dem zweiten Lebensjahr in Jefferson County, New York aufgewachsen, nahm er um 1849 gemeinsam mit einem Cousin und seinem Bruder am kalifornischen Gold Rush teil. Um 1852/53 starb sein Bruder Robert in San Francisco. Zurückgekehrt in seine Heimat im Osten, heiratete Boles noch im gleichen Jahr Mary Elizabeth Johnson. Die beiden zogen nach Illinois, wo Boles ab 1862 im Bürgerkrieg in der Armee diente. Bei Kriegsende 1865 wurde er als Leutnant aus der Armee entlassen.

WIEDER VOM GOLD GELOCKT

Ab 1867 ging er wieder auf Goldsuche, diesmal in Idaho und Montana. Die 1852 gegründete Wells Fargo Overland Mail Company war sehr erfolgreich im Geld- und Goldtransportgeschäft. Auch zur schnellstmöglichen Zustellung von Post nutzte das Unternehmen, aus dem die heutige Großbank Wells Fargo hervorging, alle damals verfügbaren Verkehrsmittel. Wo immer Gold gefunden wurde, hatte Wells Fargo auch bald eine Filiale vor Ort.

DER GENTLEMAN-GAUNER TAUCHT UNTER

Im August 1871 schrieb Boles seiner Frau, dass Mitarbeiter der Wells Fargo Company in etwas Illegales verwickelt wären, aber er die gestohlenen Werte wiederbeschaffen wolle. Vermutlich hatte Wells Fargo ihm das Goldschürfen in seiner eigenen Mine unmöglich gemacht. Sie hatten das nötige Wasser umgeleitet, nachdem Boles sich geweigert hatte, seine ergiebige Goldmine an Wells Fargo zu verkaufen. Er brach den Kontakt zu Mary Elizabeth und überhaupt zu seinem bisherigen Leben ab. Erst 1875 tauchte er wieder auf. In Calaveras County überfiel er seine

erste Postkutsche – und stach sofort wegen seiner guten Umgangsformen als ehrenwerter Bandit heraus.

ROMANFIGUR UND POET

Künftig nannte Boles sich „Black Bart", eigentlich eine Figur aus einem Groschenroman. Auch im Roman bestiehlt der Bandit die Wells Fargo Postkutschen. Bis 1883 überfiel Boles erfolgreich rund 30 Postkutschen und erbeutete

Eine Postkutsche der Wells Fargo Company

mehrere Tausend Dollar. Wegen seiner an den Tatorten hinterlassenen Gedichte wurde er auch lautmalerisch „Black Bart the Poet" genannt.

EIN TASCHENTUCH FÜHRT AUF SEINE SPUR

Bei einem Überfall nahe der Stadt Copperopolis erlitt er eine Schussverletzung und hinterließ bei seiner übereilten Flucht einige persönliche Gegenstände. Ein Taschentuch mit einem Wäsche-

Das Gefängnis in San Quentin

Bekannte hielten T. Z. Spalding für einen Minenbautechniker. Der stets gut gekleidete Herr aß ab und an in den besten Restaurants der Stadt. Mit Überfällen auf Postkutschen hätte niemand den Bürger in Verbindung gebracht. Erst nach seiner Verhaftung kam sein Doppelleben heraus. Wenn ein Überfall anstand, verließ Black Bart abends seine Wohnung in San Francisco und fuhr mit dem letzten Boot landeinwärts nach Stockton. Morgens kam er an und wanderte kilometerweit in Richtung der Berge. Bis zu 40 Meilen soll er marschiert sein, das sind mehr als 60 Kilometer. Sogar nachts soll der durchtrainierte Boles solche langen Märsche bewältigt haben. An seinem Ziel überfiel er eine Kutsche und machte sich wiederum auf den langen Rückweg, erst zu Fuß, anschließend mit dem Schiff.

reizeichen führte die Ermittler auf seine Spur. Die Wäscherei Ferguson & Bigg's California befand sich in San Francisco. Der Detektiv der Wells Fargo Company, James B. Hulme, befragte Mitarbeiter der Wäscherei, die wiederum auf einen Kunden namens T. Z. Spalding verwiesen. Andere sprachen diesen Fahndungserfolg dem Sheriff Tom Cunningham zu, der die Wege des Postkutschenräubers mühsam recherchiert hatte. Der vermeintliche Mister Spalding wohnte nur wenige Straßenzüge vom Büro der Wells Fargo Company entfernt. Bei einer Hausdurchsuchung bei Spalding fanden die Ermittler eine Bibel mit dem Namenseintrag „Charles Earl Boles". Erst da gestand der Gentleman-Bandit.

DOPPELLEBEN EINES BÜRGERS

Nach den Verhören rühmte auch die Polizei den angenehmen Umgangston und die guten Manieren des Räubers. Als scharfsinnig, höflich und anständig beschrieben ihn die Vernehmer. Sein Leben als Räuber war ungewöhnlich gewesen. In seiner aktiven Zeit hatte er stets in San Francisco gewohnt, ganz unauffällig. Nachbarn und

KURZE HAFTSTRAFE

Black Bart wurde 1884 zu sechs Jahren Haft verurteilt. Wegen guter Führung entließ ihn das San Quentin State Prison nach vier Jahren. Dennoch war bei der Entlassung 1888 seine Gesundheit schon stark angegriffen.

EIN CHARMANTER HERR

Viele Reporter erwarteten den ungewöhnlichen Räuber vor den Gefängnistoren. Folgende Anekdote wird erzählt: Ein Reporter fragte, ob er jetzt wieder Postkutschen überfallen wolle. Daraufhin antwortete der feine Mister Boles höflich: „Nein, werter Herr, mit Verbrechen habe ich abgeschlossen." Als ihn ein anderer Journalist fragte, ob er denn weiter dichten wolle, wiederholte Boles schmunzelnd seine Antwort: „Ich sagte doch, ich habe mit den Verbrechen abgeschlossen."

EINFACH VERSCHWUNDEN

Kurz danach verschwand Charles Earl Boles für immer. Als man ihn im Februar 1888 suchte, fand man seine Wohnung in San Francisco leer vor. Diverse Gerüchte machten die Runde. Eines besagte, dass er im November 1888 wieder eine Postkutsche überfallen haben soll. Das am Tatort gefundene Gedicht zeigte jedoch eindeutig nicht Boles' Handschrift. Nie bestätigt wurde die Theorie, die Wells Fargo Company habe dem Räuber viel Geld gezahlt, damit sich dieser ohne weitere Überfälle zur Ruhe setzen könne. Andere Stimmen meinten, ihn in New York City gesehen zu haben, wo er bis zu seinem Tod im Jahr 1917 ein ruhiges Leben geführt haben soll – durchaus denkbar bei einem bescheidenen Mann wie Charles E. Boles, dem es wohl nie um öffentlichen Ruhm ging. Seine kriminelle Karriere hatte erst begonnen, als er sich von Wells Fargo ungerecht behandelt und betrogen gefühlt hatte.

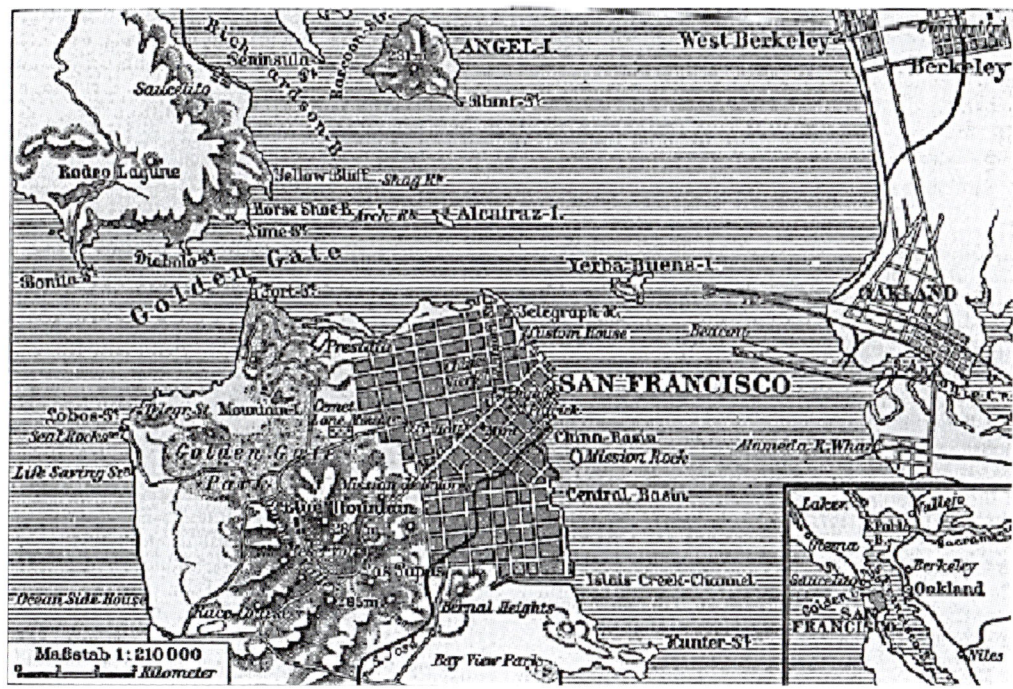

Karte von San Francisco um 1888

WILD BILL HICKOK

Wild Bill Hickok war schon in seiner Jugend einer der besten Schützen von Illinois. Der Revolverheld und talentierte Kartenspieler sorgte als Sheriff von Hays City und als Marshal von Abilene mit eiserner Hand für Ordnung in den unruhigen Pionierstädten. Gleichzeitig kam er immer wieder selbst mit dem Gesetz in Konflikt.

Wild Bill Hickok

NAME:
James Butler Hickok

VERBRECHERNAME:
Wild Bill, Bill Hickok

GEBURTSDATUM UND -ORT:
27. Mai 1837 in Troy Grove (Homer), Illinois

VERBRECHEN:
Mord, Totschlag

TATORT:
Kansas, Missouri

TODESDATUM UND -ORT:
2. August 1876 in Deadwood, South Dakota

EIN GROSSES TALENT

Schon zu Lebzeiten war James Butler Hickok, der auch Wild Bill oder Bill Hickok genannt wurde, eine Legende. Der Sohn der Farmersleute William Alonzo und Polly Butler Hickok war ein bekannter Meisterschütze und galt als der beste Revolverheld des Wilden Westens. Viele betrachteten ihn nicht als Verbrecher, sondern feierten ihn als Helden. In filmreifen Duellen soll er acht Gegner besiegt haben, da er seine Waffe schneller ziehen konnte und treffsicherer war als seine Kontrahenten. Bis zu 100 Menschen sollen durch ihn zu Tode gekommen sein.

Dead Man's Hand

ABENTEUER UND VERANTWORTUNG

Auf der Farm seiner Eltern lebte er bis 1855.
Mit 18 Jahren zog er nach Kansas und wurde
Postkutschenfahrer. Seine Routen waren der
Oregon Trail und der Santa Fe Trail. 1858 wurde
er in Monticello, Kansas, zum Constable gewählt. Diese waren einem Sheriff unterstellt,
der eher die Verwaltungsaufgaben zu erledigen
hatte, während Constables ganz praktisch
Verbrechen bekämpften. Im Bürgerkrieg, 1861
bis 1865, diente der Postkutschenfahrer aufseiten der Unionsstaaten auch als Militärspion.

ERSTE POPULARITÄT

Bekannt wurde er 1861 durch eine Schießerei
mit der vermeintlichen McCanles-Gang in Rock
Creek, Nebraska. Je nach Berichterstatter tötete
Hickok im Alleingang drei bis zehn Bandenmit-
glieder, die für zahlreiche Viehdiebstähle und
Überfälle verantwortlich gewesen sein sollen.
Zeitungen bejubelten den Revolverhelden, an-
dere schrieben, dass der größte Fehler von
David McCanles und seinen Gefährten wohl
war, Hickok in die Quere gekommen zu sein.

SCHNELL UND TREFFSICHER

Im Juli 1865 duellierte sich Hickok nach einem
Streit mit einem ehemaligen Freund. Davis
Tutt starb, weil Hickok den Revolver schneller
ziehen konnte. Geschichten, wie er einen aus-
gewachsenen Bären mit bloßen Händen und
einem Bowie-Messer besiegte, trugen zur
weiteren Legendenbildung bei. Der Meisterschütze soll auch aus einer Entfernung von
50 Metern punktgenau den Buchstaben „O"
in der Größe des Herzes eines Mannes in der
Mitte getroffen haben. Ohne lange zu zielen,

habe er sechs Schüsse abgefeuert, die alle
exakt den gleichen Punkt trafen.

BELIEBT UND ANGESEHEN

Nach dem Bürgerkrieg wurde Wild Bill Sheriff
von Hays City und Marshal von Abilene. In den
unruhigen Pionierstädten genoss er großes
Ansehen, da er nachweislich für mehr Sicherheit
für die Einwohner sorgte. Sein Ruf als bester
und schnellster Revolverschütze des Wilden
Westens brachte ihn schließlich auf die Bühne.
1872 und 1873 bewies er in einem Vorläufer
von Bill Codys Wild West Show einem großen
Publikum seine Schießkünste.

DEAD MAN

Bei einem Pokerspiel 1876 in Deadwood, South
Dakota, wurde er von einem Mitspieler erschossen. Ob wegen des Spielverlaufs oder wegen
alter Streitigkeiten, wurde nie geklärt. Der Mörder
Jack McCall wurde gehängt. Bei seinem Tod
hielt Wild Bill Hickok zwei schwarze Asse und
zwei schwarze Achten in Händen. Über die fünfte
Karte wird gestritten. Das legendäre Blatt kennen
Spieler heute als Dead Man's Hand.

JOHN WILKES BOOTH

Er war einer der Verschwörer, die 1865 die Ermordung führender Politiker der Regierung planten: John Wilkes Booth. Als der prominente Schauspieler während einer Theatervorstellung die Loge von Präsident Abraham Lincoln betrat, schöpfte noch niemand Verdacht – doch dann fielen die tödlichen Schüsse.

NAME:
John Wilkes Booth

GEBURTSDATUM UND -ORT:
10. Mai 1838 in Bel Air, Maryland

VERBRECHEN:
Attentat auf Abraham Lincoln

TATORT:
Washington D. C.

TODESDATUM UND -ORT:
26. April 1865 auf der Flucht erschossen

KOPFGELDPRÄMIE:
100.000 $,
heute ca. 1,1 Millionen €

John Wilkes Booth

REICH UND BERÜHMT

John Wilkes Booth kam am 10. Mai 1838 in Bel Air, Maryland, als zweiter Sohn des Schauspielers Junius Brutus Booth und dessen Ehefrau Mary Ann Holmes auf die Welt. Die beiden Söhne begannen ihre Schauspielkarrieren am Ford's Theatre in Washington. John Wilkes Booth feierte 17-jährig sein Debüt. Kritiker schrieben über den schönsten Schauspieler Amerikas, während sein Bruder Edwin als der begabtere galt. John Wilkes Booth tourte in den folgenden Jahren durch viele Städte der Nord- und Südstaaten. Wo immer er auftauchte, begrüßten ihn begeisterte Fangemeinden. Dank seiner Verlobten Lucy Hale, der Tochter eines amerikanischen Botschafters, stand der beliebte John Wilkes Booth sogar auf der Gästeliste zur zweiten Amtseinführung von Abraham Lincoln 1864.

Darstellung des Attentats auf Präsident Lincoln

kes Booth schon tot. Nachdem er Lincoln in dessen Theaterloge im Ford's Theatre in den Hinterkopf geschossen hatte, sprang er hinunter auf die Bühne, rief „Sic semper tyrannis" (So geschieht es mit Tyrannen) und floh mit David Herold. Am 26. April 1865 stellten Soldaten die beiden in einer Scheune, Booth wurde erschossen, Herold gefangen genommen.

DER PRÄSIDENT STIRBT

Im April 1865 ging der amerikanische Bürgerkrieg zu Ende, vier Jahre hatten die Nordstaaten gegen die Sezession der Südstaaten gekämpft. Der Sklavereigegner Abraham Lincoln sollte das Land nun wieder einen. In Washington feierte man Sieg und Frieden. Der Präsident ging am Abend des 14. April ins Theater. Als Lincoln am nächsten Morgen an den Folgen des Attentats starb, stand das Land unter Schock.

EINE VERSCHWÖRUNG

John Wilkes Booth war ein Befürworter der Sklaverei. Ende 1864 traf er die Südstaaten-Sympathisanten George Atzerodt, David Herold und Lewis Powell im Haus von Mary Surratt in Washington. Sie planten die Ausschaltung der Regierungsspitze. Powell verübte einen Anschlag auf den Außenminister, Atzerodt sollte den Vize-Präsidenten töten. Am 7. Juli 1865 wurden die gescheiterten Verschwörer in Washington gehängt, Mary Surratt als erste Frau in den USA. Zu diesem Zeitpunkt war John Wil-

EIN BOOTH RETTET EINEN LINCOLN

Edwin Booth, der ältere Bruder des Attentäters und Lincoln-Anhänger, konnte seine Karriere als Schauspieler fortsetzen. Robert Lincoln, Sohn des Präsidenten, machte bekannt, wie Edwin Booth ihm das Leben gerettet hatte. Die beiden waren sich 1863 oder 1864 an einem Bahnhof begegnet. Als der Zug sich schon in Bewegung setzte, stürzte der junge Lincoln vom Gleis, und der reaktionsschnelle Booth rettete ihn. Diese Geschichte half Edwin Booth, denn nach der Tat seines Bruders zweifelte er lange daran, je wieder auftreten zu können. Als er aber am 3. Januar 1866 in der Rolle des Hamlets auf die Bühne zurückkehrte, feierten ihn die Zuschauer enthusiastisch. Sein Theater, das Booth's in New York, wurde 1965 restauriert und wiedereröffnet.

> **Tipp**
>
> **Film** *Die Lincoln-Verschwörung*, USA 2010, Regie: Robert Redford, Darsteller: James McAvoy, Robin Wright

FRANK UND JESSE JAMES

Volkshelden à la Robin Hood oder kaltblütige Serienkiller? Die Legende der vielleicht berühmtesten Amerikaner weltweit inspiriert bis heute Filmemacher und kurbelt in zahlreichen Städten die Tourismusbranche an. Als der Bürgerkrieg im Missouri des 19. Jahrhunderts die Gesellschaft bis hinein in die Familien spaltete, erhielten die beiden Brüder ihre wichtigsten Lektionen in Sachen Grausamkeit.

NAME:
Alexander Franklin James
Jesse Woodson James

VERBRECHERNAME:
Frank James, Jesse James

GEBURTSDATUM UND -ORT:
10. Januar 1843 (F. J.) und
5. September 1847 (J. J.) in
Kearney, Missouri

VERBRECHEN:
Mord, Überfälle auf Banken,
Postkutschen, Jahrmärkten, Züge

TATORT:
Missouri, Illinois, Kentucky, Iowa,
West Virginia und Kansas

TODESDATUM UND -ORT:
J. J.: 3. April 1882 in St. Joseph,
Missouri
F. J.: 18. Februar 1915 in Kearney,
Missouri

URTEIL:
J. J.: kein Urteil, 1882 hinterrücks
erschossen
F. J.: 1882 freigesprochen

KOPFGELDPRÄMIE:
10.000 $, heute ca. 175.000 €

Jesse und
Frank James (v. l.)

FAMILIE JAMES-SAMUEL

Alexander Franklin James, bekannt als Frank, wurde am 10. Januar 1843 geboren. Sein jüngerer Bruder, Jesse Woodson James, kam am 5. September 1847 auf der Farm der Familie in Missouri zur Welt. Der Bruder Robert R. James starb als Kleinkind, die Schwester Lavinia erreichte das Erwachsenenalter. Der Vater Robert James war Prediger. 1850 verließ

Gefallene Konföderierte aufgereiht zum Bestatten

Anhänger der Nordstaaten hatten den Gouverneur und die Regierung Missouris zu Beginn des Krieges abgesetzt. Einerseits wollten viele Politiker bei der Union der Nordstaaten bleiben, gleichzeitig aber die Sklaverei weiterhin erlauben. Zeitweise beanspruchten zwei Städte den Regierungssitz. Missouri erlebte einen eigenen Bürgerkrieg. Erst 1865 wurde wieder eine einheitliche Staatsregierung in Missouri gebildet. Damit war aber nur der offizielle Frieden wiederhergestellt. Chaos und grausame Kämpfe hatten ihre Spuren hinterlassen. Eine soziale Ordnung war praktisch nicht mehr vorhanden. Viele Menschen konnten nicht wieder an ein normales Leben anknüpfen.

er die Familie und starb noch im gleichen Jahr in Kalifornien. Die Mutter Zerelda James heiratete erneut. Aber erst ihr dritter Ehemann, der Arzt Reuben Samuel, erwies sich als geeignete Vaterfigur für ihre Kinder. Das Ehepaar Samuel bekam noch vier weitere Kinder.

BÜRGERKRIEG

Im Bürgerkrieg 1861 bis 1865 war Missouri völlig zerrissen, denn große Teile der Bevölkerung wollten zur Union der Nordstaaten gehören, aber ebenso stark waren die Anhänger der Südstaaten. Viele Farmen bauten auf die Bewirtschaftung durch Sklaven. In jeder Stadt konnte ein anderes politisches Klima herrschen. Die Spaltung der Gesellschaft ging bis in die Familien. Guerillabanden sympathisierten mit den Konföderierten und kämpften gegen die Truppen.

GEWALT GEGEN FAMILIE JAMES

Die Familie James vertrat die Position der Südstaaten, der Konföderation, während ihr direktes Umfeld mehrheitlich auf Seiten der Nordstaaten, der Union, stand. Auseinandersetzungen mit den Nachbarn gingen von Prügeleien bis hin zu Lynchversuchen. Auf der Farm der James-Samuel-Familie lebten und arbeiteten sieben Sklaven. Dagegen versuchten die Bewohner von Kearney wiederholt vorzugehen.

AUF SEITEN DER SÜDSTAATEN

Frank James kämpfte bis 1863 als Soldat aufseiten der Konföderierten. Verletzt wurde er nach Hause entlassen. Noch im gleichen Jahr schloss er sich den „Bushwhackers" an, einer irregulären, den Konföderierten freundlich gesinnten Kampftruppe. Guerillatruppen wie diese gab es viele in Missouri. Eines Tages versuchte eine örtliche

Darstellung des Lawrence-Massakers

LAWRENCE-MASSAKER 1863

Die Stadt wurde zum Ziel der Quantrill Raiders, da sie eine Hochburg der Sklavereikritiker war. Außerdem wollten sie sich wohl für die im städtischen Frauengefängnis getöteten Gefangenen rächen. Die offizielle Version lautete, dass eine eingestürzte Wand einige Frauen getötet habe. Die vier Opfer, alle unter 20 Jahren, gehörten zu Guerillafamilien. Ein getötetes 14-jähriges Mädchen war die Schwester von William „Bloody Bill" Anderson, der mit einer eigenen Bande die Gegend unsicher machte. Daraufhin stürmten am 21. August 1863 300 bis 400 bewaffnete Guerilleros die Stadt Lawrence, schossen auf alles, was sich bewegte, und brannten die Stadt nieder. Rund 170 Zivilisten, darunter auch viele Kinder, starben. Die Banditen hatten 40 Tote zu beklagen.

Miliz, den Aufenthaltsort von Frank James von dessen Eltern mit Gewalt zu erfahren. Der Stiefvater Reuben Samuel wurde gefoltert und überlebte knapp den Versuch, ihn zu erhängen. Der 16-jährige Jesse wurde brutal verprügelt. Die Mutter und die Schwester Lavinia kamen ins Gefängnis von St. Joseph – aber die Familie verriet nichts.

DIE BRÜDER WERDEN GUERILLAKÄMPFER

Frank James schloss sich mit 20 Jahren der Guerillabande von William Quantrill, den Quantrill Raiders, an. Den 16-jährigen Jesse lehnte man zunächst ab, nahm ihn aber kurze Zeit später doch auf. Der schnelle Meisterschütze mit dem kindlichen Gesicht galt als klug und absolut kaltblütig. Ob er aber am blutigen Massaker von Lawrence, Kansas schon teilnahm, ist nicht bekannt. Er selbst soll sich angeblich einmal gerühmt haben, in Lawrence 33 Menschen erschossen zu haben. Sein Bruder Frank war aber sicher dabei.

JESSE VERLÄSST DIE ELTERLICHE FARM

Ab 1864 war der junge Jesse ganz sicher an brutalen Überfällen beteiligt. Die Brüder kämpften unter William Bloody Bill Anderson und Archie Clement. Am 27. September des Jahres wurden bei dem berüchtigten Centralia Massaker 22 unbewaffnete Unionssoldaten aus einem Zug gezerrt und ermordet. Andere Quellen erzählen, wie Bloody Bill ca. 80 in Reih und Glied stehende Unionssoldaten nacheinander erschoss, während die James-Brüder ihm die nachgeladenen Pistolen reichten. Als später der Anführer Bloody Bill getötet wurde, zog Frank mit den Quantrill Raiders Richtung Kentucky, während Jesse mit Archie Clement nach Texas ging.

REPRESSALIEN

Bei Kriegsende im April 1865 ging die neue Regierung von Missouri hart gegen alle vor, die aufseiten der Konföderierten gewesen waren. Ihnen wurden öffentliche Ämter und das Wahlrecht entzogen und einige verwies man des Landes. Auch die Eltern und Geschwister der James-Brüder wurden aus Missouri verbannt.

JESSE SCHWER VERWUNDET

Im Mai 1865, einen Monat nach Kriegsende, wurde Jesse von Unions-Anhängern mit zwei Schüssen schwer verletzt. Im Haus seines Onkels pflegte ihn seine Cousine Zerelda „Zee" Mimms. Die beiden wurden ein Paar und heirateten später. In den folgenden Jahren verübten ehemalige Weggefährten diverse Überfälle, ob aber Frank und Jesse teilnahmen, ist fraglich. Jesse brauchte lange, um zu genesen, und Frank war verschollen.

JAMES-YOUNGER-BANDE

Im Jahr 1868 schlossen sich die James-Brüder mit Cole Younger zusammen. Die insgesamt vier Younger-Brüder Cole, Jim, John und Bob kannten die James-Brüder bereits aus der gemeinsamen Zeit bei den Quantrill Raiders. Der Banküberfall von Russellville, Kentucky ging auf das Konto der James-Younger-Gang. Größere Bekanntheit erlangte Jesse James aber erst durch einen Banküberfall in Gallatin, Missouri. Er hielt den Kassierer John W. Sheets für Samuel P. Cox. Dieser Offizier hatte seinen ehemaligen

Die James-Younger-Gang

Mentor und Anführer, William Bloody Bill Anderson getötet. Jesse James erschoss ihn ohne zu zögern, anschließend flohen die Bankräuber mit einer kleinen Beute. Nach dieser Tat wurde Jesse James erstmals namentlich in den Zeitungen genannt.

JESSE WIRD ZUM HELDEN

Der Herausgeber der Kansas City Times, John Newman Edwards, war Anhänger der Konföderierten, er hatte im Krieg in der Kavallerie der Südstaaten gedient. Edwards wurde eine Art PR-Manager für Jesse James. Er stilisierte Jesse zum Rebellen gegen die verhassten Unionisten.

Der Zugüberfall am Gad's Hill

Auch in den folgenden Jahren führte er diese Art der Berichterstattung konsequent fort. Dabei waren die Taten der kriminellen Raubmörder weder politisch noch sozial motiviert. Niemals gaben sie den Armen etwas von ihrer Beute. Ohne die positive, verherrlichende Berichterstattung von Edwards wären die Verbrecher nicht zu amerikanischen Robin Hoods erklärt geworden. Die Verbindung von Jesse James und dem Journalisten muss eng gewesen sein, denn Jesses Sohn erhielt auch einen seiner Vornamen: Der 1875 geborene Sohn wurde Jesse John Edward James jr. genannt. Nach dem Tod seines Vaters nannte er sich viele Jahre Tim Edwards.

ZUGÜBERFÄLLE

In den nächsten Jahren verübte die James-Younger-Bande zahlreiche Überfälle auf Banken, Postkutschen und Jahrmärkten. Niemand schien sie stoppen zu können. Ab 1873 verlegten sich die Räuber auf Zugüberfälle. Für den ersten Zug-überfall ließ sich Frank James scheinbar von William Shakespeare's Henry IV. inspirieren. In dem Stück lauert eine Gruppe von vogelfreien Räubern in einem englischen Landstrich namens Gad's Hill auf ihre nächsten Opfer. Der erklärte Shakespeare-Fan Frank James verlegte die Handlung in das reale Gad's Hill, Missouri. Selbst die Tatzeit soll er aus dem Theaterstück über-nommen haben. Am 31. Januar 1874 stoppte die James-Younger-Bande um 16:00 Uhr einen Zug aus voller Fahrt und raubte ihn aus. Weitere Zugüberfälle verliefen weniger spektakulär. Wahrscheinlich weil sie sich auf Tresore und Werttransporte konzentrierten und die Passagiere unbehelligt ließen, berichtete die Presse von Robin-Hood-Methoden. Die Bande war nicht zu schnappen, daher vermutete man große Unterstützung durch die Bevölkerung.

PINKERTON-DETEKTEI

Die Zuggesellschaften beauftragten 1874 die Pinkerton-Detektei mit der Ergreifung der Anführer. Drei Detektive und einer der Younger-Brüder starben, bevor Allan Pinkerton persönlich den Auftrag erledigen wollte. Bei einem Überfall Pinkertons auf die James-Farm starb der erst neunjährige Archie Samuel, Halbbruder von Frank und Jesse, durch einen Sprengsatz. Die Mutter verlor einen Unterarm. Dieser Anschlag verschaffte den James-Brüdern weitere Sympathien in Presse und Bevölkerung.

GENERALAMNESTIE ANGEBOTEN

Angesichts der Eskalationen bot der Staat Missouri den James- und Younger-Brüdern 1875 eine Generalamnestie an. Aber statt sich zu stellen, zogen die Banditen fort nach Nashville. Jesse lebte dort unerkannt als Thomas Howard, Frank nannte sich B. J. Woodson. Beide heirateten, gründeten Familien und versuchten, in ein normales Leben zu finden.

ALTE ERWERBSQUELLEN

Bereits 1876 überfiel die James-Younger-Bande erneut eine Bank, doch der Überfall auf die First National Bank in Northfield, Minnesota, scheiterte. Frank oder Jesse erschoss den Kassierer Lee Heywood, bewaffnete Bürger vereitelten die Flucht. Bei einer Schießerei vor der Bank gab es auf beiden Seiten Verletzte und Tote. Drei Verbrecher wurden gefangengenommen, Frank und Jesse konnten schwer verletzt fliehen. Damit hatte die James-Younger-Bande aufgehört zu existieren. In den vorangegangenen zehn Jahren hatte die Bande mindestens zwölf Banken, sieben Züge und vier Postkutschen überfallen.

JESSE MACHTE WEITER, FRANK NICHT

Während Frank anschließend in Virginia unauffällig als ruhiger Bürger lebte, konnte Jesse nicht mit der Vergangenheit abschließen. Er plante in St. Joseph, Missouri, neue Überfälle, aber die alten Bandenmitglieder standen nicht mehr zur Verfügung. Jesse James entwickelte ein extremes Misstrauen gegenüber neuen Kumpanen, einen von ihnen soll er sogar als Verräter bezeichnet und erschossen haben. Mit Dick Lidell und den Ford-Brüdern Charley und Robert, entstand trotzdem eine neue Bande. Gegenüber den Nachbarn gab Jesse die häufigen Besucher als Cousins aus. 1879 überfielen sie eine Eisenbahngesellschaft und erbeuteten 6000 Dollar, weitere Überfälle folgten.

Allan Pinkerton, der Gründer der Pinkerton National Detective Agency

TOT ODER LEBENDIG

Als 1881 bei einem Banküberfall zwei Angestellte erschossen wurden, setzte der Gouverneur Thomas T. Crittenden ein Kopfgeld von 10.000 Dollar auf die Ergreifung von Jesse aus – tot oder lebendig. Charles und Robert „Bob" Ford wohnten zu diesem Zeitpunkt bereits bei ihm. Ob Jesse sie überwachen wollte oder ihnen besonders vertraute, ist unklar. In jedem Fall war der Einzug der Fords ein folgenschwerer Fehler, denn die Ford-Brüder spekulierten auf das Kopfgeld. Sie hatten Jesse James längst verraten und dessen Ermordung mit dem Gouverneur abgesprochen. Ein Umstand, der später in der Öffentlichkeit kontrovers diskutiert wurde.

ERSCHIESSUNG DES JESSE JAMES

Am 3. April 1882 erschoss Bob Ford den legendären Revolverhelden in seinem Haus. Nur für einen Moment hatte Jesse entgegen seiner Gewohnheit seinen Revolver weggelegt, um ein schief hängendes Bild geradezurücken, da traf ihn eine Kugel in den Hinterkopf. Die Ford-Brüder zögerten nicht, den Leichnam von Jesse zur Schau zu stellen. Menschenmassen standen Schlange vor dem Haus, um einen Blick auf den berüchtigten Banditen zu werfen. Heute ist in diesem Haus in St. Joseph ein Museum zu Ehren von Jesse James errichtet. Jesse James fand seine letzte Ruhestätte erst 1902, als er an der Seite seiner Frau auf dem Friedhof bestattet wurde. In der Kansas City Times erschien zu seinem Tod eine Titelstory mit der Headline „GOODBYE JESSE". Der Journalist John Newman Edwards schrieb einen wehmütigen Nachruf auf den angeblichen Märtyrer, der für eine große Idee gestorben war.

DAS LANGE LEBEN DES FRANK JAMES

Frank James stellte sich am 5. Oktober 1882 den Behörden, wohlwissend, dass auch er ein lohnendes Ziel für Kopfgeldjäger darstellte. Auch auf seine Ergreifung war eine Belohnung ausgesetzt. Er wurde unter anderem des Mordes an einem Passagier während eines Zugüberfalls angeklagt. Seine Verteidiger aber hoben besonders seine Verdienste als Soldat im Bürgerkrieg hervor. Schließlich wurde Frank freigesprochen. Er führte ein unspektakuläres Leben und jobbte als Schuhverkäufer, Ticketkontrolleur oder Pferdetrainer. 1903 tat er sich wieder mit Cole Younger zusammen, allerdings ganz legal für Auftritte in ihrer eigenen James-

Frank James im Alter von 55 Jahren

Tipps

Filme   *Jesse James, Mann ohne Gesetz,*
USA 1939, Regie: Henry King,
Darsteller: Tyron Power

The True Story of Jesse James, USA
1957, Darsteller: Robert Wagner

Long Riders, USA 1980, Regie: Walter Hill,
Darsteller: James Keach, Keith Carradine

*Die letzten Tage von Frank und Jesse
James,* USA 1986, Regie: William
A. Graham, Darsteller: Johnny Cash,
Kris Kristofferson

*Die Ermordung des Jesse James
durch den Feigling Robert Ford,*
USA 2007, Regie: Andrew Dominik,
Darsteller: Brad Pitt

Literatur   René Goscinny: *Jesse James,
Lucky Luke Band 38,* Illustration: Morris

Lied   *Jesse James,* Interpreten: Pete Seeger,
Woody Guthrie, Bruce Springsteen,
Van Morrison u. a.

da sie Jesses Vertrauen ausgenutzt und ihn hinterrücks erschossen hatten. Auf dem Grabstein von Jesse James ließ seine Mutter folgenden Spruch eingravieren: „Ermordet von einem Feigling, dessen Name es nicht wert ist, hier genannt zu werden." Der an Tuberkulose erkrankte Charley Ford beging nur zwei Jahre später Suizid. Bob Ford wurde 1892 in seinem Saloon in Colorado von einem James-Anhänger erschossen.

KEINE RUHE FÜR JESSE JAMES

Bald hieß es, Jesse James sei gar nicht tot. Einem langlebigen Gerücht zufolge soll er bis 1948 in Guthrie, Oklahoma, gelebt haben und im hohen Alter von 101 gestorben sein. Andere gaben vor, selbst der Wild-West-Held zu sein. Da die Verschwörungstheorien, nach denen Jesses Erschießung nur fingiert war, nicht verstummen wollten, wurde 1995 die Leiche von Jesse exhumiert. Eine DNA-Analyse bewies, dass tatsächlich der legendäre Raubmörder in diesem Grab beerdigt worden war.

Younger-Wild-West-Show. Später zog er wieder auf die James-Farm in Missouri und bot gegen ein Eintrittsgeld von 30 Cent Besichtigungen der Farm und des Grabes seines Bruders an. 1915 starb Frank James im Alter von 72 Jahren eines natürlichen Todes.

DAS UNGLÜCK DER VERRÄTER

Die Ford-Brüder stellten sich unmittelbar nach der Tat, wurden zum Tode durch den Strang verurteilt und durch den Gouverneur Thomas Theodore Crittenden noch am gleichen Tag begnadigt. Das viele Geld brachte ihnen allerdings kein Glück. Sie bekamen noch nicht einmal den vollen Betrag ausbezahlt. Schlimmer war aber, dass sie die Rache von James-Anhängern fürchten mussten. Sie wurden von vielen verachtet,

Jesse James nach seiner Erschießung

WYATT EARP

An der Wild-West-Legende Wyatt Earp wurde fleißig gestrickt, auch von ihm selbst. Denn er war nicht nur Revolverheld, Glücksspieler, Farmer, Postkutschenfahrer, Büffeljäger, Minenbesitzer, Marshal, Rancher, Pferdedieb, Filmberater, Saloon- und Bordellbesitzer, sondern auch Geschichtenerzähler. Gesetzeshüter oder Gesetzesbrecher – Wyatt Earp war wohl beides.

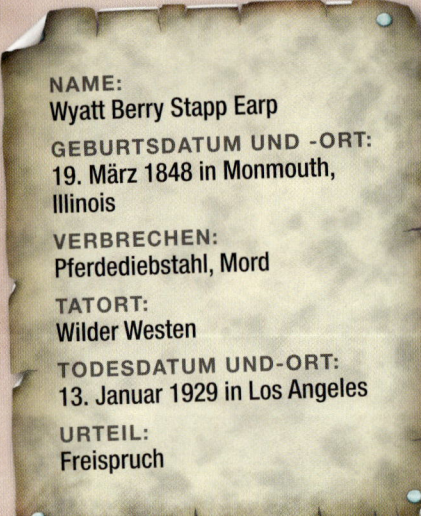

NAME:
Wyatt Berry Stapp Earp

GEBURTSDATUM UND -ORT:
19. März 1848 in Monmouth, Illinois

VERBRECHEN:
Pferdediebstahl, Mord

TATORT:
Wilder Westen

TODESDATUM UND -ORT:
13. Januar 1929 in Los Angeles

URTEIL:
Freispruch

Wyatt Earp

KINDHEIT

Wyatt hatte vier Brüder, James, Virgil, Morgan und Warren, einen Halbbruder aus der ersten Ehe des Vaters namens Newton und zwei Schwestern. Die Familie zog oft um. In Illinois hatten die Earps bis 1856 eine Farm, danach wurde der Vater Constable. Als Wyatt 13 Jahre alt war, zogen seine älteren Brüder in den Bürgerkrieg. Mit 17 arbeitete er in Kalifornien bei der Union Pacific Railroad. Nebenbei trat er als Boxer und Spieler hervor.

ERSTE HEIRAT

Zwei Jahre später löste er seinen Vater als Constable von Lamar, Missouri, ab. 1870 verließ er die Stadt wieder. Seine schwangere

Frau war nur wenige Monate nach der Heirat an Typhus gestorben. Er zog umher, wurde wegen Veruntreuung von Geldern angeklagt und flüchtete in Arkansas vor einer Verurteilung als Pferdedieb.

MARSHALS UND GLÜCKSSPIEL

In Kansas half er in Wichita und Dodge City in den Bordellen seiner Brüder aus. Er hätte vom Glücksspiel allein leben können, begann aber gleichzeitig, als Hilfssheriff zu arbeiten. Diesen Job erledigte er so gut, dass er zum Marshal gewählt wurde. In Tombstone, Arizona einer neu gegründeten boomenden Stadt, investierten die Earp-Brüder Virgil, Morgan und Wyatt 1879 in Silberminen und lernten John Henry „Doc" Holliday kennen. Wyatt und Virgil Earp blieben weiterhin angesehene Marshals.

SCHIESSEREI AM O. K. CORRAL

Zur Verfolgung eines Postkutschenräubers hatte Earp einige Cowboys des Ranchers Ike Clanton angeheuert, mit denen es zum Streit kam. Ike Clanton kündigte betrunken an, er werde einen der Earp-Brüder töten. Bei einem Duell am

Das Grab der Erschossenen

26. Oktober 1881 standen sich die beiden Gruppen gegenüber: auf der einen Seite Doc Holliday mit den drei Earp-Brüdern Virgil, Wyatt und Morgan, auf der anderen Seite Clanton, sein Bruder Bill sowie zwei McClaury-Brüder. Nach 30 Sekunden waren die McClaurys und Bill Clanton tot, die anderen, bis auf Wyatt Earp, verletzt.

FREISPRUCH

Die wegen Mordes angeklagten Brüder Earp wurden in zwei umstrittenen Prozessen freigesprochen. Daraufhin jagte Ike Clanton die Brüder und erschoss Morgan. Gemeinsam mit Doc Holliday zog Wyatt Earp nun los, um Rache an Clantons Leuten zu nehmen. Earp konnte man die Morde aber nicht nachweisen. Er verdiente sein Geld weiterhin mit Glücksspielerei und lebte ab 1882 mit Josephine Marcus zusammen. Die Fehde kostete Wyatt Earp allerdings das Ansehen und die Sympathien, die er landesweit genossen hatte.

SPÄTE JAHRE

In seinen späten Jahren betrieb er einen Saloon in Alaska, bis er wieder nach Kalifornien zog. Er kam in Kontakt mit der jungen Filmindustrie von Los Angeles und wurde Filmberater. Besonders beeindruckte er einen jungen Schauspieler, der später als John Wayne zur Ikone des Western-Films wurde. Wyatt Earps Leben wurde erst nach seinem Tod am 13. Januar 1929 mehrfach verfilmt.

> **Tipp**
>
> **Film** *Wyatt Earp – Das Leben einer Legende*, USA 1994, Regie: Lawrence Kasdan, Darsteller: Kevin Costner, Dennis Quaid

ELISABETH WIESE

„Kinder im Backofen verbrannt" – schrieb die Daily Mail aus London am 6. Oktober 1903. „Deutsche Pflegemutter zum Tode verurteilt", erfuhren am 26. November 1904 die Leser des Auckland Star in Neuseeland. Die Verbrechen der Elisabeth Wiese sorgten einige Jahre weltweit für Schlagzeilen. Sie wurde 1905 in Hamburg wegen fünffachen Mordes durch den Scharfrichter Alwin Engelhardt hingerichtet.

NAME:
Elisabeth Wiese, geb. Berkefeld

VERBRECHERNAME:
Engelmacherin von St. Pauli

GEBURTSDATUM UND -ORT:
1. Juli 1853 in Bilshausen, Niedersachsen

VERBRECHEN:
Mord, schwere Kuppelei, Meineid, Verleitung zum Meineid

TATORT:
Hamburg

TODESDATUM UND -ORT:
2. Februar 1905 in Hamburg

URTEIL:
Tod durch das Fallbeil

Hamburg um 1811

HERKUNFT

Über die Ursprungsfamilie der Elisabeth Berkefeld ist nichts bekannt. Sie selbst arbeitete im südlichen Niedersachsen als Hebamme, wurde aber bald aktenkundig wegen illegaler Abtreibungen und kleiner Betrügereien. Als sie in ihrer Heimat ihren Beruf nicht mehr ausüben konnte, ging sie nach Hamburg und heiratete dort 1888 den Kesselflicker Heinrich Wiese.

Vor der Hochzeit um 1883 kam ihre Tochter Paula Berkefeld auf die Welt.

MORDVERSUCH AM EHEMANN

Elisabeth Wiese suchte ständig nach neuen Einnahmequellen. Wegen einer kleinen Erbschaft versuchte sie, ihren Ehemann umzubrin-

Eine Nachbildung der Küche von Elisabeth Wiese

IN DEN TOD VERMITTELT

In Kleinanzeigen suchten ledige Mütter gegen Kostgeld Pflegestellen für ihre Kinder. Dies brachte Elisabeth Wiese auf eine neue Geschäftsidee. Sie versprach, die Kinder in geeignete Obhut zu vermitteln. Das Kostgeld dafür gab sie aber nie an die Pflegemütter weiter. Wenn die Kleinen zurückgegeben wurden, mussten sie verschwinden. Anderen Müttern versprach sie eine Adoption ihrer unehelichen Kinder in reiche Familien. Als einige Mütter ihre Kleinen wieder zu sich nehmen wollten, bekamen sie nur Ausflüchte zu hören. Daraufhin wurde sie 1903 angezeigt.

gen, zunächst mit Gift. Heinrich Wiese klagte wiederholt über Übelkeit. Während er schlief, versuchte sie, ihm mit einem Rasiermesser die Kehle durchzuschneiden – er überlebte und floh.

TOCHTER VERKAUFT

In Hamburger Zeitungen erschienen Anzeigen: „Eine junge Dame bittet einen edeldenkenden Herrn um 30 Mark Unterstützung gegen dankbare Rückzahlung." Die Tochter Paula musste dann den Freiern zur Verfügung stehen. Ihre Mutter prügelte sie und riet auch den Kunden zur Gewaltanwendung, falls Paula sich wehrte. Paula floh nach London, wo sie als Dienstmädchen Arbeit fand. Schwanger geworden, kehrte Paula zurück nach Hamburg. Ihr Neugeborenes wurde von der Großmutter in einem Wassereimer ertränkt. Im späteren Prozess nannte Paula Berkefeld ihre Mutter nur „die Wiese", während ihre Mutter Paula nur als „die Person" bezeichnete.

KINDERLEICHEN VERBRANNT

Die Ermittler fanden in Wieses Wohnung einen Ofen mit vergrößertem Innenfach. Eine Nachbarin berichtete von starker Hitze und ungewöhnlicher Geruchsentwicklung in der Küche. In vier Fällen konnte ihr nachgewiesen werden, dass sie Kleinkinder verbrannt hatte. Das älteste Opfer war 14 Monate alt. Andere Kleinkinder hatte sie vermutlich in die nahe Elbe geworfen. Eventuell wurden ihre Opfer zuvor betäubt, die Ermittler hatten in der Wohnung eine große Menge Morphin gefunden. Elisabeth Wiese legte kein Geständnis ab. Noch auf dem Weg zum Schafott am 2. Februar 1905 soll sie gesagt haben, sie habe nie ein Kind umgebracht.

Tipp

Literatur   Hugo Friedländer:
Ein entmenschtes Weib, 1905

GEORGE PARROT

Aus seiner Haut wurden ein Paar Schuhe und eine Medizintasche genäht. Seine Schädelknochen mussten als Aschenbecher, Stiftehalter und Türstopper herhalten. Nach der Hinrichtung durch einen Lynchmob 1881 wurde die Leiche des Outlaws George Parrot auf makabere Weise ausgeschlachtet.

NAME:
George Parrot (auch bekannt als George Francis Warden, George Manuse oder George Curry)

VERBRECHERNAME:
Big Nose George

GEBURTSDATUM UND -ORT:
Unbekannt

VERBRECHEN:
Pferdediebstahl, Raubüberfall, Mord

TATORT:
Wyoming, Montana

TODESDATUM UND -ORT:
22. März 1881 in Rawlins, Wyoming

URTEIL:
Tod durch den Strang

George Parrot

TRAURIGE BERÜHMHEIT

Parrots Geburtstag und -ort sind unbekannt, ebenso sein Alter, seine Herkunft, seine Familie. Seine Verbrechen – Vieh-, Pferdediebstahl und Zugüberfälle – machten den Bandenführer mit der großen Nase ebenfalls nicht berühmt. Erst als die Ärzte Thomas Maghee und John Eugene Osborne seine Leiche für ihre angeblichen medizinischen Forschungen benutzten, wurde George Parrot bekannt.

VERURTEILT ZUM TODE

Bei einem missglückten Zugüberfall von Parrots Bande kamen 1878 zwei Sheriffs zu Tode. Im Jahr darauf fiel George Parrot auf, als er betrunken mit der Ermordung der Sheriffs prahlte. Er wurde festgenommen und nach einem kurzen Prozess zum Tode verurteilt. Die Hinrichtung war für den 2. April 1881 geplant, bis dahin sollte Parrot im Gefängnis von Rawlins inhaftiert bleiben.

LYNCHJUSTIZ IM WILDEN WESTEN

Nachdem der Gefangene versucht hatte zu fliehen, stürmten am 22. März 1881 rund 200 aufgebrachte Bürger das Gefängnis. Sie wollten sicherstellen, dass der Bandit niemals mehr freikäme. George Parrot wurde kurzerhand an einem Telegrafenmast aufgehängt. Im Todeskampf hat er angeblich versucht, sich an dem Mast festzuhalten und dabei seine Ohrmuscheln abgerieben. Das soll das merkwürdige Aussehen seiner Totenmaske erklären.

LEICHENFLEDDEREI ZU FORSCHUNGSZWECKEN?

Die Ärzte Maghee und Osborne nahmen den Leichnam an sich, um das Gehirn auf Kennzeichen von Kriminalität zu untersuchen. Nachdem sie die Schädeldecke abgetrennt hatten, wurde sie der Öffentlichkeit von einem 15-jährigen Mädchen namens Lilian Heath präsentiert. Heath wurde einige Jahre später die erste Ärztin von Wyoming. Nie verzichtete sie in ihrer Praxis darauf, die aufbewahrte Schädeldecke als Aschenbecher oder Türstopper zu benutzen.

SCHUHE AUS MENSCHENHAUT

Der Arzt John Eugene Osborne war der erste demokratische Gouverneur Wyomings. Zum Ball anlässlich seiner Amtseinführung trug er stolz ganz besondere Schuhe, aus Menschenhaut gearbeitet. Die Ärzte hatten dem frisch verstorbenen Leichnam George Parrots die Haut abgezogen und diese zu einer Gerberei in Denver gebracht. Teile von Parrots Schuhen wurden mit dem Leder aus seiner Haut kombiniert, was an der unterschiedlichen Färbung der Schuhe bis heute gut zu erkennen ist. Auch eine Arzttasche aus Parrots Haut nannte Osborne stolz sein Eigen. Die restlichen Leichenteile lagen noch ein gutes Jahr in einem Whiskeyfass, eingelegt in Salzwasser, hinter dem Haus von Thomas Maghee. Danach wurden die Überreste dort verscharrt und erst im Jahr 1950 bei Bauarbeiten wiederentdeckt.

SPÄTE RUHE FÜR PARROTS LEICHE

Die Schuhe, Schädelknochen und eine Totenmaske von Big Nose Parrot sind heute die gefragtesten Ausstellungsstücke im Carbon County Museum in Rawlins, Wyoming. Die Arzttasche gilt als verschollen. Die weiteren Überreste wurden in den 1950er-Jahren an einem geheimen Ort bestattet. Parrots Hinrichtungsfesseln und seine Schädeldecke kann man im Union Pacific Museum von Omaha, Nebraska, betrachten. Nach den Knochenfunden 1950 hatte die 85-jährige Heath die Schädeldecke dem Museum übergeben. Sie hatte das Souvenir aus ihrer Jugend ihr Leben lang aufbewahrt.

John Eugene Osborne

JACK THE RIPPER

Kehle durchtrennt, Körper aufgeschlitzt, Organe entnommen, Gesichter zerschnitten – die grausamen Morde eines bis heute unbekannten Täters im Londoner Armenviertel Whitechapel lösten 1888 eine Panik aus. Da der Mörder nie gefasst wurde, spukt er noch heute in den Köpfen der Menschen umher.

Wer war Jack the Ripper?

NAME:
Unbekannt

VERBRECHERNAME:
Jack the Ripper

GEBURTSDATUM UND -ORT:
Unbekannt

ANSCHULDIGUNGEN:
Mord

TATORT:
Whitechapel, London, England

TODESDATUM UND -ORT:
Unbekannt

DAS PSEUDONYM

„Ripper" bedeutet „Aufschlitzer". Passend für einen Serienmörder, bei dem man anatomische Fachkenntnisse vermutete. Gezielt waren den ermordeten Frauen Organe entnommen worden. Am 27. September 1888 ging bei der Central News Agency ein Bekennerschreiben ein. Es war eines von Dutzenden, aber gespickt mit Details, und sinngemäß mit den Worten endend: „Mein Messer ist so wundervoll scharf. Ich würde am liebsten sofort wieder an die Arbeit gehen, wenn sich eine Gelegenheit böte. Viel Glück, Jack the Ripper – So können Sie mich ruhig nennen." Der blutrünstige Name wurde sofort von der Presse aufgegriffen und so zum berühmtesten Verbrechernamen der Welt.

LEDERSCHÜRZE

Ein anderer Name für den Mörder war für kurze Zeit „Leatherapron" – Lederschürze. Im Mordfall Catherine Eddowes wurde in der Nähe der Leiche ein Stück einer blutigen Lederschürze gefunden, wie sie beispielsweise Schlachter benutzten. An der Hauswand daneben stand mit Kreide angeblich geschrieben: „The Juwes are the men that will not be blamed for nothing." Ob diese Funde überhaupt mit dem Mord in Verbindung standen, ob diese Botschaft antisemitisch gemeint war, ob sich die Beamten überhaupt an den richtigen Wortlaut erinnerten – alles ungeklärt, denn das Grafitti wurde entfernt, bevor es fotografiert werden konnte, und später gaben die Beamten, die es gesehen hatten, unterschiedliche Wortlaute zu Protokoll.

WEITERE BRIEFE

Es gab Dutzende von Bekennerschreiben, aber neben dem vom 27. September 1888 wurden nur zwei weitere für eventuell authentisch gehalten. Am 1. Oktober 1888 ging bei der Central News Agency wieder Post ein, blutbeschmiert und unterzeichnet mit „Saucy Jacky". Und am 16. Oktober bekam George Lusk vom Whitechapel Vigilance Committee, einer Art Bürgerwehr, ein Päckchen. Der Inhalt war eine halbe, möglicherweise menschliche Niere und ein Brief mit der Absender-Adresse „From Hell". In keinem Fall konnte die Echtheit der Nachricht bewiesen werden. Jede zeigt eine andere Handschrift. Von vielen Experten wird allerdings eine einzige Nachricht heute noch für echt gehalten, die „aus der Hölle".

TATORT

Im Londoner East End jener Tage waren Raub, Prügeleien und Vergewaltigungen an der Tagesordnung. Auch Mord war nicht unbekannt. Aber die sadistische Ausführung der Whitechapel-Morde versetzte die Bevölkerung in Panik. Alle Mordopfer wurden in Whitechapel aufgefunden. Das Armenviertel würde man heute als „Slum" bezeichnen. Unter schlechtesten Bedingungen lebten hier rund 600.000 Menschen, zusammengepfercht auf kaum einer Quadratmeile Raum. Armut, Arbeitslosigkeit, Krankheiten und Gewalt bestimmten das Leben. Gelegenheitsprostitution war für viele Frauen die einzige Möglichkeit, etwas für den Lebensunterhalt ihrer Familien zu verdienen. Die engen und schmutzigen Gassen

From Hell – ein möglicher Brief von Jack the Ripper

Hier wurden die Whitechapel-Morde begangen.

waren düster. Viele Verbrechen kamen gar nicht zur Anzeige. Das perfekte Milieu für einen Mörder wie Jack the Ripper.

DIE RIPPER-MORDE

Von April 1888 bis Februar 1891 geschahen im Londoner East End elf außergewöhnlich grausame Morde an Prostituierten, genannt die Whitechapel-Morde. Für Ripperologen gelten nur fünf davon aufgrund ihrer Merkmale als Ripper-Morde. Sie ereigneten sich in den frühen Morgenstunden, nur an Wochenenden und immer wurde den Opfern die Kehle durchgeschnitten.

ZUM SOGENANNTEN „KANON DER FÜNF" GEHÖREN:

1. Mary Ann Nichols, geb. am Dienstag, 26. August 1845, ermordet am Freitag, 31. August 1888
2. Annie Chapman, geb. im September 1841, ermordet am Samstag, 8. September 1888
3. Elizabeth Stride, geb. am Montag, 27. November 1843, ermordet am Samstag, 30. September 1888
4. Catherine Eddowes, geb. am Samstag, 14. April 1842, ermordet am Samstag, 30. September 1888

5. Mary Jane Kelly, geb. um 1863, ermordet am Freitag, 9. November 1888

VERSTÜMMELUNGEN

Nachdem der Mörder die Kehle bzw. die Halsschlagader durchtrennt hatte, verstümmelte er die Opfer unterschiedlich stark. Das erklärt man damit, dass er im Freien mordete, außer im Fall Kelly, und dass er deshalb vielleicht vorzeitig fliehen musste. Bis auf Stride wiesen die Opfer massive Bauch- bzw. Unterleibsverstümmelungen auf. Von Kelly fehlte das Herz, ihre anderen Organe lagen verstreut um die Leiche. Ihre Oberschenkel waren bis auf die Knochen „geschält". Chapman und Eddowes war die Gebärmutter herausgeschnitten worden. Von Eddowes fehlte zusätzlich eine Niere und ihr Gesicht war bis an den Rand der Unkenntlichkeit zerstört. Der Mord

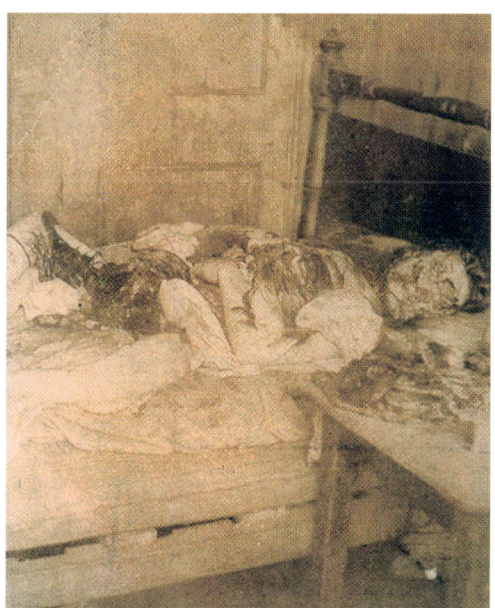

Offizielles Polizeifoto der Leiche von Mary Jane Kelly

an Mary Jane Kelly gehört für manche nicht zu den Ripper-Morden, denn das Opfer war erheblich jünger als die ersten vier und die Tat wurde nicht an einem öffentlich zugänglichen Ort begangen, sondern in der Wohnung des Opfers. Andererseits soll dies dem Täter die Zeit verschafft haben, die nötig war, um Mary Jane Kelly so zu verstümmeln, dass es schwer fiel, sie überhaupt zu identifizieren.

WEITERE WHITECHAPEL-MORDE

Für die Polizeihistoriker der Metropolitan Police ist die Zuordnung allerdings nicht so klar. Sie zählen sechs weitere Morde:

6. Emma Elizabeth Smith, geb. um 1843, am 3. April 1888 brutal überfallen und vergewaltigt, am 4. April ins Koma gefallen, am 5. April 1888 gestorben
7. Martha Tabram, geb. am 10. Mai 1849, am 7. August 1888 mit 39 Messerstichen getötet, allerdings wurde ihr nicht die Kehle durchgeschnitten
8. Rose Mylett, geb. im Jahr 1862, am 20. Dezember 1888 stranguliert
9. Alice McKenzie, geb. um 1849, am 17. Juli 1889 ermordet, die Halsschlagader durchtrennt, mehrere Schnittwunden am ganzen Körper erhalten
10. weiblicher Torso unbekannter Identität, am 10. September 1889 bei einer Eisenbahnunterführung in Whitechapel gefunden
11. Frances Coles, geb. am 17. September 1859, am 13. Februar 1891 bei einer Eisenbahnunterführung in Whitechapel gefunden

Je nach Ermittlungsstand und Ermittler variierte die Zuordnung dieser elf Morde. Je nach Quelle und Diskussionsstand tauchten außerdem weitere Namen auf – sowohl von zusätzlichen Opfern als auch von möglichen Tätern.

DIE ERMITTLUNGEN

Im ärmsten Londoner Stadtteil taten vor 1888 rund 30 Polizisten der Metropolitan Police ihren Dienst. Für nächtliche Streifen waren sie mit Laterne, Knüppel und Trillerpfeife ausgerüstet. Im Oktober 1888, nach dem „Saucy-Jacky"-Brief, wurde auf rund 90 Polizisten aufgestockt. Ab 1891 waren rund 150 Beamte für Whitechapel zuständig. Inspector Edward Read war vor Ort, als die Mordserie begann. Schnell bekam er Verstärkung und erster Chefermittler wurde Frederick George Abberline. Forensische Methoden waren allerdings kaum entwickelt, mit Fingerabdrücken wurde noch nicht gearbeitet, von krimi-nalpsychologischen Methoden oder DNA-Analysen war man 100 Jahre entfernt. Eine Tatwaffe oder andere Spuren hinterließ der Täter nie. Trotz rund 1400 Zeugenvernehmungen, vermehrter Polizeistreifen, auch nachts und in Zivil, konnte Jack the Ripper nie gefasst werden. Ab August 1888 unterstützte Robert Anderson die Ermittlungen als stellvertretender Polizeichef. Weitere bekannte Ermittler waren John George Littlechild und Melville Macnaghten.

DIE VERDÄCHTIGEN

An Verdächtigen mangelte es nie. Auch viele Prominente standen im Fokus, beispielsweise

Die Dorset Street im East End von London

Oscar Wilde, Lewis Carroll, John Merrick der Elefantenmensch oder Walter Sickert, ein Enkel sowie der Leibarzt von Queen Viktoria. Insgesamt über 70 Verdächtige wurden von Polizisten, Journalisten, Schriftstellern und Hobby-Detektiven genannt. Aus dieser Menge kristallisierten sich vier heraus. Es kam aber nie zur Anklage, da es keine stichhaltigen Anhaltspunkte oder Beweise gab.

1. Der 31-jährige Anwalt und Lehrer Montague John Druitt kam aufgrund von Aussagen seiner eigenen Familie auf die Verdächtigenliste – vielleicht einfach nur, weil er homosexuell war? Damals ein Straftatbestand, wurde z. B. Oscar Wilde 1895 wegen Homosexualität zu zwei Jahren Gefängnis verurteilt. Im Dezember 1888 beging Druitt Suizid.

2. Aaron Kosminski, ein polnisch-jüdischer Emigrant, der in Whitechapel lebte. Der psychisch kranke Kosminski war als aggressiver Frauenhasser bekannt und wurde später in eine psychiatrische Anstalt eingewiesen, wo er dauerhaft eine Gefahr für andere Patienten darstellte.

3. Michael Ostrog war ein Scharlatan. Ob der russische Einwanderer tatsächlich Arzt war, ist fraglich. Er übte in London eine Vielzahl von Berufen unter verschiedenen Namen aus. Wegen versuchten Totschlags wurde er wiederholt in Irrenanstalten eingewiesen.

4. Der US-Amerikaner Francis J. Tumblety verdingte sich als Quacksalber. Im November 1888 wurde er wegen obszöner Handlungen angeklagt und inhaftiert. Gegen eine hohe Kautionszahlung freigelassen, floh er noch im selben Monat aus England in die USA und tauchte unter.

Titelblatt des Puck Magazins, das nach der Identität Jack the Rippers fragt

POPULARITÄT

Weder die Opferzahl noch die Brutalität der Taten allein erklären, warum Jack the Ripper der berühmteste Mörder aller Zeiten wurde. Es war die erste Mordserie, die fast minutiös von der Presse aufbereitet wurde. In reißerischen Zeitungsartikeln und gruseligen Bildern wurde genau berichtet, wie die Opfer aufgefunden, wo sie aufgeschlitzt, welche Organe entnommen, wo diese abgelegt wurden. Illustratoren fertigten fiktive

Täterporträts und Mordszenen an. Es handelte sich nicht um den ersten Serienmörder der Geschichte, aber um den ersten, der so von der Presse begleitet wurde. Die Leserzahlen schnellten nach oben.

FBI UND PROFILING

Genau 100 Jahre nach den Whitechapel-Morden untersuchte das FBI den Fall. Dabei ging es weniger um die Frage des klassischen „Whodunnit" (Wer war es?), als vielmehr darum, mit modernen Methoden ein Charakterprofil des Täters zu erstellen. Im Jahr 1988 erschien eine siebenseitige Analyse der Experten des FBI. Darin geht es um Aspekte der Viktimologie, um Erkenntnisse medizinischer Gutachter, um die Verbrechens- und Tatortanalyse, um die vermeintliche Authentizität von Jack the Ripper, um seine Psyche, Merkmale und Verhaltensmuster. Der Bericht gibt nicht nur Aufschluss über die Whitechapel-Morde, sondern gilt auch als Mustervorlage zur Analyse von Serienmördern.

ERGEBNISSE DER ANALYSE

Besonders interessant ist, dass der Verfasser, Supervisory Special Agent John Douglas, sich gegen die Theorie ausspricht, nach der sich der Modus Operandi eines Serienkillers nicht verändert. Jack the Ripper hätte also sein Verhalten und seine Tötungsmethoden aufgrund seiner Erfahrungen von Mal zu Mal umgestalten können. John Douglas hält es sogar für möglich, dass ein Serienmörder aufhört zu töten, weil bestimmte Ziele für ihn erreicht seien. Auch hält der Profiler sämtliche Bekennerschreiben für nicht authentisch. Seine Begründung lautet, dass Täter dieser Art nicht aus Geltungssucht morden. Die Motivation läge vielmehr darin,

Kontrolle und Macht auszuüben. Deshalb würden diese Täter nicht über ihre Taten reden, weder mit der Polizei noch mit ihren Familien oder anderen Personen.

TÄTERPROFIL

Laut Profiler war der Mörder damals wahrscheinlich 28 bis 36 Jahre alt, männlich, von weißer Hautfarbe und heterosexuell. Es ist nicht unwahrscheinlich, dass er als Schlachter und Metzger arbeitete. Vielleicht assistierte er auch in einem Krankenhaus oder bei einem Bestatter. Eher leise und schüchtern, bewegte sich der Einzelgänger völlig unauffällig in „seinem" Viertel. Heute sprechen die Kriminologen von der Komfortzone eines Serienkillers. Der Tatort ist eine

Karikatur über die Unfähigkeit der Polizei, den Täter zu finden

vertraute Umgebung, in der man schnell untertauchen kann. Als Kind soll er höchstwahrscheinlich in instabilen sozialen Verhältnissen aufgewachsen sein, denkbar wären eine dominante Mutter und ein abwesender Vater. Möglicherweise untergrub ein vermeintlicher Makel zusätzlich sein Selbstbewusstsein, vielleicht war er besonders groß oder klein oder hatte einen Sprachfehler. Um Stärke zu erleben, quälte er in seiner Kindheit vermutlich Tiere oder spielte Feuerteufel.

DAS TAGEBUCH

Michael Barrett präsentierte 1991 das „wiedergefundene" Tagebuch des Jack the Ripper. Der Geschäftsmann James Maybrick soll darin die Morde von 1888 gestanden haben. Alles schien zu passen: Maybrick hielt sich zur fraglichen Zeit in London auf, konsumierte harte Drogen und misshandelte seine Ehefrau. Auch eine Taschenuhr tauchte auf, in die Maybrick angeblich seine und die Initialen der Opfer hatte eingravieren lassen. Aber 1995 bekannte Michael Barrett, er habe die Texte erdichtet und seine Frau habe sie handschriftlich im Stil der damaligen Zeit niedergeschrieben.

ABSURDE THEORIEN

Laut dem FBI-Profil müssten einige Verdächtige der zahlreichen Verschwörungstheoretiker ausscheiden. Ein Zylinder tragender feiner Herr wäre ebenso unwahrscheinlich wie jemand, der auch nur einen auffälligen Schnurrbart trug. Verschwörungstheorien, nach denen ein Mitglied des britischen Königshauses bis heute geschützt würde, wären somit ebenfalls völlig absurd, dennoch ist dieser Vorwurf besonders langlebig. Im Herbst 1888 herrschte in London ungewöhnlich

klares Wetter. Jack the Ripper verschwand also nicht im oft zitierten „Nebel".

Tipps

Literatur	Hendrik Püstow, Thomas Schachner: *Jack the Ripper: Anatomie einer Legende*, 2008
	Paul Begg: *Jack the Ripper: The Facts*, 2004
	Stewart P. Evans, Keith Skinner: *The Ultimate Jack the Ripper Source Book: An Illustrated Encyclopedia*, 2002
	Paul Begg, Martin Fido and Keith Skinner: *The Complete Jack the Ripper A–Z*, 2010
Film	*From Hell*, USA 2001, Regie: Albert Hughes, Allen Hughes, Darsteller: Johnny Depp, Heather Graham
Web	FBI Gutachten: http://vault.fbi.gov/Jack%20the%20Ripper

Johnny Depp als Inspektor Abberline in dem Film *From Hell*

BILLY THE KID

Billy the Kid ist eine der legendärsten Figuren der Westerngeschichte. Von seinen Feinden als gesetzloser Mörder bezeichnet, war er seinen Anhängern zufolge ein loyaler Kämpfer im Lincoln-County-Rinderkrieg. Wie viele Menschen er getötet hat, ist ungewiss. Er wurde mit 21 Jahren von Sheriff Pat Garrett erschossen.

NAME:
Henry McCarty, William H. Bonney, Henry Antrim oder Kid Antrim

VERBRECHERNAME:
Billy the Kid

GEBURTSDATUM UND -ORT:
23. November 1859 in New York

ANSCHULDIGUNGEN:
Diebstahl, Mord

TATORT:
New Mexico

TODESDATUM UND -ORT:
14. Juli 1881 in Fort Sumner, New Mexico

KOPFGELDPRÄMIE
5000 $, heute ca. 7000 €

Billy the Kid

JUGEND

Der Vater von Billy the Kid ist unbekannt. Seine Mutter Catherine McCarty, eine irische Einwanderin, heiratete 1873 William Antrim. Die Familie zog nach Silver City, New Mexico. Am 16. September 1874 starb die Mutter an Tuberkulose. Eine Nachbarsfamilie nahm den 14-jährigen Billy auf. Er arbeitete im Hotel dieser Familie und galt als fleißig, hilfsbereit und ehrlich.

VERBRECHEN

Im April 1875 wurde Billy erstmals verhaftet, weil er Käse geklaut hatte. Im September 1875 erneut wegen Diebstahls festgenommen, floh Billy nach Arizona. Dort lebte er von Gelegenheitsjobs und versuchte sich als Pferdedieb. Nach einem Streit, den Frank „Windy" Cahill provoziert haben soll, erschoss Billy ihn. Zeugen sprachen von Notwehr. Billy floh 1877 über die Grenze nach New Mexico. Nachdem er sich kurze Zeit mit der Jesse Evans Gang herumgetrieben hatte, fand er eine Arbeit bei dem Rancher John Tunstall – und befand sich mitten in den Auseinandersetzungen eines blutigen Rancher-Krieges.

LINCOLN-COUNTY-RINDERKRIEG

Im sogenannten Lincoln County War stritten Rinderzüchter, Banker und Kaufleute um Anteile und Stellung in der Geschäftswelt von New Mexico. Als der Rancher John Tunstall ins Finanzgeschäft einsteigen wollte, eskalierte die Gewalt. Billys Arbeitgeber Tunstall wurde am 9. März 1878 erschossen. Billy gehörte zu der Gruppe, die im April 1878 Sheriff William Brady und Deputy George Hindman tötete. Auch an der Schießerei von Blazer's Mill, bei der Buckshot Roberts getötet wurde, war er beteiligt. Billy überlebte die letzte Schlacht in Lincoln, die im Juli 1878 stattfand. Der Gouverneur Lewis Wallace versprach eine Amnestie für alle Beteiligten. Billy the Kid stellte sich und sollte nach einer wichtigen Aussage amnestiert werden. Allerdings hielt sich keiner an diesen Deal – Billy blieb in Haft. Er floh 1879 und schlug sich mit Glücksspielerei durch. Bei einer Schießerei im Januar 1880 erschoss er in einem Saloon seinen Gegner und wurde so erneut zum Gejagten.

GEFANGENNAHME

1880 wurde Pat Garrett zum Sheriff von Lincoln County gewählt und jagte Billy the Kid und seine Komplizen, von denen er zwei erschoss und Billy und zwei weitere Personen festnahm. Im April 1881 wurde Billy zum Tode verurteilt, er konnte fliehen, verließ New Mexiko aber nicht. Am 14. Juli 1881 wurde er von Garrett ohne Warnung

erschossen. Nur Pat Garrett behauptete, Billy habe 21 Morde begangen. Vermutlich tötete Billy in vielen Auseinandersetzungen und Kämpfen vier Menschen.

MYTHOS

Im Lauf der Jahre behaupteten manche, Billy the Kid zu sein, unter anderem William P. Roberts und John Miller. Während Roberts als Scharlatan entlarvt wurde, passte bei Miller alles: Er sah aus wie Billy the Kid und schien vor 1881 keinen Lebenslauf gehabt zu haben. Außerdem sprach er wie Billy fließend Spanisch.

Pat Garrett

BELLE GUNNESS

Belle Gunness war eine „Schwarze Witwe". Wie die Spinne gleichen Namens lockte Gunness, eine norwegische Einwanderin, ihre rund 30 bis 40 männlichen Opfer auf ihre Farm in LaPorte, Indiana, etwa 120 Kilometer von Chicago entfernt. Dort nahm sie ihnen ihr Geld ab, vergiftete sie und begrub die Leichen auf ihrer großen Farm.

Belle Gunness mit ihren Kindern

NAME:
Belle Gunness (urspr. Brynhild Paulsdatter Størset)

VERBRECHERNAME:
Schwarze Witwe, Lady Bluebeard

GEBURTSDATUM UND -ORT:
November 1859 in Selbu, Norwegen

ANSCHULDIGUNGEN:
Giftmord

TATORT:
LaPorte, Indiana, USA

TODESDATUM UND -ORT:
Vermutlich 28. April 1908 in LaPorte, Indiana

ERSTE OPFER?

Die Norwegerin emigrierte mit 22 Jahren in die USA. Sie heiratete 1884 ihren Landsmann Mads Sorenson. Die Konditorei der beiden in Chicago brannte 1897, ein Jahr nach der Eröffnung, komplett ab. Von der Versicherungssumme kauften die Sorensons ein neues Haus. 1897 starb Tochter Caroline, und Myrtle wurde geboren. 1899 kam Lucy auf die Welt, der ältere Bruder Axel starb. Ehemann Mads erlag 1900 einem Herzinfarkt. Bei den Todesfällen traten Vergiftungssymptome auf, dennoch attestierten die Ärzte jeweils tödlich verlaufende Krankheiten.

MÖRDERFARM

Von der Lebensversicherung ihres Mannes kaufte Belle eine Farm in LaPorte, Indiana. 1902 heiratete sie Peter Gunness, der zwei Töchter mit in die Ehe brachte. Ende 1902 waren die jüngere Stieftochter und Peter Gunness tot. Wieder wurde eine Versicherungssumme ausgezahlt. Obwohl die ältere Ziehtochter von Peter Gunness, die zwölfjährige Jennie Ilson, einen Unfall ausschloss, fand keine Untersuchung statt. Die Behauptung, Peter Gunness habe eine aus dem Regal fallende Maschine auf den Kopf bekommen, konnte niemand widerlegen. Kurz danach hieß es, die Ziehtochter Jennie sei wegen einer Ausbildung nach Kalifornien gezogen.

KONTAKTANZEIGEN

Auf der Farm lebte Gunness nun mit ihren Kindern Myrtle, Lucy und dem 1903 geborenen Philip. Auch die Kinder waren gut versichert. Später hieß es, Gunness hätte nur Kinder bekommen, um bei deren Tod abzukassieren.

Die niedergebrannten Ruinen der Farm

In den folgenden Jahren gab sie Anzeigen auf, in denen sie einen neuen Ehemann suchte. Einige Männer kamen nach LaPorte, im Gepäck ihr Erspartes – und verschwanden.

EIN MÖGLICHER KOMPLIZE

Ihr einziger Farmarbeiter wurde ab 1906 lästig. Er soll eifersüchtig auf die ständig wechselnden Männer auf der Farm gewesen sein. 1908 entließ die Serienmörderin den Arbeiter Ray Lamphere und suchte Schutz beim Sheriff des Ortes. Ihm erzählte sie, Lamphere bedrohe sie und wolle sie umbringen. Als im April 1908 die Farm abbrannte, wurde Lamphere wegen Brandstiftung und Mordes festgenommen.

MASSENGRAB AUF DER FARM

Unter den Ruinen wurden zahlreiche Leichen gefunden. Die Kinder Myrtle, Lucy und Philip waren darunter, auch Jennie Ilson. Mindestens zehn männliche nicht mehr zu identifizierende Leichen, zwei unbekannte Kinder sowie ein weiblicher Körper ohne Kopf. Die genaue Anzahl der Toten war nicht exakt zu bestimmen, weil außerdem viele menschliche Knochenfragmente ausgegraben wurden.

TOD ODER FLUCHT

Es wurde angenommen, die kopflose Leiche sei die von Belle Gunness. Zeugen berichteten, wie sie am Vorabend eine unbekannte Frau zur Farm mitgenommen habe. Der inhaftierte Lamphere aber schwor, er selbst habe Belle zum Bahnhof gefahren, als das Haus schon brannte. Ray Lamphere bekam eine Haftstrafe von zwei Jahren und der Amtsarzt erklärte Belle Gunness für tot.

H. H. Holmes

Wie viele Menschen der Arzt Dr. H. H. Holmes umgebracht hatte, konnte nie rekonstruiert werden. Er selbst gab 27 Morde zu, Kriminalisten gehen von 100 bis 200 Opfern aus. Sein Hotel in Chicago war 1890 bis 1895 eine Mordfabrik, ausgestattet mit Gaskammern, Falltüren und geheimen Schächten. Seine Gäste verschwanden spurlos.

NAME:
Herman Webster Mudgett, später Dr. Henry Howard Holmes

VERBRECHERNAME:
H. H. Holmes

GEBURTSDATUM UND -ORT:
16. Mai 1860 oder 1861 in Gilmanton, New Hampshire

VERBRECHEN:
Mord

TATORT:
Chicago, Toronto, Indianapolis

TODESDATUM UND -ORT:
7. Mai 1896 in Philadelphia, Pennsylvania

URTEIL:
Tod durch den Strang

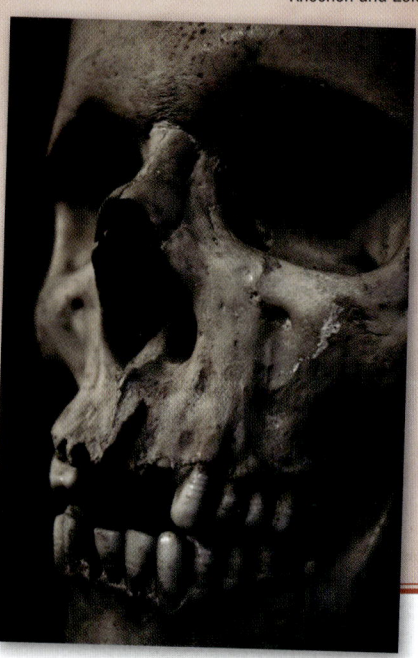

H. H. Holmes handelte mit Knochen und Leichen.

ERSTE JAHRE

Herman Webster Mudgett wurde 1860 geboren. Sein alkoholkranker Vater war Postmeister. Als Kind interessierte sich Mudgett für Naturwissenschaften und Technik. 1878 heiratete er eine reiche Erbin und studierte ab 1882 Medizin. Im Studium verdiente er mit illegalem Leichenhandel viel Geld. Die Medizinfakultäten benötigten ständig neue Leichen zum Sezieren. Für einen Freund schloss er eine Lebensversicherung ab und suchte eine Leiche, die diesem ähnelte. Er wollte den Tod des Freundes vortäuschen und die Summe aus der Versicherung kassieren. Aber er fand keine passende Leiche.

BETRÜGER UND MÖRDER

1884 verließ der junge Arzt seine Frau. Erst 1886 tauchte er als Dr. H. H. Holmes in Chicago auf und arbeitete in einem Drugstore. Er erschwindelte sich Haus und Besitz seiner Arbeitgeberin, die spurlos verschwand. 1890 ließ er ein dreistöckiges Geschäftshaus errichten, sein „Castle". Im Erdgeschoss befanden sich Geschäfte, darüber Gästezimmer und im Obergeschoss seine Büroräume.

ARCHITEKT

Holmes plante das Hotel als Mordfabrik. Um nicht durchschaut zu werden, beschäftigte er viele wechselnde Handwerker. Der Erbauer des riesigen Ofens, den er im Keller errichten ließ, musste in eben dieser Brennkammer als Erster sein Leben lassen. Durch die geschickte Verschachtelung von Gaskammern, Falltüren und vertikalen Schächten konnte er die im Obergeschoss getöteten Hotelgäste, meist junge Frauen, unbemerkt bis in den Keller bringen. Dort standen zwei Bottiche, mit verschiedenen Lösungen gefüllt. In einem wurde Fleisch aufgelöst, im anderen Knochen gebleicht. Außerdem verkaufte er Leichen und Skelette an Medizinschulen.

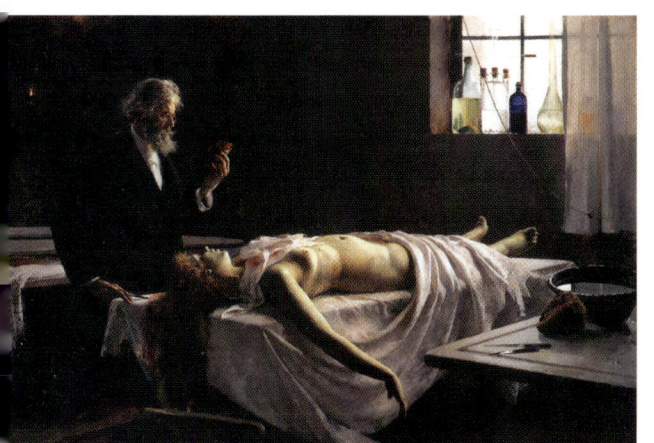

Die Autopsie von Enrique Simonet um 1890

VERMITTLUNG

Das „Geschäft" boomte. Vor allem im Vorfeld und während der Weltausstellung, die 1893 stattfand. Chicago war voller Touristen und Menschen, die Arbeit suchten. Holmes machte in seinem „Castle" eine Arbeitsvermittlung für junge Frauen auf – eine weitere Möglichkeit, an alleinstehende Opfer zu kommen, deren Verbleib niemand mehr rekonstruieren konnte.

VERHAFTUNG, LEICHENFUNDE UND VERURTEILUNG

1895 flog Holmes auf, nachdem er einen Geschäftspartner und dessen drei Kinder ermordet hatte. Er floh, sein Hotel brannte ab und die Polizei entdeckte unzählige Leichenteile und Knochen. Ob von 100 oder 200 Opfern konnte niemand sagen. In einem Aufsehen erregenden Prozess wurde der erste bekannte psychopathische Serienmörder Amerikas zum Tode verurteilt.

SPÄTE REUE

Mehr als vier Jahre mordete Holmes unerkannt. Nachbarn, Geschäftsfreunde und Geliebte beschrieben ihn als sympathischen Mann. Seine Geständnisse wurden kurz vor seiner Hinrichtung aufgezeichnet. Ein Sammler fand die von Holmes besprochenen Wachswalzen 1995. Mit einschmeichelnder Stimme erklärte der eiskalte Serienmörder: „Nur einen Mord bereue ich, den an Minnie Williams, die habe ich geliebt."

KARL DENKE

„Vater Denke" kümmerte sich fürsorglich um Hilfsbedürftige. Nach seinem Tod 1924 fand man eine Liste, in dem der Kannibale das Gewicht seiner Opfer vor und nach dem Ausnehmen notiert hatte, dazu den Namen und Todestag. Er hatte regelmäßig Menschenfleisch auf verschiedenste Weise zubereitet, gegessen, verfüttert und vielleicht auch auf dem Wochenmarkt von Breslau verkauft.

Darstellung von Kannibalismus, den auch Denke praktizierte

NAME:
Karl Denke

VERBRECHERNAME:
Papa Denke, Vater Denke

GEBURTSDATUM UND -ORT:
11. Februar 1860 in Ober Kunzendorf, Münsterberg, Schlesien; heute Ziębice in Polen

ANSCHULDIGUNGEN:
Mord, Kannibalismus

TATORT:
Münsterberg

TODESDATUM UND -ORT:
22. Dezember 1924 in Münsterberg

EIN SONDERLING

Karl Denke kam als drittes Kind einer Bauernfamilie zur Welt. Über die Eltern und Geschwister war nichts Ungewöhnliches bekannt. Er begann erst mit sechs Jahren zu sprechen, undeutlich und ungern, was sein Leben lang so blieb. Der schrullige Eigenbrötler lebte in einer Erdgeschosswohnung eines Mehrfamilienhauses. Er verkaufte Fleisch, Altkleider und selbstgeflochtene Körbe, um seinen Lebensunterhalt zu verdienen. Das Fleisch stammte von streunenden Hunden – dachten zumindest die Nachbarn.

ENTDECKUNG

Am 21. Dezember 1924 floh ein Obdachloser schreiend und verletzt aus der Wohnung von

Papa Denke. Er behauptete, dieser habe ihn umbringen wollen. Zunächst verhaftete die Polizei den Kläger, erst am nächsten Tag wurde auch Denke festgesetzt. Seine Nachbarschaft protestierte. Der vermeintlich unbescholtene Denke erhängte sich nach der Festnahme in seiner Zelle.

FUNDSTÜCKE

In seiner Wohnung wurden merkwürdige Sammelsurien gesichert. Karl Denke hatte in 21 Jahren 31 Menschen umgebracht, Teile ihrer Kleidung, diverse Ausweispapiere, 351 Zähne und noch mehr Knochen sortiert und gehortet. Anhand der meist ausgekochten Knochen konnte auf acht Individuen, anhand der Zähne auf über zwanzig geschlossen werden. Das Fleisch hatte er gegessen, eventuell verkauft, ganz sicher Gästen angeboten oder zur Konservierung in Pökelsalz eingelegt. Die Polizei fand aus Menschenhaut genähte Hosenträger, Schnürsenkel und Bänder. In den Brotkörben, die er verkaufte, hatte er Riemen aus Menschenhaut verarbeitet. Weitere Knochenfunde machten die Ermittler in einem Teich und im Stadtpark.

TODESLISTE

Denke hatte seine Opfer aufgelistet. Die Liste enthielt ab Position elf eine fortlaufende Nummerierung, das Datum des Mordes, den Namen des Opfers, bei manchen den Beruf sowie Gewichtsangaben. Hinter einem Namen stand: „tot, 122, nackend 107, ausgeschlachtet 83". Zum zweiten Eintrag der Liste, „21. Dez. 1909, Emma", fehlten weitere Angaben. Ende 1909 war in Münsterberg eine zerstückelte Frauenleiche aufgetaucht. Für die Ermordung der Frau namens Emma war ein gewisser Trautmann

Hat Denke auf dem Markt in Breslau Menschenfleisch verkauft?

zu zwölf Jahren Haft verurteilt worden, dessen Verfahren wieder aufgenommen wurde.

WERKZEUG

Außerdem wurden in Denkes Wohnung drei Äxte, eine große und eine kleine Säge, eine Spitzhacke und drei Messer gefunden. Mit Ausnahme der Messer, konnte an allen Werkzeugen Spuren von Menschenblut nachgewiesen werden.

VÖLLIG UNVERDÄCHTIG

Merkwürdig war, dass über Jahre niemand Verdacht geschöpft hatte. Weder das nächtliche Hämmern und Sägen noch das viele Fleisch erweckte bei seinen Nachbarn Misstrauen. Weder Pakete, die Denke des Nachts aus dem Haus trug noch Knochenfunde im Garten wurden hinterfragt. Selbst Beschwerden wegen merkwürdigen Gestanks wurden nicht weiter beachtet. Erst nach der Entdeckung der Verbrechen erklärten sich die seltsamen Vorfälle.

BUTCH CASSIDY UND SUNDANCE KID

Starben die Westernhelden Butch Cassidy und Sundance Kid wirklich 1908 bei einer Schießerei in Bolivien? Einiges spricht dafür, dass die erfolgreichen Bank- und Zugräuber mit neuen Namen ausgestattet noch mehr als drei Jahrzehnte unerkannt in den USA lebten.

Butch Cassidy

NAME:
Robert Leroy Parker
Harry Alonzo Longabaugh

VERBRECHERNAME:
Butch Cassidy, Sundance Kid

GEBURTSDATUM UND -ORT:
R. P.: 13. April 1866 in Beaver, Utah
H. L.: um 1867 in Mont Clare, Pennsylvania

VERBRECHEN:
Raubüberfälle auf Züge und Banken

TATORT:
South Dakota, New Mexico, Nevada, Wyoming

TODESDATUM UND -ORT:
Vermutlich 6. November 1908 in San Vincente, Bolivien

KOPFGELDPRÄMIE:
Bis zu 6500 $, heute ca. 139.000 €

BUTCH CASSIDY

Butch Cassidy hieß eigentlich Robert Leroy Parker und entstammte einer Mormonenfamilie aus Beaver, Utah. Als die Eltern ihre Ranch verloren, jobbte der Jugendliche unter anderem auf der Farm von Mike Cassidy. Vermutlich verwickelte ihn dieser in erste Viehdiebstähle. Aus Bewunderung nahm er den Namen Cassidy an. Im Juni 1889 überfiel er mit Komplizen eine Bank in Telluride, Colorado. Von der Beute kaufte sich der Bandit 1890 eine Ranch, wurde aber 1894 wegen Viehdiebstahls für zwei Jahre inhaftiert. Ab 1896 machte seine Bande, genannt „Wild Bunch", mit weiteren Überfällen von sich reden.

SUNDANCE KID

Sundance Kid wurde als Harry Alonzo Longabaugh in Mont Clare, Pennsylvania, Ende der 1860er-Jahre geboren. Wegen Pferdediebstahls in Sundance, Wyoming, musste er ab 1887 für 18 Monate ins Gefängnis; daher kommt auch sein Spitzname. Danach war er als Rancharbeiter tätig. 1892 beteiligte er sich erstmals an einem Zugüberfall, 1897 an einem Banküberfall. Danach schloss er sich der „Wild Bunch" an.

GEMEINSAMKEITEN

Als Versteck nutzte Wild Bunch, wie andere Banden auch, den Hole-in-the-Wall-Pass bei Johnson County, Wyoming. Die beiden Anführer gehörten zu den schnellsten Revolverschützen ihrer Zeit und überfielen zahlreiche Züge und Banken. Historiker sind sich darin einig, dass sie nie jemanden töteten. Ihre durch Frechheit und Cleverness ungeheuer lange und erfolgreiche Karriere als Räuber brachte ihnen viele Sympathien ein, aber auch die Verfolgung durch die Detektei Pinkerton.

FLUCHT NACH SÜDAMERIKA

Nach einem Überfall 1900 auf die Winnemuca National Bank in Nevada ließen sich die stolzen Banditen fotografieren. Das war ein Fehler, denn mit diesen Aufnahmen erleichterten sie den Detektiven die Arbeit. Butch Cassidy und Sundance Kid flohen nach Argentinien. Gemeinsam mit

Etta Place lebten sie bis 1905 auf der Cholila Ranch, die sie gekauft hatten. Zuvor hatte Etta im Dezember 1900 in New York einen gewissen Harry P. Place geheiratet. Der Bräutigam war in Wahrheit Sundance Kid. Mehrfach reiste das Paar unbemerkt von Argentinien in die USA, um ihre Familien zu besuchen. Als Etta Place aber 1905 Argentinien dauerhaft verließ, begannen Butch Cassidy und Sundance Kid mit neuen Raubzügen durch Argentinien, Chile und Bolivien.

Die Wild-Bunch-Gang mit Butch Cassidy (3. v. l. v.) und Sundance Kid (1. v. l. v.)

MYTHOS

Ob sie tatsächlich 1908 von bolivianischen Soldaten erschossen wurden, ist ungewiss. Ihre Leichen wurden nie identifiziert, eine DNA-Analyse ergab 1993, dass in ihren angeblichen Gräbern keinesfalls die beiden Banditen beerdigt wurden. Die Spur von Etta Place verliert sich 1909 in San Francisco. Alle drei sollen unerkannt ein neues Leben begonnen und noch Jahrzehnte lang gelebt haben.

Tipp

Film *Butch Cassidy and The Sundance Kid,* USA 1969, Regie: George Roy Hill, Darsteller: Paul Newman, Robert Redford

DIE DALTON-GANG

Die Daltons gab es wirklich. Von 15 Geschwistern gerieten vier auf die schiefe Bahn und machten zu Beginn der 1890er-Jahre die Gegend des damaligen Indian Territory unsicher. Grat, Bill und Bob hatten zuvor als Marshals und Hilfssheriffs auf der anderen Seite des Gesetzes gestanden.

NAME:
Grattan „Grat" Hanley Dalton
William „Bill" Marion Dalton
Robert „Bob" Rennick Dalton
Emmet Dalton

VERBRECHERNAME:
Dalton-Gang

GEBURTSDATUM UND -ORT:
G. D.: 30. März 1861, W. D.: 1866,
R. D.: 13. März 1869,
E. D.: 3. Mai 1871, in Oklahoma

VERBRECHEN:
Pferdediebstahl, Bank- und
Zugüberfälle

TATORT:
Kansas, Oklahoma

TODESDATUM UND -ORT:
G. D., R. D.: 5. Oktober 1892 in
Coffeyville, Kansas; W. D.: 8. Juni
1894 in Ardmore, Oklahoma;
E. D.: 13. Juli 1937 in Los Angeles

KOPFGELDPRÄMIE:
Je 5000 $, heute ca. 106.000 €

Die Leichen von Bill Power, Bob Dalton, Grat Dalton und Dick Broadwell (v. l.) nach ihrer Erschießung am 5. Oktober 1892

EINE GROSSE FAMILIE

Die Eltern, Jack Lewis Dalton und Adeline Younger, lebten in Missouri, später im Indian Territory, dem heutigen Oklahoma, und schließlich in Coffeyville, Kansas. Adeline war eine Verwandte zweier Mitglieder der James-Gang.

Von 1852 bis 1878 wurden 15 Kinder geboren, drei starben im Kleinkindalter. Der Sohn Frank, der seit 1884 als Deputy US Marshal tätig war, wurde 1887 am Arkansas River erschossen, als er einen Dieb festnahm.

LAWMEN

Die Daltons hatten einen guten Ruf, lediglich Bob galt als etwas hitzköpfig. Nach dem Tod von Frank verpflichteten sich auch Grat und Bob als Deputy Marshals. Bill baute in Kalifornien eine Farm auf und wollte in die Politik gehen. Emmet arbeitete als Cowboy und unterstützte seine Brüder bei der Verbrecherjagd, wo er konnte.

OUTLAWS

1890 wurden Grat und Bob aus dem Staatsdienst entlassen, weil sie angeblich Pferde gestohlen hatten. Emmet soll verbotenerweise Indianern Alkohol verkauft haben. Eventuell steckten hinter den Gerüchten einflussreiche Geschäftsleute, über deren illegale Geschäfte die Daltons zu viel wussten.

DIE DALTON-GANG

Während Grat Bill in Kalifornien besuchte, begingen Emmet und Bob mit anderen Outlaws erste

Die Dalton-Gang beim Überfall auf eine Kutsche

Viehdiebstähle und Überfälle. Am 6. Februar 1891 überfiel die Bande einen Zug der Southern Pacific, diesmal zusammen mit Grat. Nach einer Schießerei flohen die Bandenmitglieder in alle Richtungen. Grat wurde in Kalifornien auf Bills Farm festgenommen. Obwohl Bill nicht am Raub beteiligt war, wurde auch er verhaftet. Damit war seine politische Karriere dahin und er schloss sich der Gang an. Grat entkam aus dem Gefängnis und von nun an überfiel die Dalton-Gang zahlreiche Banken und Züge im Gebiet von Oklahoma bis Arkansas, von Kansas bis Texas.

DAS ENDE

Am 5. Oktober 1892 planten Grat, Bob und Emmet gemeinsam mit Dick Broadwell und Bill Powers den ganz großen Coup. Am helllichten Tag wollten sie zwei Banken in Coffeyville überfallen. Schwerbewaffnet ritten sie in die Stadt, aber ihr Vorhaben ging schief. In einer 15-minütigen Schießerei mit Bürgern der Stadt starben acht Menschen, vier auf der Seite der Gesetzeshüter. Die vier toten Banditen waren Grat und Bob Dalton, Dick Broadwell und Bill Powers. Emmet überlebte mit 16 Schusswunden und saß bis zu seiner Begnadigung 1907 im Gefängnis.

ÜBERLEBENDE

Bill Dalton war bei dem Überfall nicht dabei gewesen, weil er zum damaligen Zeitpunkt im Gefängnis saß. Mit Bill Doolin führte er in Oklahoma die Doolin-Dalton-Gang an, bis er 1894 erschossen wurde. Emmet heiratete 1908 und wurde erfolgreicher Schriftsteller, Schauspieler und Berater bei zahlreichen Western-Filmen.

HENRI LANDRU

Per Kontaktanzeige suchte der Serienmörder Henri Désiré Landru seine Opfer. Zehn Frauen verschwanden. Landru fälschte Vollmachten, plünderte die Konten, verkaufte Möbel und Wertgegenstände seiner Opfer. Trotz verdächtiger Knochenfunde und erdrückenden Indizien beteuerte der Hochstapler bis zuletzt seine Unschuld.

NAME:
Henri Désiré Landru

VERBRECHERNAME:
Blaubart von Paris

GEBURTSDATUM UND -ORT:
12. April 1869 in Paris

VERBRECHEN:
Heiratsschwindel, Mord

TATORT:
Paris

TODESDATUM UND -ORT:
25. Februar 1922 in Versailles

URTEIL:
Tod durch die Guillotine

Henri Landru

UNAUFFÄLLIG

Henri Désiré Landru wuchs als Sohn eines Hüttenarbeiters und einer Schneiderin in Paris auf. Katholisch erzogen, war er auch Messdiener und Chorknabe. Er war technisch talentiert, bildete sich gern fort, arbeitete in einem Architekturbüro und wurde mit 20 Jahren Unteroffizier beim Militär. Mit seiner Frau hatte er vier Kinder.

ERSTE HAFTSTRAFE

Lange vor dem Ersten Weltkrieg endete seine Militärzeit. Danach verlegte sich Landru auf Betrügereien. Mehrfach stand er wegen kleinerer Vergehen in Lille und in Paris vor Gericht, bis er 1909 zu einer dreijährigen Haftstrafe verurteilt wurde. Nach seiner Entlassung 1912 tauchte er unter. Mehrere Wohnungen mietete er unter diversen falschen Namen.

Blick in den Gerichtssaal während des Prozesses gegen Landru

KONTAKT GESUCHT

„Witwer mit zwei Kindern, 43 J. alt, mit gutem Einkommen, seriös und gesellschaftlich gut situiert, wünscht Witwe kennenzulernen mit Aussicht auf spätere Heirat", so lauteten die Anzeigen, mit denen Landru per Zeitung reiche, alleinstehende Damen suchte. Mit fast 300 Frauen soll er korrespondiert haben, wie viele er tatsächlich getroffen hat, weiß niemand. Mindestens zehn von ihnen lockte er zwischen 1915 und 1919 in Landhäuser außerhalb von Paris, dabei löste er für sich eine Hin- und Rückfahrkarte, für seine neue Bekanntschaft nur eine einfache Fahrt. In einem Fall musste auch der jugendliche Sohn einer Dame verschwinden, das elfte Mordopfer.

HOHER GEWINN

Mit gefälschten Vollmachten löste er Wohnungen und Bankkonten auf, verkaufte alles Wertvolle der Frauen wie Möbel oder Versicherungspolicen. Damit die Opfer nicht vermisst wurden, verschickte er Postkarten aus verschiedenen Orten. Verwandte sollten denken, die Frauen seien nur verreist.

FAMILIENMENSCH

In all den Jahren sorgte er zuverlässig für seine Familie, die er auch oft unerkannt besuchte. Ein vorbildlicher Familienvater, ein kultiviert-höflicher Mensch ohne Laster und gleichzeitig ein skrupelloser Serienmörder, der Leichen zerlegte und verbrannte, um sie verschwinden zu lassen – Henri Désiré Landru inspirierte Filmemacher und Schriftsteller.

ENTDECKUNG

Die Schwester eines seiner Opfer erkannte ihn zufällig in Paris wieder und brachte die Ermittler auf seine Spur. An die 150 Zeugen wurden vernommen. Eine erste Durchsuchung seiner angemieteten Landhäuser brachte fast nichts, lediglich die Überreste eines Hundes wurden gefunden. Erst bei der zweiten Durchsuchung fand man menschliche Knochen und Körperteile. Im Prozess erkannte die Verteidigung diese Funde nicht als Beweise an. Ohne Geständnis und aufgrund von Indizien wurde Henri Désiré Landru im November 1921 zum Tode verurteilt. Am 25. Februar 1922 starb Landru in Versailles durch die Guillotine.

Tipps

Filme	*Monsieur Verdoux – Der Frauenmörder von Paris*, USA 1947, Regie: Charlie Chaplin, Darsteller: Charlie Chaplin
	Der Frauenmörder von Paris, Frankreich 1962, Regie: Claude Chabrol, Darsteller: Charles Denner

ADOLF SEEFELDT

In den 1930er-Jahren wurden in den Wäldern Norddeutschlands mehrere Leichen entdeckt, die einige Gemeinsamkeiten aufwiesen. Es waren Jungen zwischen fünf und zwölf Jahren mit Matrosenanzügen bekleidet und scheinbar friedlich entschlafen. Wie der umherziehende Uhrmacher Adolf Seefeldt mindestens zwölf Jungen tötete, ist bis heute ein Rätsel.

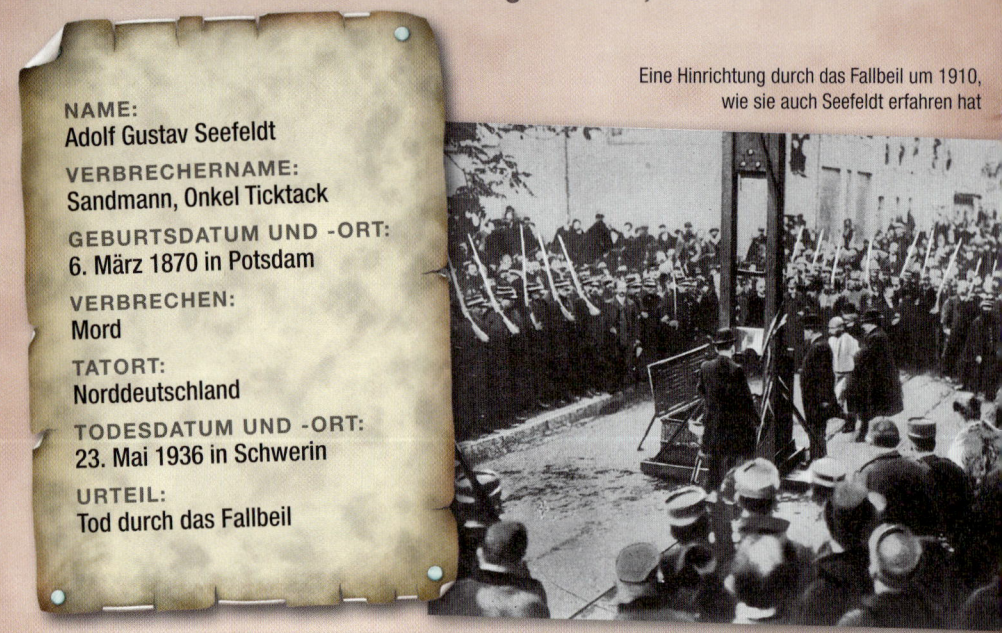

Eine Hinrichtung durch das Fallbeil um 1910, wie sie auch Seefeldt erfahren hat

NAME:
Adolf Gustav Seefeldt

VERBRECHERNAME:
Sandmann, Onkel Ticktack

GEBURTSDATUM UND -ORT:
6. März 1870 in Potsdam

VERBRECHEN:
Mord

TATORT:
Norddeutschland

TODESDATUM UND -ORT:
23. Mai 1936 in Schwerin

URTEIL:
Tod durch das Fallbeil

VERNACHLÄSSIGT

Adolf Seefeldt wurde 1870 als jüngstes von neun Geschwistern geboren. Sowohl der Vater, ein Trinker, als auch die Mutter kümmerten sich kaum um ihre Kinder. Als Zwölfjähriger wurde Adolf Seefeldt von zwei Männern missbraucht, was ihm niemand glaubte. Mit 20 Jahren heiratete er in Lübeck und wurde Vater, doch die Ehe hielt kaum zwei Jahre.

WIEDERHOLUNGSTÄTER

1895 wurde Seefeldt aktenkundig, wegen des Missbrauchs eines Achtjährigen. Aus dem Gefängnis verlegte man ihn in eine Irrenanstalt, weil er als seltsam aufgefallen war. So soll der 25-Jährige beispielsweise mit seinem Kot gespielt haben. Von 1892 bis 1934 wurde er achtmal zu Gefängnisstrafen verurteilt, einmal wegen einer Messerstecherei, sonst aufgrund von Sittlichkeitsverbrechen. Zwischen 1916 und 1926 war er insgesamt sieben Jahre in einer psychiatrischen Anstalt. Später wurde rekonstruiert, dass er, kaum in Freiheit, immer wieder Jungen missbraucht hatte. Niemand ahnte, dass er bereits 1923 seinen ersten Mord beging.

ENTDECKUNG

Als im Februar 1935 in Schwerin wieder zwei Jungen, beide mit Matrosenanzügen bekleidet, verschwanden, begann der Kriminalrat Hans Lobbes von der Berliner Mordkommission Verbindungen zu ähnlichen Vermisstenfällen herzustellen. In den Jahren zuvor waren in ganz Norddeutschland mehrere tote Jungen in dichten Kiefernschonungen entdeckt worden. Alle trugen Matrosenanzüge, und in keinem Fall war wegen Mordes ermittelt worden, da die Kinder ohne Spuren von Gewalt wie friedlich schlafend aufgefunden worden waren. Nun glaubte die Polizei nicht mehr an natürliche Todesursachen und begann mit einer gezielten Fahndung. Ein Geschäftsreisender wurde als mutmaßlicher Täter verhaftet. Nachdem dieser sich aber in seiner Zelle erhängt hatte, wurde am 23. März 1935 wieder ein toter Junge gefunden, ein Elfjähriger im Matrosenanzug im Wald bei Wittenberge.

KONKRETE PERSONENBESCHREIBUNG

Zeugen hatten das jüngste Opfer mit einem älteren Mann gesehen. Aufgrund der Personenbeschreibung wurde Adolf Seefeldt im April 1935 verhaftet. Allerdings stritt er die Morde ab. Wohl habe er mit den Jungen im Wald gesprochen, getötet habe er sie jedoch nicht. An den Leichen fanden sich weder Spuren von sexuellen Miss-

Ein kleiner Junge im Matrosenanzug im Jahr 1923, der in das Beuteschema von Seefeldt gepasst hätte

handlungen noch von Gewalt. Auch waren sie nicht vergiftet worden. Adolf Seefeldt nahm das Geheimnis, was genau geschehen war, mit ins Grab. Möglich, dass weitere Taten unentdeckt blieben, weil man von einem natürlichen Tod ausging oder die Opfer gar nicht gefunden wurden.

GEHEIMNIS BLEIBT

Ein Geständnis legte Adolf Seefeldt nur ab, nachdem er von der Gestapo gefoltert worden war. Am 23. Mai 1936 wurde das Todesurteil vollstreckt. Kriminalisten gehen heute davon aus, dass Adolf Seefeldt tatsächlich mindestens zwölf Jungen tötete. Über den Ablauf der Morde wurde spekuliert. Möglicherweise hatte der Täter seine Opfer in einen hypnotischen Schlaf versetzt, aus dem sie allein nicht mehr aufwachen konnten. Da Seefeldt nur in der kalten Jahreszeit zuschlug, könnte die Todesursache Unterkühlung gewesen sein.

BÉLA KISS

1916 wollten Soldaten auf dem Anwesen von Béla Kiss in der Nähe Budapests kriegswichtiges Benzin konfiszieren, aber in den Benzinfässern fanden sie die Leichen von 23 Frauen und einem Mann, alle völlig blutleer und in Alkohol konserviert. Béla Kiss gilt seitdem als verschollen. Ein Gerücht besagt, dass er in New York als Hausmeister gelebt hat.

Béla Kiss

NAME:
Béla Kiss

GEBURTSDATUM UND -ORT:
1877 in Ungarn

ANSCHULDIGUNGEN:
Mord

TATORT:
Cinkota, Budapest, Ungarn

TODESDATUM UND -ORT:
Unbekannt

HERKUNFT UNBEKANNT

Béla Kiss wurde wahrscheinlich 1877 geboren und lebte in Cinkota, was heute ein Bezirk von Budapest ist. Er arbeitete als Blechschmied, seine Nachbarn bezeichneten ihn als unauffällig. Als seine Frau Marie und ihr Liebhaber Paul Bikari 1912 verschwanden, glaubte jeder die beiden seien durchgebrannt. Der vermeintlich verlassene Kiss stellte eine Haushälterin ein.

ENTDECKUNG DURCH ZUFALL

Als Kiss zum Kriegsdienst eingezogen wurde, verwaltete Frau Jakubec, die Haushälterin, sein Anwesen. Die großen und fest verschlossenen Fässer auf dem Grundstück solle niemand öffnen, hatte er ihr befohlen. Er habe Benzin für schlechte Zeiten gesammelt. Versehentlich wurde er 1916 für tot gehalten, im Krieg gefallen. Am 29. Juli 1916 sollten die Benzinvorräte kurzerhand als kriegswichtiges Gut konfisziert werden. Im Haus von Kiss fanden Soldaten sieben Fässer, die jedoch statt Benzin menschliche Leichen enthielten. Die blutleeren Körper waren in Alkohol konserviert. Der Täter hatte seine Opfer wie Schlachttiere ausbluten lassen, nachdem er sie erwürgt oder vergiftet hatte. In anderen Verstecken tauchten noch siebzehn weitere Fässer auf. Insgesamt waren es 24 Fässer für 24 Mordopfer, darunter auch Kiss' Ehefrau Marie und deren Freund.

FLUCHT

Béla Kiss war allerdings nicht tot, ein Namensvetter war gefallen. Als er festgenommen werden sollte, war er bereits geflohen. Auch als im Oktober 1916 ein serbisches Krankenhaus meldete, ein Patient sei Béla Kiss, verschwand dieser ominöse Mann, bevor die Polizei eintraf. Im Bett lag eine unbekannte Leiche.

GEHEIMZIMMER

Die Haushälterin wurde als Mittäterin verdächtigt, da sie als Erbin bedacht worden war, aber

ihr konnte nichts nachgewiesen werden. Bei Hausdurchsuchungen fand man ein Geheimzimmer mit Büchern über Mordmethoden und zahlreiche Briefe. In Zeitungsanzeigen hatte er als der einsame Witwer Herr Hoffmann die Bekanntschaft alleinstehender Frauen gesucht, die weder Verwandtschaft noch Freunde besaßen, die sie vermisst hätten.

BRIEFFREUNDSCHAFTEN

Die erste Korrespondenz des Heiratsschwindlers stammte schon aus dem Jahr 1903. Wann Kiss mit dem Morden begann, ist unbekannt. Man weiß auch nicht, ob seine 1912 verschwundene Ehefrau etwas ahnte. Insgesamt fanden die Ermittler Briefe von über 70 Frauen, die mit Béla Kiss in Kontakt gestanden hatten.

VERSCHOLLEN

Vielleicht starb Béla Kiss im Krieg, vielleicht geriet er in Gefangenschaft, vielleicht floh er unerkannt nach Amerika – seine Leiche wurde nie gefunden. Viele Jahre meldeten sich Menschen, die Béla Kiss gut gekannt hatten, weil sie glaubten, den Serienmörder gesehen zu haben: 1919 eine ehemalige Bekannte in Budapest, 1924 ein Soldat der Fremdenlegion, 1932 ein Ermittler in der New Yorker U-Bahn. Als 1936 die New Yorker Polizei die Identität eines Hausmeisters überprüfen wollte, verschwand dieser kurz vorher spurlos.

Lebte Kiss als Hausmeister in New York?

FRITZ HAARMANN

Zu Lebzeiten als „Vampir" und „Werwolf" berüchtigt, bis heute vor allem durch ein makabres Lied bekannt: Als das Ausmaß seiner Verbrechen 1924 ans Licht kam, verursachte der Fall Fritz Haarmann nicht nur national ein riesiges Presse-Echo. Verurteilt wurde der Serienmörder wegen Mordes an mindestens 24 Jugendlichen.

NAME:
Friedrich „Fritz" Heinrich Karl Haarmann

VERBRECHERNAME:
Vampir/Werwolf von Hannover, seit 1995: Totmacher

GEBURTSDATUM UND -ORT:
25. Oktober 1879 in Hannover

VERBRECHEN:
Mord in mind. 24 Fällen

TATORT:
Hannover

TODESDATUM UND -ORT:
15. April 1925 in Hannover

URTEIL:
19. Dezember 1924: Tod durch Fallbeil, keine Begnadigung wegen Anzahl und Jugend der Opfer

Fritz Haarmann

VOLLE SCHULDFÄHIGKEIT

Lebensweg und Verbrechen von Fritz Haarmann scheinen gut dokumentiert. Die meisten Informationen stammen aus den Polizeiverhören und Gesprächen mit dem Psychiatrie-Professor Ernst Schultze, also vom Serienmörder Haarmann selbst. Dieser widerrief und änderte jedoch seine Geständnisse mehrfach. Er berief sich auf Gedächtnislücken und stellte sich gern als naiv und verwirrt dar. Nach sechswöchigen intensiven Gesprächen attestierte Ernst Schultze dem Angeklagten dennoch volle Schuldfähigkeit. Nach nur 14 Tagen Verhandlung fällte das Schwurgericht Hannover am 19. Dezember 1924 das Urteil: Enthaupten durch das Fallbeil.

HINRICHTUNG

Eine übliche Überprüfung bzw. Umwandlung der Todesstrafe zu lebenslanger Haft wurde vom preußischen Justizminister aufgrund der hohen Anzahl und dem geringen Alter der Opfer abgelehnt; sicherlich auch, um den Volkszorn zu besänftigen. Am 15. April 1925 wurde Fritz Haarmann im Hof des Gerichtsgefängnisses Hannover durch den Scharfrichter Carl Gröpler hingerichtet. Anders als es sich Haarmann ausdrücklich gewünscht hatte, unter Ausschluss der Öffentlichkeit.

KINDHEIT

Der als streng beschriebene Vater betrieb eine kleine Zigarrenmanufaktur, die Mutter soll den Jüngsten von sechs Geschwistern verwöhnt haben. Mit 14 Jahren, im Frühjahr 1895, kam Haarmann auf die Unteroffiziersvorschule der Armee, wo ihm im Herbst 1895 „epileptisches Irresein" attestiert wurde. Er wurde entlassen und in den folgenden Jahren reihten sich kurzfristige Jobs, Anklagen wegen diverser Vergehen und Diagnosen zu seinem gestörten Geisteszustand in schnellem Wechsel aneinander.

KRIMINELLE KARRIERE

Im Juli 1896 stand er zum ersten Mal wegen eines Sexualdeliktes an Kindern vor Gericht. Er wurde in verschiedene Heilanstalten eingewiesen, bis er im Dezember 1897 in die Schweiz flüchtete. Im April 1899 kehrte er zurück und arbeitete kurzzeitig in der Manufaktur seines Vaters. Kaum als Ersatzrekrut zum Militär eingezogen, wurde er 1901 nach Schwächeanfällen wieder entlassen. Er eröffnete ein Fischgeschäft, gab dieses aber bald wieder auf.

Ab 1905 soll er homosexuelle Kontakte gesucht haben, was damals als Straftatbestand galt. Bis 1913 wurde er 15-mal wegen Hehlerei, Körperverletzung, Diebstahl und Einbruch verurteilt – zuletzt zu fünf Jahren Zuchthaus, weswegen er den Ersten Weltkrieg im Gefängnis verbrachte.

POLIZEISPITZEL

Nach der Entlassung aus der Strafvollzugsanstalt im April 1918 mietete er in Hannover einen Laden und begann einen Handel mit Fleischwaren und Altkleidern. Wahrscheinlich weil er über gute Kontakte zu Kleinkriminellen verfügte, warb ihn das Diebstahlskommissariat als Spitzel an. So durchstreifte er unauffällig das Bahnhofsviertel, angeblich, um Hehler und Schwarzhändler ausfindig zu machen. Mit einem ehemaligen Kriminalbeamten meldete er sogar eine Detektei an.

Haarmanns Wohnhaus

ENTDECKUNG

Ende 1918 war Haarmann unter Verdacht geraten, vermisste Jungen zu verstecken. Eine Hausdurchsuchung verlief aber ohne Ergebnis. Später behauptete Haarmann, währenddessen sei ein toter Junge in seiner Wohnung versteckt gewesen. Es folgten sechs Jahre, in denen Haarmann unbehelligt sein Unwesen trieb. Bis im Mai und Juni 1924 Kinder fünf menschliche Schädel im Fluss Leine fanden. Laut Gerichtsmedizin waren sie eindeutig von jungen männlichen Opfern. Ein Kriminalbeamter erinnerte sich an frühere Verdachtsmomente gegen Haarmann. Ab Mitte Juni 1924 observiert, wurde Haarmann am 22. Juni 1924 im Hauptbahnhof wegen Bedrohung eines Jugendlichen verhaftet. Bei der folgenden Hausdurchsuchung wurde blutbefleckte Kleidung sichergestellt.

Ein vermutliches Opfer von Haarmann: Hans Grans

VERBRECHEN

In langwierigen Verhören gestand Haarmann einige Morde, widerrief und gestand erneut. Nachdem im Juli 1924 in einem Wehr der Wasserstand der Leine gesenkt wurde, fand man zahlreiche Knochen, die auf mindestens 22 Opfer schließen ließen. Aber nicht einmal Haarmann kannte die Zahl oder die Namen seiner Opfer. Zur Identifizierung nutzte die Polizei daher von Haarmann verkaufte Kleidung. Eltern von vermissten Jungen reisten aus der gesamten Republik nach Hannover, um die ausge-

Die Grabstätte der Opfer

stellten Kleidungsstücke zu inspizieren. Nur so konnten wenigstens einige Opfer identifiziert werden. Haarmann hatte jugendliche Ausreißer mit der Aussicht auf ein warmes Essen oder einen Schlafplatz in seine Wohnung gelockt. Sexuell motiviert soll er seinen Opfern die Kehle durchgebissen, deren Blut getrunken und die Leichen zerstückelt haben. Da er mit Fleischwaren handelte, hält sich bis heute der Verdacht, dass die Opfer mit verarbeitet wurden. Im Februar 1925 wurden die sterblichen Überreste der Mordopfer in einem Gemeinschaftsgrab in Hannover bestattet, 27 Namen mit Altersangaben von 10 bis 22 Jahren sind auf dem Grabstein zu lesen. Im Grab sollen sich 323 Knochen befinden – alles was von Haarmanns Opfern gefunden wurde.

AUFSEHEN

Für das große Medieninteresse sorgte nicht nur die Grausamkeit der Taten. Als während des Prozesses bekannt wurde, wie unauffällig Haarmann als Polizeispitzel im Bahnhofsumfeld agieren konnte, empörte sich die Öffentlichkeit. Journalisten diskutierten, ob Haarmann deswegen so lange unentdeckt geblieben war. Der Autor Theodor Lessing durfte nicht mehr am Prozess teilnehmen, weil er Haarmanns Polizeikontakte hinterfragte. Der Berliner Kriminalkommissar Dr. Heinrich Kopp gab eine andere Erklärung ab: In der Celleschen Zeitung im Juli 1924 beschrieb er Haarmann als zwar ungebildet, aber durchtrieben und pfiffig, ausgestattet mit einer „ungewöhnlichen Verstellungsgabe", wodurch er seine Umgebung jahrelang habe täuschen können. Auch sah Kopp keine sexuellen Motive hinter den Taten, sondern Sadismus. Dass Haarmann mit Fleisch und Kleidung seiner Opfer eventuell über Jahre gehandelt hatte, entsetzte zusätzlich. Bis heute ist das makabre Haarmann-Lied bekannt, eine Abwandlung eines damals populären Schlagers. Statt wie im Original: „Warte, warte nur ein Weilchen, bald kommt auch das Glück zu dir!", heißt es in der Umdichtung „Warte, warte nur ein Weilchen, dann kommt Haarmann auch zu dir!"

Tipps

Film	*Der Totmacher,* D 1995, Regie: Romuald Karmakar, Darsteller: Götz George
Literatur	Theodor Lessing: *Haarmann – Geschichte eines Werwolfes,* 1925

PETER KÜRTEN

Peter Kürten war ein Sadist, der um des Tötens willen tötete. Er wollte „das Blut rauschen hören", erklärte er. Seine Morde an Zufallsopfern – Männern, Frauen und Kindern – versetzten 1929 eine ganze Stadt in Panik. Weil er später zugab, auch Blut getrunken zu haben, wurde er von der Presse zum „Vampir von Düsseldorf" stilisiert. Erst ein Zufall konnte ihn stoppen.

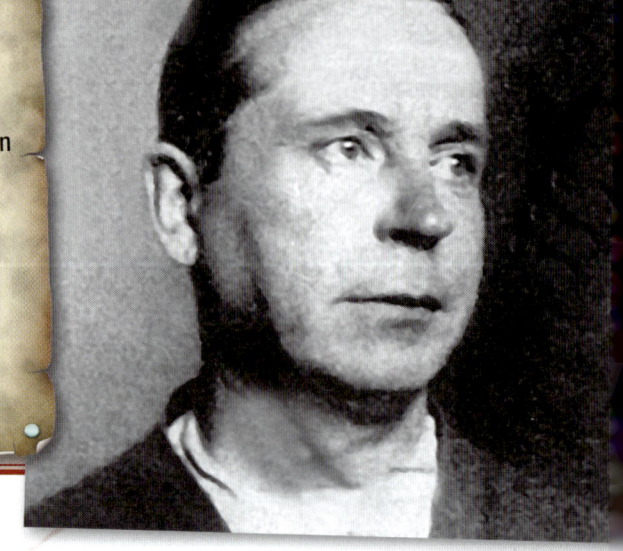

Peter Kürten

NAME:
Peter Kürten

VERBRECHERNAME:
Vampir von Düsseldorf

GEBURTSDATUM UND -ORT:
26. Mai 1883 in Mülheim am Rhein

VERBRECHEN:
Mord, Mordversuch

TATORT:
Düsseldorf

TODESDATUM UND -ORT:
2. Juli 1931 in Köln

URTEIL:
Tod durch das Fallbeil

GEWALT IN DER FAMILIE

Peter Kürten wuchs in Mülheim bei Köln als ältestes Kind von 13 Geschwistern auf. Der alkoholkranke und gewalttätige Vater kam wegen Missbrauchs einer Tochter ins Gefängnis, die Mutter ließ sich scheiden. Mit seiner Frau, die er 1923 geheiratet hatte, lebte Peter Kürten seit 1925 in Düsseldorf.

TIERQUÄLER

Schon als kleines Kind quälte und tötete Peter Kürten Tiere aus reinem Vergnügen – ein Vorbote seiner späteren Taten. In seiner Jugend kam er mehrfach wegen Brandstiftung, Erpressung und Einbruch in Gewahrsam. Mit 22 Jahren verurteilte man Kürten zu drei Jahren Zuchthaus wegen schweren Diebstahls in 34 Fällen.

ERSTER MORD

Den ersten Mord beging er 1913 bei einem Einbruch. In der Wohnung schlief die zehnjährige Christine Klein. Kürten würgte das Kind, schnitt ihm die Kehle durch und verließ die Wohnung. Erst 1930, nach seiner Verhaftung, gestand Kürten diesen Mord. Vor Gericht sagte er: „Ich glaube, die sicherste Hilfe wäre die gewesen, wenn die Straftat von 1913 entdeckt worden wäre und ich wäre da hingerichtet worden." Aber er blieb unentdeckt. Einige Jahre vergingen, er unternahm Einbrüche, zündete Häuser an, wurde oft zu kurzen Aufenthalten im Gefängnis verurteilt. 1921 hatte er bereits zehn Haftstrafen hinter sich.

DAS SCHRECKENSJAHR 1929

Am 3. Februar 1929 stach Peter Kürten in einer menschenleeren Straße die 55-jährige Appollonia Kühn nieder, sie war zur falschen Zeit am falschen Ort – sie überlebte. Nur sechs Tage später erstach er in einem Baugebiet die achtjährige Rosa Ohliger. Bis zum November 1929 tötete er weitere sieben Menschen und beging sechs Mordversuche. In Düsseldorf ging die Angst um.

VERHAFTUNG

Obwohl die Ermittlungen auf Hochtouren liefen, war es wieder einmal der Zufall, der zum Täter führte. Ein falsch zugestellter Brief von einem überlebenden Opfer wurde von den Empfängern an die Polizei weitergegeben. Am 24. Mai 1930 konnte Kürten am Düsseldorfer Rochusmarkt verhaftet werden. Zwei Frauen, die einen Mordanschlag überlebt hatten, identifizierten ihn.

„DETAILFREUDE"

Peter Kürten berichtete ausführlich von seinen Taten und Motiven. Die Details seiner Verbrechen füllten Dutzende von Prozessakten. Der freundlich erscheinende, gepflegte Herr plauderte gern über seine Verbrechen. Er weidete sich daran, damit seine Zuhörer zu quälen. Am 22. April 1931 wurde er zum Tod durch das Fallbeil verurteilt. Er starb am 2. Juli 1931 in Köln.

Rosa Ohlinger, eines der Mordopfer

SERIENMÖRDER

Peter Kürtens Fall prägte den Begriff des Serienmörders in Deutschland. Er tötete nicht aus Eifersucht oder Geldgier, er kannte seine Opfer nicht einmal. Es ging ihm einzig darum „das Blut rauschen zu hören", wie er im Prozess 1930 aussagte. Das Töten an sich verschaffte ihm Befriedigung. Er genoss die öffentliche Panik. Gern stand er inmitten entsetzter Passanten am Tatort oder vor dem Zeitungsaushang, sprach mit anderen über die grausamen Morde und spekulierte über den noch nicht gefassten Täter und dessen Verbrechen.

AL CAPONE

Laut Telefonbuch war er von Beruf Antiquitätenhändler, dabei kontrollierte Al Capone in den 1920er-Jahren die Unterwelt von Chicago. Der Freund italienischer Opern pflegte gute Kontakte zu Presse, Politikern und Prominenten. Sein Erfolg basierte auf Rücksichtslosigkeit, Kaltblütigkeit und Brutalität. Gegner wurden auf offener Straße erschossen.

NAME:
Alphonse Gabriel „Al" Capone

VERBRECHERNAME:
Scarface

GEBURTSDATUM UND -ORT:
17. Januar 1899 in Brooklyn, New York

ANSCHULDIGUNGEN:
Organisierte Kriminalität, Mord, Steuerhinterziehung, Alkoholhandel, Glücksspiel, Prostitution

TATORT:
New York, Chicago

TODESDATUM UND -ORT:
25. Januar 1947 in Palm Beach, Florida

URTEIL:
11 Jahre Haft wegen Steuerhinterziehung, nach 7 Jahren wegen guter Führung entlassen

Al Capone

HERKUNFT

Al Capones Eltern kamen als italienische Einwanderer nach New York. Der Friseur Gabriel Capone und seine Frau Theresa ließen sich in Brooklyn nieder und bekamen sieben Söhne und zwei Töchter. Einige der Söhne wurden Kriminelle, aber keiner so berüchtigt wie Al. Ihr ältester Sohn, James Vincenzo Capone, verließ mit 16 Jahren Brooklyn. Nach seinem Kriegsdienst begann er in Nebraska als Richard James Hart eine Karriere als Gesetzeshüter.

BERUFSFINDUNG

Richards sieben Jahre jüngerer Bruder Alphonse verließ mit 14 Jahren die Schule. Sein aufbrausendes Wesen brachte ihm oft Ärger mit den Lehrern ein. Er jobbte als Kegeljunge, Verkäufer und Aushilfe in Fabriken, später auch als Barkeeper und Rausschmeißer. Er trieb sich mit Jugendbanden herum, bis der Gangsterboss Frankie Yale den nur 15-Jährigen unter seine Fittiche nahm. Schnell lernte der intelligente Capone das Basiswissen für die organisierte Kriminalität.

SCARFACE

Seit 1917 zierten markante Narben Al Capones Gesicht, daher sein Spitzname Scarface. Ob er in einer Bar mit einem Mädchen geflirtet oder es belästigt hatte, ist aufgrund unterschiedlicher Berichte nicht bekannt. In jedem Fall fügte ihm der Bruder des Mädchens mit einem Messer tiefe Schnitte links im Gesicht zu. Fotografen forderte der eitle Al Capone daraufhin immer auf, nur seine unversehrte Gesichtshälfte aufzunehmen.

WECHSEL NACH CHICAGO

Mit 20 Jahren beging er seinen ersten Mord. In einer Kneipe schoss er einen Falschspieler nieder. Kurz darauf legte er sich mit einem Mitglied einer irisch stämmigen Gang an, deshalb schickte ihn sein Mentor Frankie Yale 1919 sicherheitshalber nach Chicago zu dem führenden Gangsterboss Johnny Torrio. Kurz zuvor war im Dezember 1918 Al Capones einziges Kind geboren worden und er hatte dessen Mutter, die Irin Mary „Mae" Josephine Coughlin, geheiratet.

CHICAGO

Chicago war berüchtigt. Die Stadt galt als Hochburg illegalen Glücksspiels und Prostitution. Im Januar 1920 trat in den USA das Alkoholverbot in Kraft. Brauereien und Gaststätten mussten schließen. Schmuggel, illegale Produktion und sogenannte Speakeasies (Flüsterkneipen) brachten große Gewinne für die organisierte Kriminalität. In einer Speakeasy ging es leise zu, damit diese illegalen Lokale nicht aufflogen. Banden teilten sich die Stadt untereinander auf – und bekämpften sich erbittert bis aufs Blut.

VIZE

In Chicago stand Johnny Torrio an zweiter Stelle in der Hierarchie der Unterweltbosse, bis er seinen Cousin Jim Colosimos umbringen ließ. Sein neuer Gehilfe Al Capone hatte bei der Planung des Mordes mitgewirkt. Torrio hatte sein Gebiet daraufhin stark erweitert, gleichzeitig begann der Alkoholschmuggel. Al Capone wurde zu Torrios Stellvertreter.

CHICAGOS NR. 1

Johnny Torrio ging 1925 nach New York, in Chicago fühlte er sich nach einem Mordanschlag nicht mehr sicher. Al Capone wurde die Nummer 1 der Chicago South Side. Die Aufteilung der Stadt war unter Chicagos Banden allerdings umkämpft, besonders wegen des florierenden Alkoholhandels. Illegal wurden alkoholische Getränke produziert, geschmuggelt, verkauft und in eigenen Kneipen ausgeschenkt. Prohibitionsagenten, die den Alkoholmissbrauch bekämpfen sollten, waren überfordert und schlecht bezahlt.

Ein Bild der Opfer des Saint Valentine's Day Massacre

BANDENKRIEGE

Die Bandenkriege in Chicago kosteten zwischen 1925 und 1929 zahlreiche Todesopfer, darunter war auch ein Staatsanwalt. Al Capone ließ morden, erschoss oder erschlug seine Opfer aber auch selbst. Seine Brutalität war gefürchtet. Seine Geschäfte machten ihn zum Millionär. Die Polizei konnte ihm lange Zeit nichts beweisen, hohe Bestechungsgelder taten ihr Übriges.

GELDWÄSCHE

Der Begriff der Geldwäsche geht auf Al Capone zurück. Er besaß Waschsalons, um dort illegales Geld zu investieren bzw. als legale Gewinne erscheinen zu lassen.

VALENTINSTAG-MASSAKER 1929

Am 14. Februar 1929 töteten Capones Leute sieben Personen, die zur North Side gehörten. Fünf Killer, drei in Polizeiuniform, zwei in Zivil, fuhren zu einer Scheinfirma, einem vermeintlichen Umzugsunternehmen. Die sieben Anwesenden wurden entwaffnet, an die Wand gestellt und erschossen. Um sich unauffällig vom Tatort entfernen zu können, täuschten die als Polizisten verkleideten Männer die Verhaftung der zwei „Zivilisten" vor und fuhren davon.

ERSTE HAFTSTRAFE 1929

Am 16. Mai 1929 wurde Al Capone wegen Waffenbesitzes festgenommen und zu einer Haftstrafe verurteilt. Seine Geschäfte leitete er aus der Gefängniszelle heraus weiter und schon am 17. März 1930 wurde er wegen guter Führung vorzeitig entlassen.

Al Capones Zelle in der Strafanstalt Eastern State Penitentiary

Das berühmte Gefängnis in der Bucht von San Francisco: Alcatraz

ÖFFENTLICHKEITSARBEIT

Seine Verbrechen waren bekannt, Al Capone besaß mehrere Anwesen finanziert mit Blutgeld – und doch konnte ihm niemand etwas nachweisen. Er trat gern als gepflegter und kultivierter Herr in der Öffentlichkeit auf, der Presse gab er oft Interviews. Ein Zitat von ihm lautet: „Man kriegt sehr viel mehr mit einem freundlichen Wort und einem Gewehr als mit einem freundlichen Wort allein."

VERFOLGUNG DURCH STEUERFAHNDER

Seit 1929 war der Prohibitionsagent Eliot Ness Al Capone auf den Fersen. Er wollte den Gangster wegen Steuerhinterziehung zu Fall bringen. Trotz Geldwäsche hatte Al Capone weitaus mehr Besitz angehäuft, als damit erklärbar war. 1930 setzte ihn die Chicago Crime Commission auf Platz 1 der Liste der Public Enemies (Staatsfeinde).

ZWEITE HAFTSTRAFE 1931

Im August 1931 wurde Al Capone wegen Steuerhinterziehung angeklagt. Im Oktober erfolgte die Verurteilung: elf Jahre Haft. Al Capone hatte mit zwei bis vier Jahren gerechnet. Auch seine Geschäfte konnte er diesmal nicht mehr aus dem Gefängnis weiterführen, besonders nachdem er 1934 nach Alcatraz verlegt worden war. Als er 1939 vorzeitig entlassen wurde, war er mental und körperlich sehr geschwächt. Die Haft und eine unbehandelte Syphiliserkrankung hatten ihm schwer zugesetzt.

LANGSAMER TOD

Al Capone nahm seine Geschäfte nie wieder auf. Er soll nur noch undeutlich und verwirrt gesprochen haben. Ein Arzt erklärte 1946, der berühmte Verbrecher habe das Gemüt eines zwölfjährigen Kindes. Bis zu seinem Tod lebte er mit seiner Ehefrau Mae auf seinem Anwesen in Florida. Nach einem Schlaganfall und einer Lungenentzündung starb der berühmteste Gangster des 20. Jahrhunderts am 25. Januar 1947 in Palm Beach.

Tipp

Film *The Untouchables – Die Unbestechlichen*, USA 1987, Regie: Brian De Palma, Darsteller: Robert de Niro, Kevin Costner, Sean Connery

JOHN CHRISTIE

Am 9. März 1950 wurde Timothy John Evans in London für den Mord an Frau und Tochter hingerichtet, auch aufgrund der belastenden Aussage seines unauffälligen Nachbarn John Christie. Drei Jahre später fand die Polizei in Christies Wohnung und Garten mehrere Leichen. Zwischen 1943 und 1953 erwürgte John Christie vermutlich sieben Frauen und ein Kleinkind.

NAME:
John Reginald Halliday Christie

VERBRECHERNAME:
Nylon Strangler, Whispering Strangler, Notting Hill Würger

GEBURTSDATUM UND -ORT:
8. April 1899 in Halifax, Yorkshire, England

ANSCHULDIGUNGEN:
Mord

TATORT:
Notting Hill, London

TODESDATUM UND -ORT:
15. Juli 1953 in London

URTEIL:
Tod durch den Strang

John Christie und seine Frau Ethel

HERKUNFT

John Reginald Halliday Christie kam am 8. April 1899 in einem Dorf bei Halifax zur Welt. Er hatte fünf Schwestern und einen Bruder. Sein Vater war Dachdecker, die Mutter Hausfrau. Obwohl John ein guter Schüler war, verließ er mit 15 Jahren die Schule. Mit 17 Jahren wurde er erstmals bei einem Diebstahl erwischt. Als Soldat überlebte er im Ersten Weltkrieg einen Gasangriff und konnte seitdem nur noch leise sprechen. 1920 heiratete er Ethel Simpson Waddington.

KLEINKRIMINELLER

Wegen kleiner Diebstähle verlor er seine Stelle als Postbote und kam in Haft. Ethel zog zurück zu ihrer Familie nach Sheffield und Christie nach

London, wo er mehrmals eingesperrt wurde: 1924 wegen mehrfachen Diebstahls für neun Monate, im September 1929 wegen Körperverletzung, 1933 wegen Autodiebstahls.

DAS MÖRDERHAUS

1937 zog Ethel, die aus unbekannten Gründen zu ihm zurückkehrte, mit ihm in eine Wohnung am 10 Rillington Place. Während des Krieges wurde John Christie ehrenamtlich Polizist in seinem Viertel. Vermutlich aus Personalnot, weil viele Männer zum Kriegsdienst eingezogen wurden, ignorierte man seine Vorstrafen. Seine Nachbarn nannten ihn bald den „Himmler vom Rillington Place". Wegen einer Affäre mit der Ehefrau eines Polizisten verlor er diesen Job wieder.

JUSTIZIRRTUM EVANS

Im April 1948 zog Timothy Evans mit seiner schwangeren Frau Beryl in die Dachgeschosswohnung. Tochter Geraldine kam im Oktober 1948 zur Welt. Im November 1949 waren Beryl und Geraldine tot. Der als etwas einfältig beschriebene Evans gestand und widerrief die Tat mehrfach, wahrscheinlich weil er sich für den Tod der beiden verantwortlich fühlte, denn er hatte Christie mit der Abtreibung seines zweiten Kindes beauftragt. Christie hatte natürlich kein Interesse daran, Evans Aussage zu bestätigen und belastete ihn stattdessen so schwer, dass dieser zum Tode verurteilt wurde. Erst nach der Entdeckung der anderen Frauenleichen wurde Evans posthum für nicht schuldig erklärt.

EINGEMAUERT

Als Ethel 1952 verschwand, hieß es, sie sei nach Sheffield zurückgekehrt. Als Christie im März 1953 auszog, entdeckte sein Nachmieter bei Renovierungsarbeiten eine Frauenleiche. Unter dem Fußboden und im Garten fand die Polizei weitere Leichen. Das erste Opfer, Ruth Fürst, hatte Christie 1943 getötet, Muriel Amelia Eady musste 1944 sterben. 1953 tötete er von Januar bis März drei Frauen. Rita Nelson, Kathleen Maloney und Hectorina MacLennan habe er ohne Absicht getötet, nachdem diese aggressiv geworden seien, verteidigte er sich vor Gericht.

DAS ENDE

John Christie wurde zum Tod verurteilt und am 15. Juli 1953 in London gehängt. Der Justizirrtum im Fall Evans führte zur Abschaffung der Todesstrafe und zur Legalisierung der Abtreibung in Großbritannien. Das Mörderhaus wurde abgerissen und die Straße umbenannt.

Das Haus am Rillington Place und Christies Opfer

JOHN DILLINGER

Von September 1933 bis Juli 1934 machte John Dillinger mit seiner Gang den Mittleren Westen der USA unsicher. Ihre zahlreichen Überfälle auf Banken und Polizeiarsenale forderten zehn Tote und sieben Verletzte. Dreimal gelang es dem Bandenchef aus einem Gefängnis auszubrechen, mal wild um sich schießend, mal mithilfe eines aus Holz geschnitzten Revolvers, den er mit Schuhcreme eingefärbt hatte.

NAME:
John Herbert Dillinger

GEBURTSDATUM UND -ORT:
22. Juni 1903 in Oak Hill, Indianapolis

ANSCHULDIGUNGEN:
Mord, Diebstahl, Raub

TATORT:
Indiana, Illinois, Arizona

TODESDATUM UND -ORT:
22. Juli 1934 in Chicago

BELOHNUNG:
5000 $ für einen entscheidenden Hinweis, 10.000 $ für seine Ergreifung, heute ca. 65.000 € und 130.000 €

John Dillinger

HERKUNFT

John Herbert Dillinger wurde 1903 in bescheidenen Verhältnissen als Sohn eines Krämers geboren. Er hatte eine 14 Jahre ältere Schwester. Die Mutter starb schon 1906. Ab diesem Zeitpunkt wurde John weitgehend von seinem Vater, nach dem Motto „Wer mit der Rute spart, verwöhnt das Kind", erzogen.

JUGEND

Nach der Schule arbeitete Dillinger in einer Maschinenfabrik. Zusammen mit anderen Jugendlichen beging er kleine Diebstähle. Nach der Haft wegen Autodiebstahls verpflichtete er sich in der US Navy, desertierte aber einige Monate später. Zurück in seinem Heimatort heiratete er 1924 Beryl Ethel Hovious.

STRAFTATEN

Mit einem Freund raubte er einen kleinen Laden aus, die Beute betrug 50 Dollar. Sein Freund wurde zu zwei Jahren Haft verurteilt, John Dillinger sollte für 10 bis 20 Jahre ins Gefängnis. Er selbst kommentierte das hohe Strafmaß so: „Wenn ich hier raus komme, werde ich der gemeinste Kerl sein, den ihr je gesehen habt."

ENTLASSUNG

Als er nach achteinhalb Jahren entlassen wurde, hatte er alles für eine kriminelle Karriere gelernt und wichtige Kontakte geknüpft. Seine Bande raubte ab dem Herbst 1934 zahlreiche Banken aus. Die geschätzte Beute insgesamt betrug über 300.000 Dollar. Aus Polizeiarsenalen raubten die Täter Waffen, Munition und schusssichere Westen. Die Presse berichtete über das Katz-und-Maus-Spiel zwischen Polizei und Räubern. John Dillinger wurde zum Robin Hood stilisiert, da er in Zeiten von großer Armut und Arbeitslosigkeit nur die reichen Banken beraubte.

BUNDESSACHE

Im Dezember 1934 floh John Dillinger aus dem Gefängnis in Crown Point, Indiana. Mit einem Polizeiwagen fuhr er nach Chicago in Illinois. Ein großer Fehler, denn mit der Überschreitung der Staatengrenze verstieß er gegen den National Motor Vehicle Theft Act, ein Bundesgesetz. Ab diesem Zeitpunkt jagte ihn das FBI. John Dillinger wurde zum ersten Staatsfeind Nr. 1 des FBI.

BELOHNUNG

Eine hohe Belohnung wurde ausgesetzt. Für einen Hinweis, der zur Verhaftung führte, sollten 5000 Dollar gezahlt werden, für seine Ergreifung waren 10.000 Dollar ausgesetzt. Die Bordellbesitzerin Ana Cumpănaş oder „The Woman in Red" kannte John Dillinger. Er war mit Polly Hamilton befreundet, die bei ihr wohnte. Gegen Ana Cumpănaş, die nicht die amerikanische Staatsbürgerschaft besaß, lief ein Ausweisungsverfahren. Für den Verrat von John Dillinger verlangte sie vom FBI neben der Belohnung auch ein Bleiberecht. Das FBI erfuhr, dass Dillinger sich am 22. Juli 1934 gemeinsam mit den beiden Frauen einen Film ansehen wollte. Beim Verlassen des Kinos wurde Dillinger vom FBI erschossen. Ana Cumpănaş bekam 5000 Dollar Belohnung, musste 1936 aber dennoch die USA verlassen.

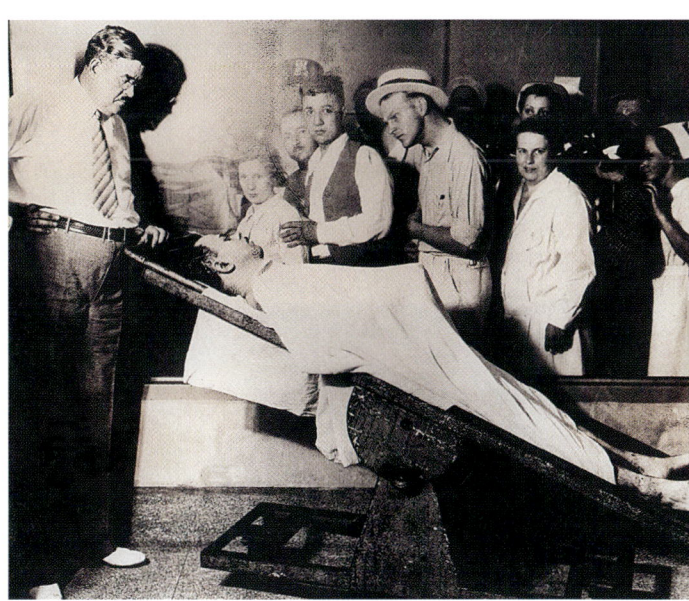

Schaulustige betrachten den Leichnam von John Dillinger.

LEOPOLD UND LOEB

Die Täter waren 18 und 19 Jahre alt, ihr Opfer 14. Die wohlhabenden Elitestudenten Nathan Leopold Jr. und Richard Loeb planten kaltblütig den vermeintlich perfekten Mord. Wahrscheinlich wurde Robert „Bobby" Franks nur durch Zufall ihr Opfer.

Richard Loeb und Nathan Leopold Jr. (v. l.)

NAME:
Nathan F. Leopold Jr.
Richard Albert Loeb

VERBRECHERNAME:
Leopold und Loeb

GEBURTSDATUM UND -ORT:
N. L.: 19. November 1904 in Chicago
R. L.: 11. Juni 1905 in Chicago

ANSCHULDIGUNGEN:
Mord, Erpressung

TATORT:
Chicago

TODESDATUM UND -ORT:
N. L.: 29. August 1971 in Puerto Rico
R. L.: 28. Januar 1936 in Joliet, Illinois

URTEIL:
Lebenslang plus 99 Jahre Haft

REICH UND INTELLIGENT

Nathan Leopold Jr. und Richard Loeb wurden beide in Chicago geboren. Sie waren fast gleich alt und beide Söhne sehr reicher Familien. Die späteren Freunde galten als außergewöhnlich intelligent. Schon als Kleinkinder fielen sie auf, als Jugendliche überflügelten sie ihre Mitschüler.

Nathan studierte mit 19 Jahren Jura an der Universität, sprach mehrere Sprachen und war Experte in Ornithologie. Richard war der jüngste Absolvent, den die University of Michigan je gesehen hatte. 1920 lernten sie sich kennen und wurden unzertrennlich.

VERBRECHEN

Die zwei Männer begingen einige kleinere Delikte, bevor sie auf die Idee des perfekten Mordes verfielen. Sie planten ihn rund sieben Monate lang. Wer das Opfer sein sollte, schien egal. Ziel war es zu beweisen, dass sie niemand verdächtigen und finden würde.

OPFER

Am 21. Mai 1924 schritten sie zur Tat. Der 14-jährige Bob Franks vertraute den beiden älteren Jungen. Nach der Schule lockten sie ihn in ein Auto, stachen ihn nieder und erstickten ihn. Um eine schnelle Identifizierung zu verhindern, machten sie sein Gesicht mit Säure unkenntlich. Nachdem sie unterwegs an einem Stand einige Hotdogs gegessen hatten, legten sie Bobs Leiche in einem Graben neben Bahngleisen ab. Sie fuhren zurück, entsorgten ihre blutbefleckte Kleidung und reinigten das Auto. Danach erreichte die Familie Franks ein Erpresserbrief. Sie forderten 10.000 Dollar für Bobs Freilassung.

EINE BRILLE ALS HINWEIS

Eisenbahnangestellte hatten die Leiche aber längst gefunden. Neben ihr lag eine Brille, die die Ermittler auf die Spur von Nathan Leopold Jr. brachte. Von der Brille mit einem besonderen Mechanismus hatte der einzige Händler in Chicago nur drei Exemplare verkauft. In den Verhören erwiesen sich die Alibis schnell als falsch.

KEINE TODESSTRAFE

Der Prozess geriet zum Medienspektakel. Die Öffentlichkeit erwartete die Todesstrafe. Der berühmte Anwalt und Bürgerrechtler Clarence Seward Darrow wurde von Loebs Familie engagiert, um eine Hinrichtung abzuwenden. Er erreichte zunächst eine Verhandlung nach Jugendstrafrecht. Damit war ein Geschworenengericht verhindert. Im August 1924 wurden beide Mörder zu lebenslanger Haft wegen Mordes und zu 99 Jahren Haft wegen Erpressung verurteilt.

Der Verteidiger der Mörder:
Clarence Seward Darrow

GEFANGENSCHAFT

Richard Loeb wurde 1936 von einem Mithäftling ermordet, dieser aber wegen angeblicher Notwehr freigesprochen. Nathan Leopold wurde 1958 vorzeitig entlassen. Er zog nach Puerto Rico, um dem Medieninteresse zu entgehen. Er heiratete, arbeitete unter anderem als Lehrer und erforschte die Vogelwelt in Puerto Rico. 1971 starb er an einem Herzinfarkt.

Tipps

Filme	Rope, dt. Titel: Cocktail für eine Leiche, USA 1948, Regie: Alfred Hitchcock, Darsteller: James Stewart
	Compulsion, dt. Titel: Der Zwang zum Bösen, USA 1959, Regie: Richard Fleischer, Darsteller: Orson Welles

DIE SASS-BRÜDER

Die beiden Sass-Brüder aus Berlin wurden von der Presse als Meister-diebe gefeiert. Sie verblüfften selbst die Polizei durch ihren Ideenreich-tum. Technisch auf der Höhe der Zeit, waren sie die ersten Tresorknacker, die Schneidbrenner nutzten. In Zeiten von Armut und Arbeitslosigkeit flogen den stets unbewaffneten Ganoven die Sympathien nur so zu.

Die Schlagzeile nach der Vernehmung der Brüder Sass am 10. Januar 1930

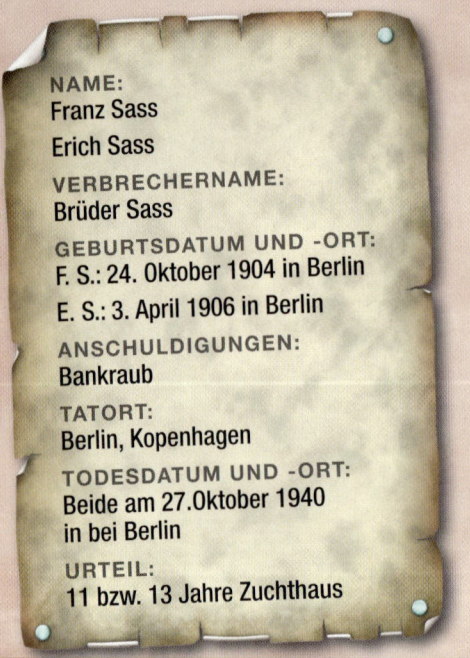

NAME:
Franz Sass
Erich Sass

VERBRECHERNAME:
Brüder Sass

GEBURTSDATUM UND -ORT:
F. S.: 24. Oktober 1904 in Berlin

E. S.: 3. April 1906 in Berlin

ANSCHULDIGUNGEN:
Bankraub

TATORT:
Berlin, Kopenhagen

TODESDATUM UND -ORT:
Beide am 27.Oktober 1940
in bei Berlin

URTEIL:
11 bzw. 13 Jahre Zuchthaus

DIE FAMILIE

Franz und Erich Sass stammten aus armen Ver-hältnissen in Berlin-Moabit. Der Vater war Schnei-der, seine Ehefrau Wäscherin. Insgesamt hatten sie fünf Söhne: Paul, Max, Franz, Erich und Hans. Paul wuchs bei Pflegeeltern auf. Max saß von 1913 bis 1928 wegen mehrfachen Einbruchs im Gefängnis. 1935 erhängte er sich nach einem Einbruchsversuch in Untersuchungshaft. Franz kam 1917 mit 13 Jahren nach einem Einbruch in ein Erziehungsheim. Der technikbegeisterte Erich hatte vom Jugendamt eine Schlosserlehre ver-mittelt bekommen. Hans wurde nie aktenkundig.

VERBRECHEN

Wirklich gelungen ist Franz und Erich Sass in
Berlin nur ein einziger Einbruch, die ersten scheiterten. Es begann im März 1927, als die beiden
Brüder versuchten, in die Depositenkasse der
Dresdner Bank einzudringen. Sie hatten den
Sauerstoffbedarf bei ihren Arbeiten falsch be-
rechnet und mussten abbrechen, doch zuvor
hatte der Verkäufer des modernen Schneid-
brenners die beiden Brüder dem Kriminalrat
Fabich schon als verdächtig gemeldet. Trotz
Wohnungsdurchsuchungen und Beschattungen
konnte ihnen nichts nachgewiesen werden. Weitere Einbrüche begingen Franz und Erich bei
der Dresdner Bank, der Reichsbahndirektion
und beim Finanzamt. Immer nutzten sie die neu-
este Technik und das modernste Werkzeug.
Beständig gruben sie technisch perfekte Tunnel
zu den Tresorräumen. Woher sie die Ortskennt-
nisse hatten, wurde nie geklärt. Sie scheiterten
jedoch meist an Kleinigkeiten.

IHR GRÖSSTER COUP

Im Januar 1929 klappte endlich alles. Erich und
Franz Sass krochen durch einen drei Meter langen Tunnel zur Disconto-Bank, gelangten durch
einen Lüftungsschlitz in den Tresorraum und leer-
ten die Schließfächer. Sie blockierten die Tresortür
von innen, sodass Fachleute Tage brauchten, um
den Tresor zu öffnen. Leere Weinflaschen zeug-
ten davon, dass die Brüder ihren Erfolg bereits
an Ort und Stelle gefeiert hatten. Ihre Beute war
rund 2,5 Millionen Reichsmark wert – eine grobe
Schätzung, denn viele Besitzer meldeten nie,
was ihnen fehlte. Andernfalls hätten sie zugege-
ben, was sie am Fiskus vorbeigeschleust hatten.
Die Beute wird bis heute in einem Versteck im
Grunewald vermutet und gesucht.

Die Werkzeuge der Tresorknacker

TOD

Nach der Machtübernahme Adolf Hitlers flohen
die Brüder nach Dänemark. Auch dort waren
sie als Tresorknacker tätig, wurden aber geschnappt und kamen 1934 in Haft. 1938 lieferte
man sie an das nationalsozialistische Deutschland aus. In Berlin wurden sie zu 11 und
13 Jahren Zuchthaus verurteilt. Sie starben auf
dem Transport ins KZ Sachsenhausen am
27. März 1940. Im Sterbezweitbuch von Oranien-
burg ist unter den Registernummern 1625 und
1626 vermerkt: „Sass, Erich, geb. 3.4.1906,
und Sass, Franz, geb. 24.10.1904, sind auf
Befehl des Führers erschossen worden."

BABY FACE NELSON

Baby Face Nelson gehörte seit den 1920er-Jahren zu den meist gesuchten Verbrechern in den USA. Brutal und schießwütig war der Bankräuber und Alkoholschmuggler seit frühester Jugend auf der Flucht. Er tötete neben vielen unbeteiligten Opfern auch zahlreiche Polizisten sowie fünf FBI-Agenten. Als er im April 1934 in Wisconsin zwei FBI-Agenten erschoss, wurde er zum Staatsfeind Nr. 1, zum Public Enemy.

NAME:
Lester M. Gillis oder Lester Joseph Gillis

VERBRECHERNAME:
George Nelson, Baby Face Nelson

GEBURTSDATUM UND -ORT:
6. Dezember 1908 in Chicago

ANSCHULDIGUNGEN:
Mord, Bankraub, Schmuggel

TATORT:
Illinois, Kalifornien, Wisconsin

TODESDATUM UND -ORT:
27. November 1934 in Wilmette, Chicago

URTEIL:
Ein Jahr bis lebenslänglich in zwei Fällen

Lester Gillis

BABY FACE

Lester Gillis wurde 1908 in der Nähe von Chicago geboren. Seit seinem 13. Lebensjahr war er immer wieder in sogenannten Besserungsanstalten. Als Aushilfe einer Tankstelle lernte er jugendliche Reifendiebe kennen. Mit 14 Jahren wurde er mit einem gestohlenen Auto erwischt. Überall galt er als unbeherrschter Hitzkopf. Weil er nur eine Größe von etwa 1,60 Meter erreichte und jünger aussah, als er war, wurde er „Baby Face" genannt. 1928 heiratete er Helen Wawzynak.

GEFÄNGNIS

Mit einer Jugendbande beging er mehrere Einbrüche. 1931, er war gerade 22 Jahre alt, wurde er wegen eines Bankraubs zu „one year to life" verurteilt. Dies bedeutete, dass in jährlichen Abständen geprüft wurde, ob er entlassen werde könne oder besser nicht. 1932 kam er frei, aber noch im gleichen Jahr wurde er wegen eines erneuten Banküberfalls wieder verurteilt, ebenfalls zu „one year to life".

IMMER AUF DER FLUCHT

Er floh aus dem Gefängnis, erst nach Nevada, anschließend nach Kalifornien. Dort lernte er den Alkoholschmuggler John Chase kennen, mit dem er sich anfreundete. Baby Face Nelson, seine Frau Helen und John Chase führten ein unstetes Leben, sie waren ständig auf der Flucht. Sie pendelten zwischen Kalifornien und Chicago, schmuggelten Alkohol und raubten Banken aus. Helen beteiligte sich nicht direkt an den Überfällen, sie blieb im Hintergrund. 1932 veröffentlichte das FBI den Steckbrief von Baby Face Nelson.

DILLINGER-GANG

1933 schlossen sich die drei der Gang von John Dillinger an. Dillinger selbst soll starke Bedenken gehabt haben, weil Nelson so unberechenbar und gewaltbereit war. Er brauchte jedoch Leute für seine illegalen Geschäfte. Im April 1934 hielten sich Baby Face Nelson und seine Frau Helen mit John Dillinger in Little Bohemia, Wisconsin, auf. Zwei FBI Special Agents, W. Carter Baum und Jay C. Newman, und ein Polizist waren ihnen auf der Spur. Die Gangs-

ter wurden durch Hundegebell gewarnt und konnten rechtzeitig fliehen. Baby Face Nelson lauerte den Verfolgern auf und erschoss kurzerhand alle drei. Das FBI erklärte Baby Face Nelson daraufhin zum Staatsfeind Nr. 1.

WILDE VERFOLGUNGSJAGD

Im November 1934 stöberten FBI-Agenten Baby Face, seine Frau Helen und John Chase wieder auf. Die Gangster waren mit einem gestohlenen Auto unterwegs. Nach einer wilden Verfolgungsjagd kam es zu einer Schießerei in Barrington in der Nähe von Chicago. Special Agent Herman Edward Hollis starb vor Ort, Inspector Samuel P. Cowley erlag am nächsten Tag seinen Verletzungen. Von 17 Schüssen getroffen, wurde Baby Face Nelson schwer verletzt von Helen und Chase im Auto abtransportiert. Seine Leiche wurde am nächsten Tag in der Nähe eines Friedhofs gefunden.

Der Treffpunkt der Dillinger-Bande nach einem Banküberfall: die Little Bohemia Lodge in Wisconsin

JOSEPH O'KEEFE

Joseph O'Keefe gehörte zu den elf Gangstern, die am 17. Januar 1950 den bis dahin größten Raub der USA, Great Brink's Robbery genannt, begingen. Bei der Geldtransportfirma Brink's in Boston erbeuteten sie Bargeld und Wertpapiere im Wert von damals fast 2,8 Millionen Dollar. 1956 brachte er das FBI auf die Spur seiner Kumpane. Zu diesem Zeitpunkt hatte O'Keefe gerade ein drittes Attentat auf sich überlebt.

NAME:
Joseph James O'Keefe

VERBRECHERNAME:
Specs (Brillenträger)

GEBURTSDATUM UND -ORT:
Um 1909, in der Nähe von Boston

VERBRECHEN:
Banküberfall

TATORT:
Boston

TODESDATUM UND -ORT:
März 1976 in einem Krankenhaus bei Los Angeles unter falschem Namen

URTEIL:
1956, nach 4 Jahren begnadigt

Das Sicherheitsdepot der Firma Brink's

DER PLAN

Die elf Gangster kamen alle aus der italienisch- oder irisch-stämmigen Ganovenszene von Boston. Kopf der Bande war der Berufsverbrecher Anthony Pino. Rund 18 Monate lang hatte er den Überfall vorbereitet. Von den umliegenden Gebäuden aus waren die Firma und die Abläufe ausgekundschaftet worden. Dazu hatten sich einige Täter auch nachts unter die Arbeitnehmer gemischt, um den Standort und die Sicherung des Tresors auszukundschaften.

DIE VORBEREITUNG

Um zum Tresorraum zu gelangen, musste man durch mehrere Räume mit Sicherungstüren. Nacht für Nacht stiegen einige der Gangster ein, um jeweils nur eines der Sicherheitsschlösser auszubauen, einen Nachschlüssel anzufertigen und das Schloss wieder einzusetzen. Mit einem gestohlenen LKW testeten Sie den präzisen Ablauf des Überfalls.

ALIBIS

Auch die Alibis waren durchdacht. Einer der Ganoven hatte eine Kneipe in der Nähe, die auch von Polizisten gern besucht wurde. Also waren der Wirt und der Anführer Pino zur Tatzeit dort und unterhielten sich mit einem Police Officer. Dass die beiden nicht die ganze Zeit in der Kneipe blieben, kam erst viel später heraus.

DER ÜBERFALL

Am 17. Januar fuhren neun Maskierte zu Brink's, marschierten mit den Nachschlüsseln ungehindert bis in den Tresorraum, überwältigten die verdutzten Mitarbeiter und fuhren schließlich mit einem LKW voller Geldsäcke davon. Der Überfall dauerte kaum 20 Minuten.

Der Kopf der Bande, Anthony Pino, wird abgeführt.

OHNE ERGEBNIS

Trotz umfangreicher Ermittlungen fand das FBI die Täter nicht. Teile des LKWs wurden zerschnitten, gepresst und in Säcke verpackt auf einer Müllhalde gefunden. Das FBI hatte erst Kommunisten in Verdacht, dann die Mafia. Nach drei Jahren verjährte das Verbrechen nach Bundesrecht. Am 17. Januar 1956, also nach sechs Jahren, wäre auch die Frist des Staates Massachusetts verstrichen, sodass man die Verbrecher für die Tat nicht mehr hätte verurteilen können.

MISSTRAUEN

Vorher brach unter den elf Beteiligten allerdings Streit aus. Joseph O'Keefe sah sich um seinen Anteil betrogen, als er wegen eines anderen Verbrechens kurz ins Gefängnis musste. Er bedrohte ehemalige Mittäter. Zweimal überlebte er eine Schießerei. Als das dritte Attentat auf ihn ausgeübt wurde, sagte er gegen seine Mittäter aus – fünf Tage, bevor der Raub verjährt wäre. Das FBI konnte acht der Gangster festnehmen, sie wurden zu einer lebenslangen Haft verurteilt und 1971 vorzeitig entlassen. Joseph O'Keefe blieb bis 1960 inhaftiert und tauchte danach unter. Von der Beute wurde nur ein kleiner Teil wiedergefunden. Aber keiner der Räuber konnte seinen Reichtum genießen. Joseph O'Keefe klagte später, wie belastend das Leben mit ständig wechselnden Identitäten gewesen sei. Er starb im März 1976 in einem Krankenhaus an der Westküste der USA, unter falschem Namen.

Tipp

| Film | *The Brink's Job,* USA 1978, Regie: William Friedkin, Darsteller: Peter Falk |

BONNIE UND CLYDE

Von 1932 bis 1934 zogen Bonnie und Clyde raubend und tötend durch die USA. Das junge Liebespaar soll dabei 13 Morde und zahlreiche Einbrüche und Überfälle begangen haben. Zwei Jahre dauerte die Jagd. Am 23. Mai 1934 durchsiebten 167 Schüsse aus den Automatikwaffen ihrer Verfolger den Ford V8, in dem die beiden saßen. An Bonnies Leiche wurden 23 Schusswunden gezählt, Clyde war 25-mal getroffen worden.

NAME:
Bonnie Elizabeth Parker
Clyde Chestnut Barrow

VERBRECHERNAME:
Bonnie und Clyde

GEBURTSDATUM UND -ORT:
B. P.: 1. Oktober 1910 in Rowena, Texas
C. B.: 24. März 1909 in Telico, Texas

ANSCHULDIGUNGEN:
Mord, Raub, Entführung

TATORT:
Texas, Louisiana, Kansas u. a.

TODESDATUM UND -ORT:
Beide am 23. Mai 1934 in Bienville Parish, Louisiana

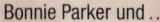
Bonnie Parker und …

AUS ARMEN VERHÄLTNISSEN

Bonnie und Clyde wuchsen in armen Verhältnissen auf. Bonnie zeigte in der Schule viele Talente, sie schrieb Gedichte und spielte Theater, aber die Familie konnte sie nicht fördern. Sie heiratete mit 16 Jahren und jobbte als Kellnerin. Clyde wuchs noch ärmlicher auf. Er interessierte sich für Musik und wollte Gitarre spielen lernen.

Als er 13 Jahre alt war, verlor seine Familie ihre Farm. Sie nächtigten zeitweise unter einem Fuhrwerk, bis sie durch das Sammeln von Altmetall genug Geld für ein Zelt gespart hatten. Hühner stehlen war wichtiger, als zur Schule gehen. So begann Clydes kriminelle Karriere, später kamen Autodiebstähle und Einbrüche hinzu.

... Clyde Barrow

LIEBESPAAR

Bonnies Ehe war schon beendet, als sie 1930 den Kleinkriminellen Clyde Barrow kennenlernte. Es war Liebe auf den ersten Blick. Kurz nach ihrer Begegnung wurde Clyde inhaftiert. Bonnie schmuggelte eine Waffe ins Gefängnis, mit der Clyde sich befreien konnte. Er wurde wieder gefasst und saß bis Anfang 1932 hinter Gittern. Nach seiner Freilassung wurden sie wieder ein Paar.

RAUBZÜGE

Clyde fand keine Arbeit. Das Paar hortete Waffen und Munition, stahl Autos und raubte Tankstellen, Geschäfte und Banken aus. Clydes Bruder Buck und seine Frau gehörten auch dazu, weshalb man auch von der Barrow-Gang sprach. Von März bis Juni 1932 saß Bonnie wegen Raub eine Haftstrafe ab. Im August 1932 erschoss Clyde einen Deputy, danach wurde wegen Mordes nach ihm gefahndet. Die beiden versteckten sich in Wäldern, schliefen im Auto und wuschen sich in Bächen. Ab September 1932 übernahm das FBI den Fall, nachdem Bonnie und Clyde mit einem gestohlenen Wagen über Staatsgrenzen hinweg geflohen waren.

VERRAT

Im April 1934 starben drei Polizisten durch das junge Gangsterpaar, woraufhin das FBI die Suche verstärkte. Auch Verbrechen, die sie nicht begangen haben konnten, wurden ihnen nun angelastet. Im Mai 1934 wurde das Paar verraten. Sechs Männer lauerten ihnen an einer Straße auf, stoppten den Wagen und eröffneten das Feuer auf Bonnie und Clyde, die keine Waffen zur Hand hatten. Nach dem Blutbad strömten Schaulustige herbei. Man entfernte Stücke aus Bonnies blutgetränktem Kleid und Locken aus ihrem Haar. Jemand versuchte, Clyde ein Ohr abzuschneiden, ein Geldkoffer und Waffen verschwanden. Die Besitzerin des Wagens bekam ihr Eigentum erst nach einem Gerichtsverfahren zurück.

NICHT VEREINT

In ihrem Gedicht *The Story of Bonnie and Clyde* schrieb Bonnie:
„Some day they'll go down together
And they'll bury them side by side
To few it'll be grief,
To the law a relief
But it's death for Bonnie and Clyde."

Die beiden wurden von ihren Familien auf verschiedenen Friedhöfen bestattet.

RUDOLF PLEIL

Der Serienmörder Rudolf Pleil tötete entlang dem Harzer Zonenrandgebiet. Seine Opfer waren meist Frauen, denen er versprach, sie bei Nacht über die grüne Grenze zu bringen. Die Polizeibehörden der neuen Ost- bzw. Westzone arbeiteten kaum zusammen. Vermisste Menschen waren 1946/47 nicht selten. 1950 begann in Braunschweig der größte Mordprozess der Nachkriegszeit.

NAME:
Rudolf Pleil

VERBRECHERNAME:
Der Totmacher

GEBURTSDATUM UND -ORT:
7. Juli 1924 bei Bärenstein im Erzgebirge

ANSCHULDIGUNGEN:
Mord

TATORT:
Die Grenze im Harz zwischen Vienenburg und Zorge

TODESDATUM UND -ORT:
16. Februar 1958 in Celle

URTEIL:
Lebenslänglich

Rudolf Pleil während des Prozesses, bewacht von zwei Polizisten

FAMILIE

Rudolf Pleil wuchs im Erzgebirge an der Grenze zur Tschechoslowakei auf. Sein Vater war schwerer Alkoholiker. Zudem war er Kommunist, weswegen die Familie von den Nazis drangsaliert wurde. Ein Bruder starb früh, seine Schwester wurde aufgrund ihrer Behinderung zwangssterilisiert. Da Rudolf Pleil unter Epilepsie litt, drohte auch ihm eine Zwangsbehandlung.

KEINE AUSBILDUNG

Schon als Kind schmuggelte er Waren über die Grenze. In der Schule blieb er mehrfach sitzen, kam so nur bis zur 5. Klasse. 1939 wollte er Schiffsjunge werden, wurde aber bei Kriegsbeginn zur Marine eingezogen. Ein Jahr saß er dort wegen Diebstahls eine Gefängnisstrafe ab. Wegen seiner epileptischen Anfälle musste er 1943 die Armee verlassen. Er schlug sich danach

Einer von Pleils Komplizen: Konrad Schüßler

mit Hilfsarbeiten durch. Zeitgenossen beschrieben ihn als merkwürdig und unsympathisch.

GRENZGÄNGER

Ab 1946 arbeitete er sporadisch in verschiedenen Dörfern am Harz als Waldarbeiter und auch als Grenzführer, zeitweise zusammen mit zwei Komplizen, Karl Hoffmann und Konrad Schüßler. Zu dieser Zeit fand man einige Leichen in den Wäldern. Die Frauen waren brutal erschlagen oder erdolcht und anschließend manchmal auch zerstückelt worden. Die Taten konnten nicht aufgeklärt werden.

VERHAFTUNG

Am 21. April 1947 wurde Pleil verhaftet und wegen Mordes an einem Hamburger Kaufmann angeklagt. Dieser war mit der Axt Pleils erschlagen aufgefunden worden. Rudolf Pleil wurde wegen Raubmordes zu zwölf Jahren Zuchthaus verurteilt. In der Haft begann er, mit weiteren Morden zu prahlen, zum Beweis nannte er Leichenverstecke. Er forderte mehr Verpflegung und Zigaretten und gab nach und nach weitere Taten zu. Außerdem nannte er seine Komplizen, mit denen er teilweise 25, 26 oder sogar 40 Morde begangen haben wollte.

GELTUNGSSUCHT

Er beschrieb sehr platt und obszön, aber voller Stolz, die grausamen Morde in einem Buch, welches er mit „Mein Kampf" betitelte. Dem Bürgermeister von Vienenburg empfahl er sich als Henker, als Beweis solle dieser den Brunnen des Ortes untersuchen lassen, wo man tatsächlich eine Tote fand. Man glaubte, er wollte als geisteskrank eingestuft werden, um nicht ins Zuchthaus zu kommen. Wichtig war ihm, der „größte Totmacher" zu sein, also den Serienmörder Fritz Haarmann an Opfern zu übertrumpfen.

LEBENSLÄNGLICH

Im Jahr 1950 kam es zu einem neuen Prozess, in welchem dem Trio mindestens zwölf Morde nachgewiesen wurde. Viele Verbrechen konnten damals wegen der Nachkriegswirren nicht aufgeklärt werden. Die drei Komplizen bekamen alle lebenslänglich. In den Jahren danach widerrief Pleil einige Aussagen. Er habe nur vier Morde begangen, alles andere habe er nur behauptet, um mehr Nahrungsmittel zu erhalten und um in die Psychiatrie eingewiesen zu werden. Es gab aber keine Anhaltspunkte, ihm Glauben zu schenken. Schließlich erhängte sich Rudolf Pleil 1958 in seiner Zelle.

RONNIE BIGGS

Im August 1963 wurde 50 Kilometer vor London ein Zug der Royal Mail gestoppt. Eine Bande von 15 Räubern erbeutete in wenigen Minuten die unglaubliche Summe von 2.631.684 englischen Pfund. Ronald Biggs lebte 31 Jahre mit seiner Beute ein freies Leben. Erst 2001 trat er seine Gefängnisstrafe von 30 Jahren in Großbritannien an. 2009 wurde der damals 80-jährige Verbrecher begnadigt und entlassen.

Ronnie Biggs

NAME:
Ronald Arthur Biggs

VERBRECHERNAME:
Ronnie Biggs

GEBURTSDATUM UND -ORT:
8. August 1929 in London

VERBRECHEN:
Raub, The Great Train Robbery, 1963

TATORT:
Ledburn, auf der Strecke
Glasgow – London

BEUTE:
£ 2.631.684, heute ca. 53 Millionen €

URTEIL:
30 Jahre Haft

KINDHEIT UND JUGEND

Als Kind wurde Ronald Biggs im Zweiten Weltkrieg aus London evakuiert und lebte zwei Jahre auf dem Land. Kaum zurück in der Stadt, verstarb seine Mutter. In seiner Jugend stand er mehrfach wegen Diebstahls vor Gericht. Mit 18 Jahren ging Biggs zur Royal Air Force. Nach zwei Jahren wurde er wegen Diebstahls unehrenhaft entlassen. Weil er ein Auto gestohlen hatte, musste er seine erste Haftstrafe antreten. Später wurde er zu drei Jahren Gefängnis verurteilt, weil er einen Raub begangen hatte.

HANDWERKER UND GANOVE

Bis zu seinem 34. Geburtstag lebte Ronald Biggs mit seiner Frau Charmian und seinen zwei Söhnen in Redhill in Surrey. Er arbeitete als Zimmermann und nebenbei als Kleinganove. Dabei lernte er Bruce Reynolds kennen, einen der beiden Köpfe des großen Postraubs.

DER GROSSE POSTRAUB

1963 – nach langer Planung – legten die Räuber los und manipulierten die Signale an der Bahnstrecke. Als der Zug hielt, überwältigten sie die Besatzung und transportierten etwa 120 Geldsäcke ab. Sie versteckten sich auf einem abgelegenen Bauernhof, den sie über einen Strohmann gekauft hatten. Die Beute wurde geteilt. Biggs erhielt 148.000 Pfund. Das entspricht heute einem Wert von über zwei Millionen Euro.

FLUCHT NACH AUSTRALIEN

Ein Teil des gestohlenen Geldes tauchte nie wieder auf. Drei Räuber wurden bis heute nicht gefasst. Die anderen Täter wurden zu 30 Jahren Haft verurteilt. Biggs konnte 15 Monate später fliehen. Über Paris gelangte er nach Australien. Wo in der Zwischenzeit seine Beute war, wurde nie ermittelt. Tatsache ist, dass er über genügend Startkapital für ein neues Leben verfügte. Seine Frau reiste mit den Söhnen hinterher, sein dritter Sohn wurde in Australien geboren.

BRASILIEN

Im Oktober 1969 floh Biggs vor den Ermittlern von Scotland Yard ohne Frau und Kinder nach Brasilien. Als die Polizei ihn 1974 ausfindig machten, konnte er nicht ausgeliefert werden.

Die Behörden waren sich uneins und zudem erwartete eine Brasilianerin ein Kind von ihm. Mit seiner Popularität verdiente er jede Menge Geld, er gab Interviews und verkaufte T-Shirts mit seinem Konterfei. Seine Autobiografie kam ebenfalls auf den Markt.

RÜCKKEHR IN DIE HEIMAT

2001 kehrte er freiwillig nach England zurück, vielleicht weil er dort die besseren

Ronnie Biggs im Jahr 2011

Behandlungsmöglichkeiten für sich sah. Er hatte mehrere Schlaganfälle erlitten. In England wurde er festgenommen, heiratete dennoch seine brasilianische Lebenspartnerin und wurde 2009 begnadigt, nachdem sich sein Gesundheitszustand zunehmend verschlechtert hatte. Als er im November 2011 in London seine neue Autobiografie vorstellte, konnte er sich den Zuhörern nur durch einen Sprachcomputer verständlich machen. Weitere Schlaganfälle hatten ihm seine Stimme geraubt.

Tipps

Literatur	Ronnie Biggs und Chris Pickard: *Odd Man Out, the Last Straw,* 2011
Film	*Die Gentlemen bitten zur Kasse,* D 1966, Regie: John Olden, Claus Peter Schmitt, Darsteller: Horst Tappert

SALVATORE RIINA

Sein Spitzname „der Kurze" beschreibt seine Gestalt, sein anderer seinen Charakter: Er lautet „die Bestie". Der Mafiaboss Salvatore Riina soll für an die 1000 Morde verantwortlich sein. Die genauen Opferzahlen und Taten lassen sich teilweise nicht rekonstruieren, weil Opfer spurlos verschwanden. Die Leichen wurden wahrscheinlich mithilfe von Feuer oder Säure beseitigt.

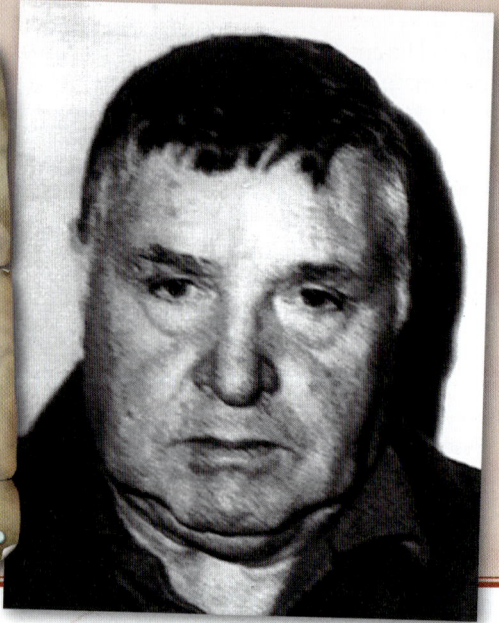

Salvatore Riina

NAME:
Salvatore „Totò" Riina

VERBRECHERNAME:
„U curtu" (der Kurze), „La belva" (die Bestie)

GEBURTSDATUM UND -ORT:
16. November 1930 in Corleone, Sizilien

VERBRECHEN:
Organisierte Kriminalität, Mord, Drogenhandel, Bestechung

TATORT:
International, Basis in Italien

URTEIL:
13-mal lebenslänglich

KINDHEIT

Salvatore Riina wurde als Sohn eines Landarbeiters in Corleone geboren. Er war das zweite von fünf Kindern. Nach vier Jahren Schule musste er arbeiten gehen, was durchaus üblich war zur damaligen Zeit. Mit 13 Jahren traf er den 18-jährigen Mafiosi Luciano Leggio. Als dessen rechte Hand verdiente er sehr viel mehr Geld als durch ehrliche Arbeit.

FAMILIE

1974 heiratete Riina die 14 Jahre jüngere Lehrerin Ninetta Bagarella aus seinem Heimatort Corleone. Um die Hochzeit geheim zu halten, feierten sie nur in der Kirche. Die beiden bekamen in den 1970er-Jahren zwei Söhne und zwei Töchter. Erst 2000 wurde die Ehe im Gefängnis auch standesamtlich, und damit offiziell, geschlossen.

VERBRECHERKARRIERE

Die sizilianischen Clans der Mafia machten unter anderem Geschäfte mit Schutzgelderpressung, Drogenhandel oder öffentlichen Bauprojekten. Ein Schutzschild aus Bestechung, Einschüchterung und Erpressung schützte die Bosse jahrzehntelang. Seinen ersten Mord beging Riina mit 19 Jahren, möglicherweise seine Eintrittskarte in die Cosa Nostra, die sizilianische Mafia. 1974 löste er Luciano Leggio als Anführer der Corleoneser Mafia ab. Riina galt immer als einer der aktivsten Killer.

SCHRECKENSHERRSCHAFT

Salvatore Riina kam durch illegale Geschäfte zu einem geschätzten Vermögen von 350 Millionen Euro. Über 1000 Morde ereigneten sich unter seiner Führung. Er baute seine Macht aus, indem er Angst und Schrecken verbreitete, sowohl unter seinen Gegnern als auch unter den eigenen Leuten. Das führte letztendlich zur Schwächung seiner Position, denn der selbstherrliche Riina verletzte auch bedenkenlos Prinzipien der Cosa Nostra.

REGELBRUCH

Es war üblich, dass Killer durch die Organisation vor Festnahmen geschützt wurden. Unter Riina kamen Mörder in Haft und wurden den Behörden überlassen. So wechselten viele die Seite, denn wer lebenslänglich bekam, konnte sich durch Aussagen nur verbessern. Die Gebietshoheit einzelner Clans respektierte Riina ebenfalls nicht. Seit Ende der 1960er-Jahre beging die Cosa Nostra auf Sizilien zudem keine Entführungen mehr, denn solche Verbrechen waren kontraproduktiv, weil sie in der Bevölkerung, deren Loyalität man benötigte, unbeliebt waren. Riina interessierten solche Überlegungen nicht.

RICHTERMORDE

Die Morde an den Richtern Giovanni Falcone und Paolo Borsellino im Jahre 1992 brachten das Fass zum Überlaufen. Kontakte und Bestechungsgelder konnten eine verstärkte Verfolgung nicht mehr abwenden. Die Regierung startete eine Großoffensive: Neue Behörden und neue Gesetze zur Überwachung, Beschlagnahmung von Mafiavermögen und Kronzeugenregelungen brachten schnell Erfolg. Schon im September 1992 wurden mehrere Mafiabosse gefasst. Bis dahin hatten fast 300 Überläufer ausgesagt. Vor Gericht musste sich Riina für 150 Morde verantworten. Er wurde 1993 zu lebenslänglich verurteilt und sitzt in einem Hochsicherheitsgefängnis.

Giovanni Falcone und Paolo Borsellino (v. l.)

WERNER GLADOW

Im Nachkriegs-Berlin nutzte der Jugendliche Werner Gladow geschickt die politischen Umstände. Mit seiner Bande raubte er im Westen der Stadt und floh vor der Polizei in den Osten – oder umgekehrt. Wie sein großes Vorbild Al Capone trug er gern schwarze Maßanzüge. Mit nur 19 Jahren wurde er im November 1950 als erster Verbrecher in der DDR hingerichtet.

Werner Gladow (3. v. l.)

NAME:
Werner Gladow

VERBRECHERNAME:
Doktorchen

GEBURTSDATUM UND -ORT:
Mai 1931 in Berlin

VERBRECHEN:
Mord, Mordversuch, Raub

TATORT:
Berlin

TODESDATUM UND-ORT:
11. November 1950 in Frankfurt/
Oder

URTEIL:
Tod durch das Fallbeil

KINDHEIT

Werner Gladow wurde 1931 in Berlin als Sohn des Fleischermeisters Ernst Gladow und dessen Frau Lucie geboren. Nach Kriegsende durchstreifte der 14-Jährige mit anderen Jugendlichen auf Diebeszügen das zerstörte Berlin. Seine Freunde nannten ihn „Doktorchen", weil er auf einem Gymnasium gewesen war. Das Doktorchen fand schnell heraus, wie sich auf dem Schwarzmarkt viel Geld machen ließ.

RAUBZÜGE

Mit 16 Jahren war Werner Gladow Bandenchef. Die Gladow-Bande hatte mindestens zehn Mitglieder, die meist um die 20 Jahre alt waren. Die Polizeibehörden im geteilten Berlin arbeiteten damals nicht besonders gut zusammen. Während der sowjetischen Blockade gab es im Westteil der Stadt zeitweise nur zwei Stunden Strom am Tag. Die Stadt in völliger Dunkelheit war eine ideale Bedingung für die jugendlichen Diebe.

Auf ihren Raubzügen stahl die Bande Waffen bei den Volkspolizisten an der Sektorgrenze. Außerdem waren Fotogeschäfte, Juweliere und Tauschbörsen im Westen ein lohnendes Ziel. Anschließend flüchteten die Jugendlichen einfach in einen anderen Sektor.

FESTNAHME

Im Mai 1949 erfuhren die Berliner Polizeibehörden, dass hinter zahlreichen Einbrüchen und Überfällen ein Bandenchef namens Werner steckte, den alle „Doktorchen" nannten und der in der Schreinerstraße lebte. Dort wohnten sechs Männer mit Namen Werner. Den 18-jährigen Schüler schloss man wegen der Schwere der Verbrechen aus, die anderen Bewohner mit Namen Werner hatten Alibis. Irgendwann wurde klar, dass der schießfreudige Gesuchte doch der harmlos aussehende Schüler sein musste. Als die Polizei den Bandenchef Gladow in der elterlichen Wohnung stellen wollte, feuerte dieser mit zwei Pistolen auf die Beamten. Eine Stunde lang dauerte die Schießerei, bis der 18-jährige Werner Gladow angeschossen und bewusstlos festgenommen werden konnte.

PROZESS

Im April 1950 wurden 22 Straftaten verhandelt, unter anderem Straßenraub, Raubüberfälle mit Waffengewalt, Waffenbesitz und Entwaffnung von Volkspolizisten. Nur aufgrund eines Gesetzes aus der Zeit des Nationalsozialismus konnte der jugendliche Bandenchef wie ein Erwachsener verurteilt werden. Die psychologischen Gutachter betonten die Unreife des Jugendlichen. Der Staatsanwalt Hans Stelter forderte dennoch die Todesstrafe. Als das Gericht am 8. April Werner Gladow dreimal zum Tode verurteilte, antwor-

Die Gladow-Bande vor Gericht

tete dieser, dass er sich das ja einmal gefallen lassen würde, aber danach grenzte es ja wohl an Leichenschändung.

HINRICHTUNG

Bei der Hinrichtung funktionierte das Fallbeil erst beim dritten Versuch. Der anwesende Staatsanwalt Stelter erzählte wenig später schwer betrunken grausame Einzelheiten vom schreienden Gladow. Im April 1951 wurde Stelter wegen Vergehen im Amt zu zwei Jahren Zuchthaus und drei Jahren Ehrverlust verurteilt. Er war im Dritten Reich einer der ersten Absolventen der berüchtigten Volksrichterlehrgänge gewesen.

Tipp

Film	*Engel aus Eisen,* D 1980, Regie: Thomas Brasch, Darsteller: Ulrich Wesselmann, Katharina Thalbach

DIE CLUTTER-MÖRDER

In der Nacht vom 14. auf den 15. November 1959 wurde in einem kleinen Dorf in Kansas die Familie Clutter erschossen. Die Eltern, Herbert und Bonnie, und ihre zwei Kinder Nancy und Kenyon starben durch ein großkalibriges Gewehr, das aus nächster Nähe abgefeuert wurde. Die Täter Hickok und Smith hatten vermutet, auf der Farm 10.000 Dollar in einem Safe zu finden. Tatsächlich flohen sie nach ihrer blutigen Tat mit einer Beute von 45 Dollar.

NAME:
Richard Eugene Hickok
Perry Edward Smith

VERBRECHERNAME:
Clutter Family Murderer

GEBURTSDATUM UND -ORT:
R. H.: 6. Juni 1931 in Kansas City
P. S.: 27. Oktober 1928 in
Huntington

VERBRECHEN:
Mord

TATORT:
Holcomb, Kansas

TODESDATUM UND -ORT:
Beide am 14. April 1965 in Lansing

URTEIL:
Tod durch den Strang

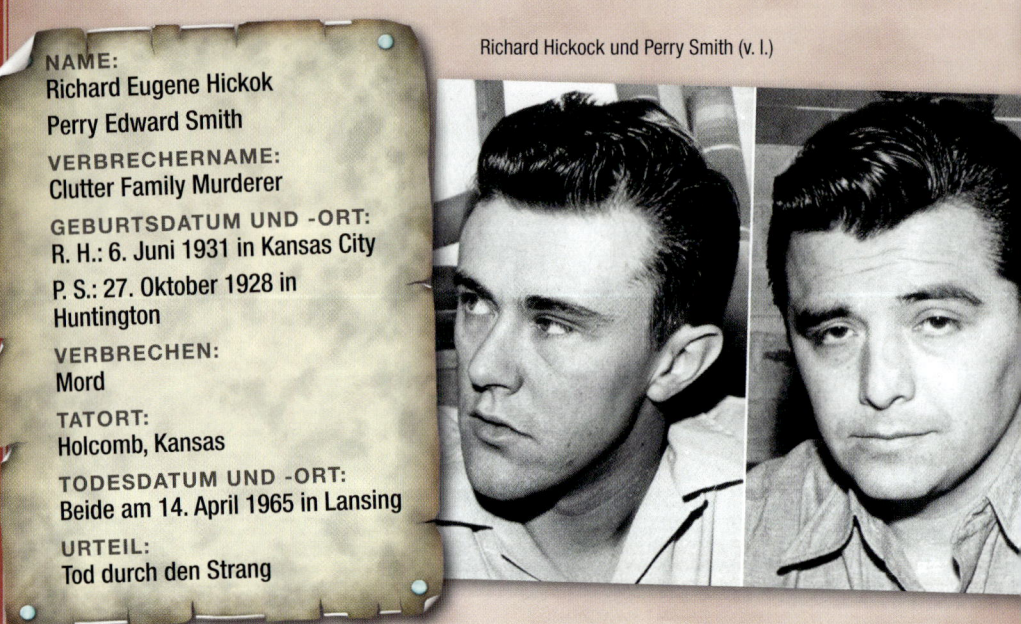

Richard Hickock und Perry Smith (v. l.)

RICHARD „DICK" EUGENE HICKOK

Richard Hickok wuchs auf der Farm seiner Eltern auf, die als ruhige Menschen beschrieben wurden. Nach der High School fand er eine Stelle bei der Eisenbahn. Er heiratete und bekam drei Söhne. Seine Frau reichte die Scheidung ein, nachdem er sie betrogen hatte. Inzwischen arbeitslos, fing er an zu stehlen. Schließlich kam er wegen Diebstahls ins Gefängnis Lansing.

PERRY EDWARD SMITH

Perry Smiths Eltern waren fahrende Rodeo-Darsteller, sein Vater neigte zur Gewalttätigkeit, seine Mutter war Alkoholikerin. Nach der Scheidung der Eltern starb die Mutter und Perry landete in verschiedenen Waisenhäusern, wo er misshandelt wurde. Als Jugendlicher suchte er wieder Kontakt zum Vater, wurde Mitglied von Straßengangs und erhielt mehrere kurze Haftstrafen. Zwei seiner drei Geschwister begingen in jungen Jahren Selbstmord. Er ging mit 16 Jahren zur Handelsmarine, später kämpfte er als Soldat im Koreakrieg. Zurück in den USA arbeitete er als Automechaniker, bis er durch einen schweren Unfall seine Gesundheit und seine Arbeitsstelle verlor. Wegen kleinerer Gaunereien kam er ebenfalls ins Gefängnis Lansing.

DER PLAN

Hickok und Smith lernten sich im Gefängnis kennen. Ihr Mithäftling Floyd Wells erzählte ihnen von einem gefüllten Geldschrank auf einer Farm in Kansas, wo er gearbeitet hatte. Die Farm gehörte Herbert und Bonnie Clutter. Sie lebten dort mit Tochter Nancy (16) und Sohn Kenyon (15). Als Hickok und Smith Anfang November 1959 aus dem Gefängnis entlassen wurden, stand ihr Plan fest, die Farm zu überfallen.

DIE MORDNACHT

Am 14. November 1959 drangen sie spätabends in das Farmhaus ein und töteten die Familie. Mutter und Tochter fand man am nächsten Tag tot in ihren Betten, vermutlich wurden sie im Schlaf überrascht. Vater und Sohn waren im Keller erschossen worden. Zuvor schnitten die Einbrecher dem Vater die Kehle durch. Sie fanden im Haus weder den besagten Geldschrank noch irgendwelche anderen Wertgegenstände. Die Täter kratzten aus den Geldbörsen der Clutters insgesamt 45 Dollar zusammen und flüchteten.

GEFASST

Floyd Wells erzählte der Polizei von den Gesprächen mit Hickok und Smith. Daraufhin hatten die Gesetzeshüter einen begründeten Verdacht und konnten nach den Verbrechern suchen. Am 30. Dezember 1959 wurden die beiden Mörder in Las Vegas verhaftet. In den Verhören war nicht zweifelsfrei zu klären, wer wen getötet hatte. Hickok behauptete, nur Smith habe geschossen. Smith dagegen sagte aus, er habe nur die Männer ermordet. Später bekannte sich Smith zu allen vier Morden. Für das Strafmaß war dies nebensächlich, beide Täter wurden zum Tod durch den Strang verurteilt. Das Urteil wurde am 14. April 1965 in Lansing vollstreckt.

Das Gefängnis Lansing in Kansas 2009

Tipp

| Literatur | Truman Capote: *Kaltblütig. Wahrheitsgemäßer Bericht über einen mehrfachen Mord und seine Folgen*, 1969 |

DER BOSTON STRANGLER

Er gilt als der Boston Strangler, der Mann, der zwischen Juni 1962 und Januar 1964 mindestens 13 Frauen in Boston erwürgte. Die Frauen lebten allein, das jüngste Opfer war 19, das älteste 75. DeSalvo gestand die Taten, aber die Beweislage reichte nicht für eine Anklage, sodass er nie wegen Mordes verurteilt wurde. Lebenslänglich bekam er in einem weiteren Verfahren für andere Delikte.

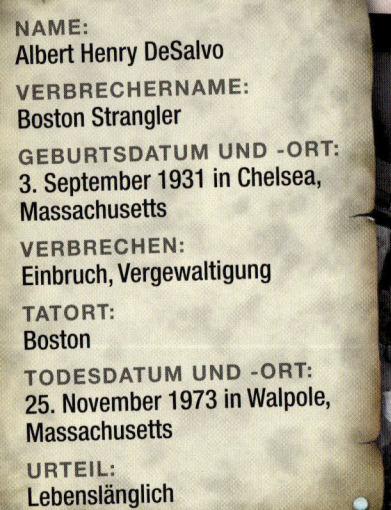

NAME:
Albert Henry DeSalvo

VERBRECHERNAME:
Boston Strangler

GEBURTSDATUM UND -ORT:
3. September 1931 in Chelsea, Massachusetts

VERBRECHEN:
Einbruch, Vergewaltigung

TATORT:
Boston

TODESDATUM UND -ORT:
25. November 1973 in Walpole, Massachusetts

URTEIL:
Lebenslänglich

Albert DeSalvo

FAMILIE

Albert DeSalvo kam aus einem gewalttätigen Elternhaus. Der Vater, ein schwerer Alkoholiker, verprügelte seine Ehefrau und Kinder. DeSalvo ging zur US-Armee. In Deutschland, wo er acht Jahre stationiert war, lernte er seine Frau Irmgard kennen. Nach seiner ehrenhaften Entlassung, lebten die beiden mit ihren zwei Kindern in der Nähe von Boston. Bekannten galt DeSalvo als guter Familienvater und Kollege.

VERBRECHEN

Im Mai 1961 musste er wegen Einbruchs und Vergewaltigung zwei Jahre in Haft. Im April 1962 kam er aufgrund guter Führung wieder frei. Am 14. Juni 1962 geschah der erste Mord des unbekannten Boston Stranglers. Bis zum Januar 1964 folgten zwölf Morde. Nie gab es Einbruchsspuren, die alleinstehenden Frauen mussten den Täter freiwillig in ihre Wohnungen gelassen haben. Die meisten wurden mit Nylonstrümpfen erwürgt, ein Opfer durch Messerstiche getötet. Die Frauen waren unterschiedlichen Alters. In Boston herrschte Panik, die Ermittlungen liefen auf Hochtouren. Wer wegen Sexualdelikten vorbestraft war, wurde überprüft.

„GREEN MAN"

Im Spätsommer 1965 wurde DeSalvo bei einer Gegenüberstellung als der „Green Man" identifiziert, ein Einbrecher, der Frauen in deren Wohnungen überfiel. Zeugen hatten ihn in der Nähe eines Tatortes gesehen. Der stets grüne Hosen tragende Täter wurde schon länger gesucht. DeSalvo wurde verhaftet, psychiatrisch untersucht und gestand schließlich im September 1965 die 13 Morde, die die Polizei dem mysteriösen Boston Strangler zurechnete.

KEINE ANKLAGE WEGEN MORDES

Für Hinweise im Fall des Boston Stranglers war eine Belohnung ausgesetzt. Diese planten DeSalvo und ein Mithäftling, George Nassar, sich zu teilen, wobei DeSalvo das Geld seiner Familie zukommen lassen wollte. Nassar meldete der Polizei, DeSalvo habe ihm gegenüber die Morde gestanden. DeSalvo schilderte Details über die Tatorte und Opfer, die ihm aber auch aus Zeitungen bekannt gewesen sein konnten. Das Gericht erhob keine Anklage wegen Mordes, wohl aber wegen Einbruchs und Vergewaltigung. Hierfür wurde er zu lebenslanger Haft verurteilt.

ERMORDUNG

Am 26. November 1973 starb Albert DeSalvo im Gefängniskrankenhaus durch einen Messerstich ins Herz. Bis heute ist nicht geklärt, wie das Messer ins Gefängnis kam und wer die Tat be-

ging. Angeblich wollte DeSalvo am Tag darauf eine wichtige Aussage zum Boston Strangler machen.

UNSCHULDIG?

2001 wurde Albert DeSalvo für eine DNA-Probe exhumiert. Diese wurde mit DNA-Spuren verglichen, die der Mörder 1964 bei dem letzten Opfer, Mary Sullivan, hinterlassen hatte. Das Ergebnis bewies, dass Albert DeSalvo weder der Vergewaltiger noch der Mörder von Mary Sullivan gewesen sein konnte. Die Spuren stimmten nicht mit seiner DNA überein.

DeSalvos Gefängniszelle

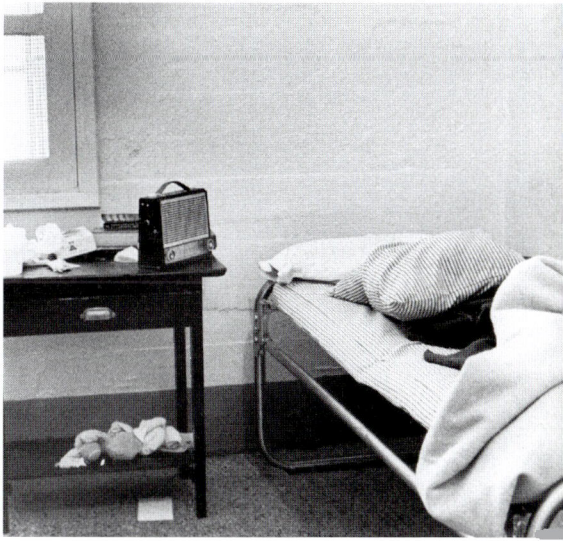

Tipp

Film *The Boston Strangler*, USA 1968, Regie: Richard Fleischer, Darsteller: Tony Curtis, Henry Fonda

GISELA WERLER

Mitte der 1960er-Jahre wurde Gisela Werler zur Bankräuberin. Im Alltag eine unauffällige Packerin in einer Tapetenfabrik, raubte sie mit ihrem Komplizen von 1965 bis 1967 in Norddeutschland 19 Sparkassen aus. Wegen ihrer eleganten Erscheinung und Höflichkeit gaben ihr die Medien den Spitznamen „Banklady" und schrieben mehr über ihre schönen Beine als über den stets geladenen Revolver, mit dem sie die Bankangestellten bedrohte.

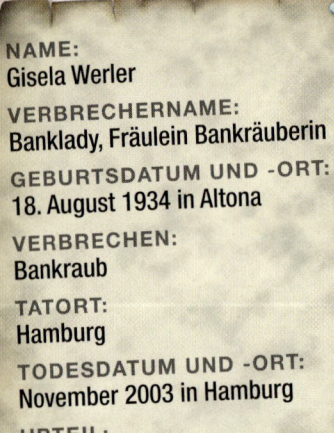

NAME:
Gisela Werler

VERBRECHERNAME:
Banklady, Fräulein Bankräuberin

GEBURTSDATUM UND -ORT:
18. August 1934 in Altona

VERBRECHEN:
Bankraub

TATORT:
Hamburg

TODESDATUM UND -ORT:
November 2003 in Hamburg

URTEIL:
9,5 Jahre Haft

Gisela Werler zusammen mit einem Komplizen

ARBEITERMÄDCHEN

Gisela Werler war die älteste von drei Töchtern der Eheleute Werler aus Altona. Der Vater war ein Bauschlosser in Frührente, die Mutter Hausfrau, das Geld immer knapp. Gisela Werler ging seit ihrem 14. Lebensjahr arbeiten. Als sie mit 29 Jahren ihren späteren Komplizen kennenlernte, wohnte sie noch bei ihren Eltern, die sie finanziell unterstützte.

LIEBE AUF DEN ERSTEN BLICK

Gisela Werler galt unter den Kollegen als zuverlässig, ehrlich, fleißig, aber auch als graue Maus. Für ihren Kollegen Hugo Warncke versteckte sie Diebesgut, ohne es zu wissen. Über Warncke lernte sie 1964 auch Hermann Peter Wittorff kennen. Er war sechs Jahre älter, Taxifahrer, verheiratet, hatte ein Kind und ein Reihenhaus – sie verliebte sich auf Anhieb in ihn.

GROSSE DAME

Ein Jahr später fiel dem nebenberuflichen Bankräuber Wittorff ein Komplize aus und Gisela
sprang ein. Am 29. Juli 1965 marschierte sie
allein in eine Bank. Ihr „Peter Werler", wie sie
Wittorff nannte, wartete in einem gestohlenen
VW-Käfer mit laufendem Motor und falschen
Kennzeichen. Zur Tarnung gab sie sich mondän:
Sie trug eine blonde Perücke, große Sonnen-
brille und einen eleganten Mantel. Sie war höflich – „Geld her, bitte" – und bedankte sich bei
den Bankangestellten. Sofort war sie für die
Presse die „Banklady".

Sichergestellte Beweismittel aus der Wohnung Werlers

DOPPELLEBEN

Bis 1967 begingen Werler und Wittorff 19 Bank-
überfälle. Insgesamt erbeuteten sie etwa
400.000 D-Mark, heute ca. eine Million Euro.
Zur Flucht nutzten sie immer einen VW-Käfer,
wechselten einige Straßen weiter in Wittorffs Taxi
und verstauten Beute, Waffen sowie Masken in
einem Geheimfach. Er bezahlte Schulden ab
und fuhr weiter Taxi, sie arbeitete in der Fabrik
und leistete sich mal ein neues Bett, eine
Tagesdecke oder neue Gardinen. Ihrer Mutter
schenkte sie teuren Schinken. Gefeiert wurde
mit Kalbsteak und Sekt in der elterlichen Wohnung. Höhepunkte ihres neuen Luxuslebens
waren ihr Führerschein, ein gebrauchter
VW-Käfer und ein Urlaub in Büsum.

FESTNAHME

Während sie mit einem geladenen und gespann-
ten Revolver in die Banken ging, bewies sie
eine Gelassenheit und Nervenstärke, von der ein
Polizist sagte, er würde diese gern selbst besit-
zen. Gefasst wurde das Paar am 15. Dezember
1967. Die Sparkasse in Segeberg hatte ein
neues Alarmsystem. Die Angestellten wehrten
sich und verfolgten das Paar. Wittorff schoss mit
einem Maschinengewehr auf vier Angestellte. Die
Polizei stellte die Täter kurz darauf.

HAFT

Am 27. Dezember 1968 begann der Prozess.
Werler wurde zu neuneinhalb, Wittorff zu
dreizehneinhalb Jahren Gefängnis verurteilt. Die
beiden verlobten sich. 1974 kam sie wegen
guter Führung frei und das Paar heiratete. Drei
Jahre später wurde auch Wittorff vorzeitig entlassen. Die Eheleute waren 31 Jahre verheiratet.
Gisela starb 2003, Peter 2009. Ein Großteil ihrer
Beute wurde nie gefunden.

Tipp

Film *Banklady,* D 2013,
Regie: Christian Alvart, Darsteller:
Charly Hübner, Nadeshda Brennicke

DIE HILLSIDE STRANGLER

Hinter dem Hillside Strangler verbargen sich zwei Täter, die gemeinsam agierten. Als die grausamen Morde an neun Mädchen und jungen Frauen Ende 1977 in Los Angeles verübt wurden, ging man aber noch von einem Einzeltäter aus. Die Cousins Kenneth Bianchi und Angelo Buono Jr. legten die Leichen in den Hügeln von Hollywood ab, daher der Name „Hillside Strangler".

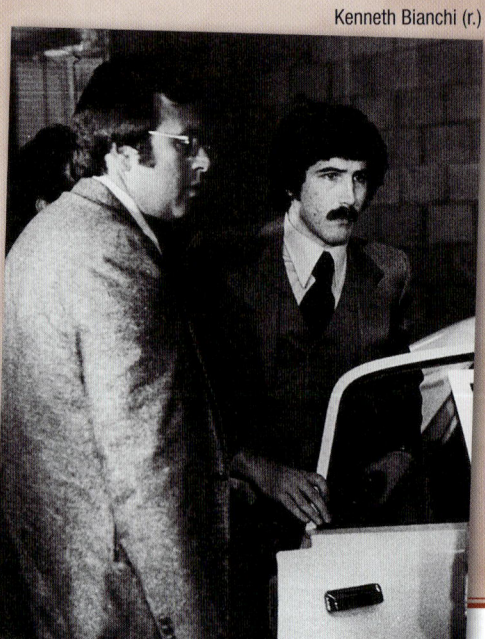

Kenneth Bianchi (r.)

NAME:
Kenneth Alessio Bianchi
Angelo Buono Jr.

VERBRECHERNAME:
Hillside Strangler

GEBURTSDATUM UND -ORT:
K. B.: 22. Mai 1951 in Rochester, New York
A. B.: 5. Oktober 1934 in Rochester

VERBRECHEN:
Mord

TATORT:
Los Angeles, Kalifornien

TODESDATUM UND -ORT:
A. B.: 21. September 2002 im Calipatria State Prison

URTEIL:
Lebenslänglich

KENNETH BIANCHI

Bianchi wurde als Sohn einer Prostituierten geboren, die ihn sofort nach der Geburt zur Adoption freigab. Schon als Kind wollte er Polizist werden, um etwas darzustellen. 1976 zog er von der Westküste zur Ostküste. In Los Angeles wohnte er bei seinem Cousin Angelo Buono Jr.

ANGELO BUONO JR.

Auch Buono stammte aus Rochester, seine Familie zog 1939 nach Los Angeles. In seiner Jugend wurde er wegen Autodiebstahls verurteilt. Der Vater von neun Kindern aus drei Ehen war bekannt für seine gewalttätige Art gegen Frauen. Selbst eine Stieftochter vergewaltigte er.

Als Bianchi nach Los Angeles kam, war Buono Zuhälter einiger nicht ganz freiwilliger Prostituierter. Als zwei von ihnen 1977 flohen, soll das bei Buono der Anlass gewesen sein, mit dem Morden zu beginnen.

GEMEINSAME MORDE

Innerhalb weniger Wochen ermordeten die beiden Cousins 1977 in L. A. neun Mädchen und Frauen im Alter von 12 bis 28 Jahren. Als Polizisten verkleidet, sprachen sie ihre Opfer an. In der Autopolsterei von Buono wurden diese gefoltert und vergewaltigt. Die gesäuberten, mit Handschellen gefesselten Leichen wurden in Parks oder an Straßen abgelegt, aber nie versteckt. Ein Opfer hatte noch eine Plastiktüte über dem Kopf, im Blut eines anderen fand man Haushaltschemikalien, die die Täter dem Opfer injiziert hatten. Viele Leichen wiesen auch Brandwunden von ausgedrückten Zigaretten auf.

KEIN EINZELTÄTER

Im Dezember 1977 entführten sie die 27-jährige Catherine Lorre. Als sie bemerkten, dass sie die Tochter des Schauspielers Peter Lorre war, ließen die beiden Mörder sie wieder frei. Erst nach Lorres Aussage wusste die Polizei, dass es sich um zwei Täter handelte.

BIANCHI IM ALLEINGANG

Ab dem Frühjahr 1978 arbeitete Bianchi als Wachmann in Bellingham, Washington, wo er Anfang 1979 zwei Studentinnen ermordete. Zeugen wussten, dass er mit ihnen Kontakt gehabt hatte. Aufgrund der Aussagen wurde Bianchi festgenommen. Als ihm auch die Beteiligung an den Hillside-Morden vorgeworfen

Angelo Buono

wurde, nannte er Buono als Mittäter. Damit rettete er sich vor dem Tod in der Gaskammer.

URTEILE

Bianchi und Buono erhielten beide lebenslänglich. Buono für neun bewiesene Morde, Bianchi für sieben. Buono starb 2002 in der Haft, eine Begnadigung für Bianchi lehnte das Gericht zuletzt 2010 ab.

EINE MÖRDER-LIEBE

Veronica Compton, eine junge Autorin mit merkwürdigem Hang zu Serienmördern, nahm 1980 Kontakt zu Bianchi auf. Sie verliebte sich in ihn und wollte Bianchis Freispruch erreichen. Daher entführte sie eine junge Frau und versuchte, sie in einem Motel zu erdrosseln. Der Plan war, einen Mord nach dem Vorbild der Hillside-Strangler zu begehen, während Kenneth Bianchi eindeutig in Haft war. Veronica Compton wurde aber überführt und erst 2003 aus der Haft entlassen.

CHARLES MANSON

Ende der 1960er-Jahre scharte Charles Manson an der kalifornischen Westküste einige Anhänger um sich, die sogenannte Manson Family. Auf einer abgelegenen Ranch predigte Manson seiner Sekte eine krude Weltanschauung aus rassistischen, nazistischen und satanischen Elementen. Am Ende lehrte er seine Jünger das Töten. Die Opfer gehörten zur High Society von Hollywood.

Charles Manson im Juni 2011

NAME:
Charles Milles Manson

GEBURTSDATUM UND -ORT
12. November 1934 in Cincinnati, Ohio

VERBRECHEN:
Einbruch, Diebstahl, Mord

TATORT:
Los Angeles

URTEIL
Tod, umgewandelt in lebenslänglich

FEHLSTART INS LEBEN

Prostitution, Alkohol, Drogen – in solch ein Milieu wurde Charles Manson 1934 hineingeboren. Er wuchs bei Großeltern, bei Verwandten und in Erziehungsheimen auf. Mit 16 Jahren kam er ins Gefängnis. Er misshandelte und wurde misshandelt. Er heiratete mit 19 Jahren und bekam einen Sohn. Wegen Autodiebstahls folgte eine erneute Haftstrafe, nach der Entlassung schließlich die Scheidung. Im Juni 1960 wurde er wegen Zuhälterei und Betrug festgesetzt. Im März 1967 strandete er in Kalifornien, wo er sich erfolglos als Musiker versuchte. Der Musikproduzent Terry Melcher lehnte ihn ab.

EIN GROSSER REDNER

Außer einer großen rhetorischen Begabung hatte er keine Talente. Auf jüngere Menschen wirkte er wohl charismatisch, denn in der Kommune mit rund 20 Mitgliedern bestimmte er den Ton. Drogen waren dort ständig in Umlauf. Manson hielt sich für Jesus und Satan in einer Person. Er glaubte, in den Beatles Geistesverwandte zu erkennen. Er predigte gegen Schwarze und reiche Weiße. Aber schlimmere Verbrechen als Autodiebstahl traute den jungen Leuten niemand zu.

MORD ALS RELIGION

Im Sommer begann Manson, seinen Anhängern Morde aufzutragen. Anfang August 1969 überfielen Mitglieder der Manson Family die neue Tate-Polanski-Villa, in der vorher Terry Melcher gewohnt hatte. Roman Polanski war in Europa, die hochschwangere Sharon Tate hatte Freunde eingeladen. Am Ende waren sechs Menschen tot, durch zahlreiche Schüsse und Messerstiche ermordet. Mit Blut schrieben die Mörder Botschaften an die Wände, was sie auch bei anderen Morden wiederholten.

ZUFALL

Wegen des Diebstahls von Autos und Maschinen wurde im Oktober 1969 die abgelegene Ranch der Manson Family durchsucht und deren Mitglieder festgenommen. Mehr durch Zufall kam in den folgenden Verhören und Untersuchungen heraus, dass die Anhänger um Charles Manson eine Gruppe von Mördern waren.

PROZESS

Charles Manson und drei Frauen wurden angeklagt. Alle vier genossen das Medieninteresse sehr. Ihr skurriles Auftreten ohne jede Reue entsetzte die Öffentlichkeit und belastete die Angehörigen der Opfer. Manson lobte Adolf Hitler und trat mit einem Hakenkreuz auf der Stirn auf. Seine drei Freundinnen schritten singend vor das Gericht.

LEBENSLÄNGLICH

Die vier Angeklagten wurden am 29. März 1971 zum Tod in der Gaskammer verurteilt. Als 1972 in Kalifornien die Todesstrafe abgeschafft wurde, wandelte man die Strafen in lebenslänglich um. Nach einigen Wechseln ist Charles Manson heute im Staatsgefängnis Corcoran in Kalifornien untergebracht. Er überlebte mehrere Attentate im Gefängnis. Sämtliche seiner Gnadengesuche wurden abgelehnt, zuletzt eines im Jahr 2012. Das nächste kann er erst 2027 stellen.

SELTSAMER FANKULT

Bitter ist, dass Charles Manson während seiner Haft ein Vermögen anhäufen konnte. Fragwürdige Devotionalien des Bösen finden bis heute ihre Käufer. Manson verkauft T-Shirts und Tassen mit seinem Konterfei, seine Songs wurden veröffentlicht oder gecovert und bringen somit Tantiemen ein. Manson genießt seinen zweifelhaften Ruhm, von Reue keine Spur.

Ein berühmtes Opfer: Sharon Tate

ANDREJ CHIKATILO

Andrej Chikatilo ermordete zwischen 1978 und 1990 nachweislich 53 Menschen. Frauen, Mädchen und Jungen – an erwachsene Männer traute er sich nicht heran. Der Ripper von Rostow folterte und verstümmelte seine Opfer mit dolchartigen Messern. Seine Geständnisse zeugen von Folter, Kannibalismus, Nekrophilie und Sadismus.

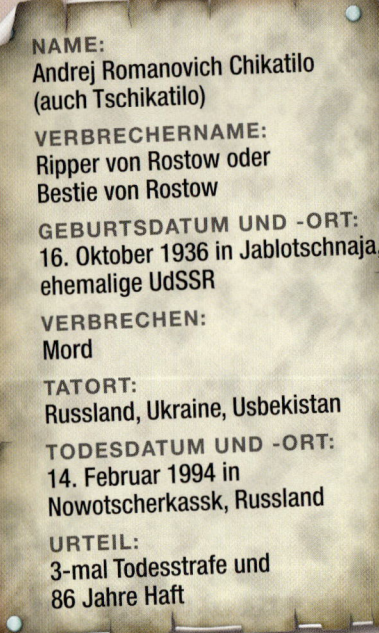

NAME:
Andrej Romanovich Chikatilo
(auch Tschikatilo)

VERBRECHERNAME:
Ripper von Rostow oder
Bestie von Rostow

GEBURTSDATUM UND -ORT:
16. Oktober 1936 in Jablotschnaja,
ehemalige UdSSR

VERBRECHEN:
Mord

TATORT:
Russland, Ukraine, Usbekistan

TODESDATUM UND -ORT:
14. Februar 1994 in
Nowotscherkassk, Russland

URTEIL:
3-mal Todesstrafe und
86 Jahre Haft

Andrej Chikatilo

MOBBING-OPFER

Der spätere Ripper von Rostow wuchs in einem kleinen Dorf in der Ukraine auf. Der junge Andrej wurde in der Schule gemobbt, angeblich weil er eine Sehstörung hatte. Auch soll er Probleme gehabt haben, mit Mädchen Beziehungen einzugehen. Er erhielt sein Abitur und studierte erfolgreich mehrere Studiengänge. Seinen Militärdienst leistete er von 1957 bis 1960 zum Teil in Ost-Berlin ab. 1963 heiratete er, 1965 wurde seine Tochter geboren, 1969 sein Sohn.

BERUFSWECHSEL

Ab 1971 unterrichtete er Sport und Russisch in Nowoschachtinsk. Bei seinen Schülern soll er unbeliebt gewesen sein. Gerüchte machten die Runde, er belästige seine Schüler. In jedem Fall verlor er seine Stelle und begann, in einer Fabrik in Schachty zu arbeiten. Zu dieser Zeit kaufte er sich eine abgelegene Hütte.

ERSTER MORD

In seiner sogenannten Datscha ermordete er 1978 sein erstes Opfer. Er hatte die neunjährige Elena angesprochen und in die Hütte gelockt. Nachdem er sie schwer misshandelt hatte, warf er ihre Leiche in einen Fluss. Doch nicht Chikatilo, sondern der vorbestrafte Vorbesitzer der Hütte geriet in Verdacht. Dieser gestand und wurde 1983 hingerichtet. Über die Umstände, unter denen das Geständnis zustande gekommen war, wird spekuliert.

MORDSERIE

Chikatilo mordete weiter: 1981 ein Opfer, 1982 sieben, 1983 acht, 1984 fünfzehn, 1985 zwei, 1987 und 1988 jeweils drei, 1989 fünf, und

1990 acht Opfer, bis er im November desselben Jahres festgenommen wurde. Die Ermittlungen waren schwierig, zum einen, weil es keinen festen Opfertypus gab. Dadurch dachte lange niemand an einen einzelnen Täter. Zum anderen, weil die Polizei unter der Sowjetregierung wenig Öffentlichkeitsarbeit leisten durfte. Serienmörder waren im politischen System nicht vorgesehen. Die Bevölkerung wurde weder gewarnt noch zur Mithilfe aufgerufen.

GLASNOST

Dies änderte sich erst Ende der 1980er-Jahre. In Zeiten von Glasnost und Perestroika starteten die Behörden große Aufklärungskampagnen in Schulen und Bahnhöfen. Viele der Leichen waren in kleinen Wäldchen oder Parks in der Nähe von Bahnhöfen gefunden worden. 1990 entdeckte ein Bahnbeamter zufällig, wie ein Mann aus einem Waldstück kam und zum Bahnhof ging. Der Verdächtige war dreckig und versuchte, sich rote Flüssigkeit von den Händen zu wischen.

FESTNAHME

Der Mann wurde angehalten und musste sich ausweisen. Kurz darauf fand man in der Nähe des Bahnhofs erst Kleidungsstücke, schließlich eine Kinderleiche. Der KGB begann, Chikatilo zu observieren. Am 20. November 1990 wurde er festgenommen. In seiner Tasche fand man ein Messer mit einer 30 Zentimeter langen Klinge. Trotz der Beweise gestand er nur nach und nach. Über mehrere Wochen zogen sich die Verhöre hin. Am Ende waren 53 Morde aufgeklärt. Am 14. Februar 1994 wurde Chikatilo durch einen Genickschuss hingerichtet.

Die Bestie von Rostow bei der Verhandlung in einem Käfig

DIE MOOR-MÖRDER

Zwischen 1963 und 1965 töteten Ian Brady und Myra Hindley mindestens fünf Kinder und verscharrten sie im Moor. Die Leiche des damals zwölfjährigen Keith Bennett wird bis heute gesucht. Hindley schwieg dazu. Ian Brady quälte die Mutter des 1964 verschwundenen Jungen bis zu deren Tod im August 2012 mit der Ungewissheit, wo ihr Sohn zu finden ist. Noch eine Woche zuvor deutete er in Interviews an, endlich den Fundort preisgeben zu wollen.

Ian Brady und Myra Hindley

NAME:
Ian Brady
Myra Hindley

VERBRECHERNAME:
Moor-Mörder, Moors Murderer

GEBURTSDATUM UND -ORT:
I. B.: 2. Januar 1938 in Glasgow
M. H.: 23. Juli 1942 in Gorton

VERBRECHEN:
Mord

TATORT:
Manchester

TODESDATUM UND -ORT:
M. H.: 15. November 2002 in
Bury St. Edmunds

URTEIL:
Lebenslänglich

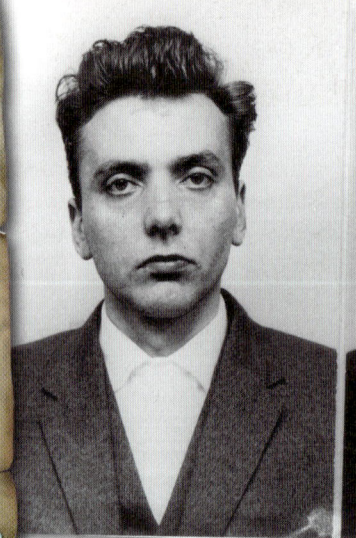
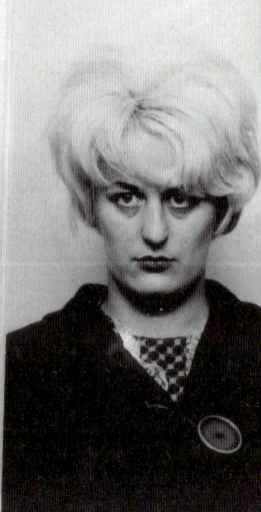

IAN BRADY

Ian Duncan Stewart kam zu Pflegeeltern, als er drei Monate alt war. Dort entwickelte sich der hochbegabte Junge merkwürdig. Er quälte und tötete gern Tiere. Wegen Diebstahls bekam er eine Bewährungsstrafe. Mit 16 Jahren zog er wieder zur Mutter und nahm ihren Namen an. Er las Bücher von Friedrich Nietzsche, Marquis de Sade und Adolf Hitler. Nach zwei Jahren im Gefängnis schlug er sich mit Gelegenheitsjobs durch. 1960 traf er Myra Hindley.

Saddleworth Moor – dort fand man die Überreste von drei Opfern.

MYRA HINDLEY

Myra Hindley wuchs in einer Arbeiterfamilie in Manchester auf. Ihr Vater soll sie geschlagen haben. Als sie Ian Brady kennenlernte, arbeitete sie als Stenotypistin. Er beeinflusste sie stark. Anfang der 1960er-Jahre zogen sie gemeinsam in das Haus 16 Wardle Brook Avenue am Rand von Manchester.

VERBRECHEN

Am Morgen des 7. Oktobers 1965 fand die Polizei in dem Haus des Paares die Leiche des 17-jährigen Edward Evans, ermordet durch 14 Axthiebe. Brady und Hindley hatten versucht den 17-jährigen David Smith zu ihrem Komplizen zu machen. Smith war bei der Ermordung von Evans dabei und sollte am nächsten Tag helfen, die Leiche ins Moor zu bringen. Stattdessen ging er noch in der Nacht zur Polizei und wurde straffreier Kronzeuge in einem schwierigen Prozess. Trotz aller Indizien und Fundstücke verweigerten Brady und Hindley die Aussage. Der Mord an Evans sei aus Notwehr passiert, behauptete Brady. David Smith bezichtigte er der Falschaussage.

DOKUMENTE DES GRAUENS

Bei der Hausdurchsuchung waren Fotos gefolterter Kinder sowie ein Gepäckschein gefunden worden. In den deponierten Koffern fand man Tonbänder. Darauf zu hören waren Kinderstimmen, die um ihr Leben flehten. Ein Foto zeigte die zwölfjährige Lesley Ann Downey, die an Weihnachten 1964 verschwunden war. Wegen eines Fotos von Hindley mit ihrem Hund im Moor, begann dort die Suche. Die Leichen von Lesley und des 12-jährigen John Kilbride, verschwunden im November 1963, fand man im Moor. Am 27. April 1966 erklärten sich Brady und Hindley vor Gericht für „nicht schuldig".

FREUDE AM QUÄLEN

Ian Brady und Myra Hindley hatten ihre Taten aufgezeichnet, um sich immer wieder daran zu ergötzen. Die Leichen der 16-jährigen Pauline Reade sowie die von Keith Bennett wurden nie gefunden. Erst 1987 gestand Ian Brady, auch diese ermordet zu haben – allerdings ohne einen Hinweis auf ihren Verbleib zu geben. 1966 erhielten Ian Brady und Myra Hindley lebenslänglich. Im August 2012 deutete Brady zum wiederholten Mal an, das Versteck von Keith Bennett zu verraten, damit die Mutter ihren Sohn finden und beerdigen könne – das leere Versprechen eines Sadisten. Im gleichen Monat noch verstarb Keith' Mutter Winnie Johnson, in Großbritannien als „Mother of Moors" bekannt, ohne ihren Sohn begraben zu können.

BERNARD L. MADOFF

Mit einem Startkapital von 5000 Dollar gründete Bernard L. Madoff in den 1960er-Jahren eine Anlageberatung. Er versprach seiner illustren Kundschaft mehr als zehn Prozent Jahresrendite und bewegte bald Milliarden an den New Yorker Börsen – bis seine Söhne das betrügerische Schneeballsystem durchschauten und ihn anzeigten.

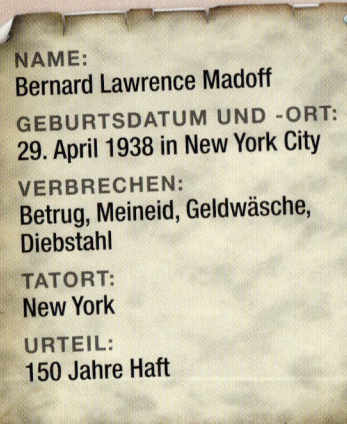

NAME:
Bernard Lawrence Madoff

GEBURTSDATUM UND -ORT:
29. April 1938 in New York City

VERBRECHEN:
Betrug, Meineid, Geldwäsche, Diebstahl

TATORT:
New York

URTEIL:
150 Jahre Haft

Bernard Madoff

JUGEND

Bernard Madoff wuchs in bescheidenen Verhältnissen auf. Die Eltern besaßen einen Laden für Sportgeräte. Schon in der Schule lernte er Ruth Alpern kennen. Er soll in der Jugend nur zwei Interessen gehabt haben: Ruth und das Schwimmen. Als Rettungsschwimmer verdiente Bernard Madoff auf Long Island das Startkapital für seine spätere Investmentberatung. Als er und Ruth 1959 heirateten, studierte sie an einer Business School und er Politikwissenschaften. Danach begann er ein Jurastudium, während seine Frau an der New Yorker Börse arbeitete.

INVESTMENTBERATER

Mit der Unterstützung des Schwiegervaters und einem ungewöhnlich kleinen Startkapital gründete Madoff Anfang der 1960er-Jahre seine Beratung, die „Bernard L. Madoff Investment Securities LLC". Im Jahr 1970 gehörten er und sein Bruder Peter zu den ersten Investoren, die Wertpapiere auf elektronischem Wege handelten. Ein Jahr später startete die NASDAQ, die heute größte elektronische Börse der USA, deren Vorsitzender Bernard Madoff lange war. Madoffs Geschäfte liefen sehr gut. Prominente aus der Filmbranche und reiche Geschäftsleute gehörten zu seinen Kunden. Internationale Banken vertrauten dem Investor Kapital in Milliardenhöhe an. Madoff verdiente ein Vermögen. Bis zum Beginn der 1990er-Jahre liefen seine Geschäfte wahrscheinlich alle völlig legal.

DER BEGINN ILLEGALER GESCHÄFTE

Nach dem Börsenkrach 1987 verlor Madoff einige Kunden und die Geschäfte liefen schlechter. Damit seine Kunden davon nichts mitbekamen, startete er laut eigener Aussage ein Schneeballsystem. Um weiter die gewohnten Renditen auszahlen zu können, „lieh" er etwas von dem ihm anvertrauten Geld – Geld, das er nicht verdient hatte. Er hatte ein System errichtet, aus dem er ohne die Gewinnspannen der 1970er- und 1980er-Jahre keinen Ausstieg mehr fand. Als er um die Jahrhundertwende seine Firma für eine Milliarde Dollar hätte verkaufen können, lehnte er das zur großen Überraschung seiner Familie ab. Mit dem Verkauf wären seinen illegalen Transaktionen aufgeflogen.

ENTDECKUNG

Erst 2008 kamen ihm seine Söhne, die auch in der Firma arbeiteten, auf die Schliche – und verständigten die Aufsichtsbehörden. Die Söhne hatten wissen wollen, woher das Geld sei, dass er gerade ausschütten wollte. Daraufhin gestand Madoff sein Schnellballsystem. Er musste sieben Milliarden ausbezahlen, hatte aber gerade mal 700 Millionen zur Verfügung. Einen Tag später wurde Bernard Madoff verhaftet.

URTEIL

Die Anklage lautete unter anderem auf Betrug und Geldwäsche. Am 29. Juni 2009 wurde das Urteil gesprochen: 150 Jahre Haft. Der Schaden soll 65 Milliarden Dollar betragen haben. Die Welt hatte ihren ersten globalen Betrugsfall, äußerten sich die Anwälte aus 21 Staaten dazu. Bernard Madoff nahm die Schuld allein auf sich, keiner seiner Angehörigen soll involviert gewesen sein. Der Insolvenzverwalter konfiszierte dennoch nach Madoffs persönlichem Besitz und dem Firmenvermögen auch die Vermögensanteile seiner Ehefrau, seines Bruders und seiner Söhne. Am 11. Dezember 2010 erhängte sich sein Sohn Mark in New York.

Bernard Madoffs Besitztümer wurden versteigert.

KONRAD KUJAU

Konrad Kujau wurde 1983 weltberühmt nachdem sich die angeblich verschollenen Hitler-Tagebücher als Fälschung herausgestellt hatten. 62 von Adolf Hitler handgeschriebene Bände sollten die Geschichte verändern, so die Ankündigungen. Der Stern präsentierte die Bücher, für die Konrad Kujau von einem Journalisten 2,5 Millionen D-Mark erhalten hatte.

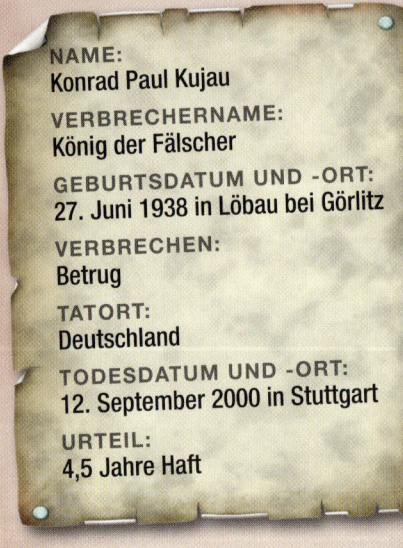

NAME:
Konrad Paul Kujau

VERBRECHERNAME:
König der Fälscher

GEBURTSDATUM UND -ORT:
27. Juni 1938 in Löbau bei Görlitz

VERBRECHEN:
Betrug

TATORT:
Deutschland

TODESDATUM UND -ORT:
12. September 2000 in Stuttgart

URTEIL:
4,5 Jahre Haft

Konrad Kujau

AUSBILDUNG

Konrad Kujau wurde 1938 als eines von fünf Kindern des Schusters Richard Kujau geboren. 1944 starb der Vater. Beim Luftangriff auf Dresden 1945 wurden Mutter und Kinder getrennt. Nach sechs Jahren im Waisenhaus fand Konrad Kujau seine Familie wieder. Nach der Schule begann er eine Schlosserlehre und hatte wiederholt Gelegenheitsjobs. Ab 1956 studierte er an der Dresdner Kunstakademie, 1958 wechselte er zur Kunstakademie Berlin. Der talentierte Zeichner lernte das Handwerk der Restauratoren und Kunstmaler. Mit seiner Partnerin Edith Lieblang eröffnete er 1961 eine Bar in Stuttgart.

KUNSTHANDEL

In den 1970er-Jahren handelte Kujau mit NS-Militaria, die er aus dem Osten bezog. Um den Wert zu steigern, fälschte Kujau Dokumente. Selbst die „Originalwaffe", mit der sich Hitler erschossen hatte, soll er mit Herkunftsnachweis verkauft haben. Da der Handel illegal war, konnte Kujau sich der Verschwiegenheit seiner Käufer sicher sein. 1978 verkaufte er einem Sammler ein erstes gefälschtes Hitler-Tagebuch als authentisches Werk.

Vergleich der Buchstaben FH und AH

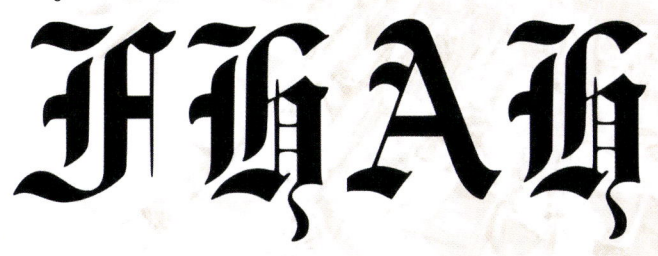

HITLER-TAGEBÜCHER GEFUNDEN

Ein Journalist versprach ihm viel Geld für die Beschaffung aller Hitler-Tagebücher. Konrad Kujau versprach es und fertigte inhaltlich und optisch beeindruckende Ergebnisse. Dem Journalisten erzählte er, sein Bruder sei ein hohes Tier beim Militär gewesen und habe die Tagebücher retten können. Selbst Fachleute hielten die Bücher für echt. Am 25. April 1983 fand im Gruner & Jahr Verlagshaus eine große internationale Pressekonferenz statt, auf der die Bücher erstmals öffentlich gezeigt wurden. Kaum einen Monat später meldete das Bundesarchiv aus Koblenz, das Papier könne unmöglich aus der fraglichen Zeit stammen. Damit war der Skandal perfekt.

BLIND VOR SENSATIONSGIER

Zur Herstellung der Bände hatte Konrad Kujau in der DDR schwarze Kladden eingekauft und wollte diese mit den metallenen Initialen Adolf Hitlers dekorieren. Von dem gewählten Schrifttyp war allerdings gerade kein A zu bekommen.

So verwendete er das geschwungene F, obwohl es dem A nicht einmal ähnlich sah. Schließlich prangte auf den Tagebüchern deutlich FH, was aber niemandem auffiel.

HAFT

Konrad Kujau wurde im Juli 1985 wegen Betrugs zu vier Jahren und sechs Monaten verurteilt, kam aber nach drei Jahren wieder frei. Er war an Kehlkopfkrebs erkrankt und zudem so prominent, dass er als Betrüger keine Gefahr mehr darstellte.

PROMINENT

Nach seiner Haft verkaufte Konrad Kujau „Original-Kujau-Fälschungen". Seine vielbestaunten Fälschungen signierte er mit seinem Namen. 1996 erschien seine Autobiografie *Die geheimen Tagebücher des Konrad Kujau*, optisch den Hitler-Tagebüchern nachempfunden. Er starb im September 2000 und wurde in seinem Geburtsort Löbau beerdigt.

Film *Schtonk!*, D 1992, Regie: Helmut Dietl, Darsteller: Götz George, Christiane Hörbiger

DEAN CORLL

Dean Corll, auch „Candy Man" genannt, war ein amerikanischer Serienmörder, der zwischen 1970 bis 1973 mindestens 28 Jungen entführte, folterte, vergewaltigte und tötete. Dabei halfen ihm zwei Jugendliche, David Brooks und Wayne Henley, indem sie die Opfer in sein Haus lockten. Am 8. August 1973 erschoss Wayne Henley den 33-jährigen Corll und rief die Polizei um Hilfe.

NAME:
Dean Arnold Corll

VERBRECHERNAME:
Candy Man

GEBURTSDATUM UND -ORT:
24. Dezember 1939 in Fort Wayne, Indiana

VERBRECHEN:
Mord

TATORT:
Pasadena, Houston

TODESDATUM UND-ORT:
8. August 1973 in Pasadena, Houston, Texas

Das Haus, in dem die Familie Corll lebte

JUGEND

Seine Eltern ließen sich scheiden, als Corll sieben Jahre alt war und sein Bruder vier. Die Mutter heiratete wieder und baute in Houston eine kleine Bonbon-Produktion auf. Die Jungen halfen in der Herstellung und beim Verkauf der „Candies". Nach seiner Schulzeit stieg Corll ins Geschäft seiner Mutter ein. 1968 löste er die Corll Candy Company auf und wurde Elektriker.

Der 15-jährige David Brooks zog 1970 zu ihm in das Haus 2020 Lamar Street, woraufhin sich die Vermisstenfälle häuften.

JUNGE HELFER

Ein Jahr später brachte Brooks den jungen Elmer Wayne Henley mit. Vermutlich war er als

Opfer vorgesehen. Da Henley aber in der Gegend viele Kontakte hatte, machte Corll auch ihn zu seinem Gehilfen. Corll wirkte vertrauenserweckender, wenn er in Anwesenheit von Brooks oder Henley Jugendliche ansprach. Pro Opfer erhielten Brooks und Henley 200 Dollar.

VERSCHWUNDENE JUNGEN

Die Opfer stammten alle aus der gleichen Gegend, die Familien der Täter und Opfer kannten sich. Zwei Familien meldeten jeweils zwei Brüder als vermisst. Niemand verdächtigte Corll, Brooks oder Henley. Die Polizei glaubte, die Jugendlichen seien ausgerissen. Auch Corlls Vorliebe, sich mit Teenagern abzugeben, machte kaum jemanden misstrauisch.

BETÄUBT UND GEFOLTERT

Die Opfer wurden mit Alkohol und Drogen betäubt. Wie lange sie anschließend gequält und misshandelt wurden, bis sie starben, ist nicht bekannt. Die Polizei fand in Corlls Haus Gegenstände wie eine Folterbank mit Handschellen an allen vier Ecken oder eine Sperrholzkiste, in die ein Mensch gequetscht hineinpasste, mit Spuren von Menschenhaar darin. Der Fußboden des wahrscheinlichen Mordzimmers war mit Planen bespannt, um ihn vor Blut zu schützen.

MASSENGRÄBER

Wayne Hendley und David Brooks führten die Polizei zu drei Massengräbern, eines im Wald, eines in einem Vogelschutzgebiet, eines am Strand. Mit Bulldozern schob man die Erdmassen weg, um blanke Knochen, verwesende Schädel und in Plastikfolie verpackte Körper auszugraben. Die Leichen waren gefesselt und geknebelt,

Ausgrabungen im Fall der Houston Mass Murders

teilweise steckten noch die Folterinstrumente in den Körpern. Die Opfer wurden entweder erdolcht, erwürgt oder erschossen. 28 Menschen im Alter von 13 bis 20 Jahren wurden identifiziert. Es handelte sich nicht um Ausreißer, wie die Polizei angenommen hatte.

MORDSERIE GESTOPPT

Die Morde wurden durch Corlls Erschießung gestoppt. Am 8. August 1973 hatte Wayne Henley zwei Jugendliche mitgebracht, einen Jungen und dessen Freundin. Darüber soll es zum Streit gekommen sein, denn Corll war nur an Jungen interessiert. Henley musste um sein Leben fürchten und erschoss Corll in Notwehr. Er rief die Polizei an, danach verzweifelt seine Mutter und machte schließlich eine umfassende Aussage. Auch David Brooks zeigte sich kooperativ. Beide wurden zu lebenslänglich verurteilt. Gnadengesuche werden regelmäßig abgelehnt.

LEE HARVEY OSWALD

Lee Harvey Oswald soll am 22. November 1963 die tödlichen Schüsse auf den Präsidenten der USA, John F. Kennedy, abgefeuert haben. Zwei Tage später starb er selbst, erschossen von Jack Ruby, einem Nachtclubbesitzer, der in seiner Jugend angeblich für Al Capone gearbeitet hatte. Bis heute kursieren Verschwörungstheorien über den Vorfall. War Lee Harvey Oswald der Täter oder nur der Sündenbock?

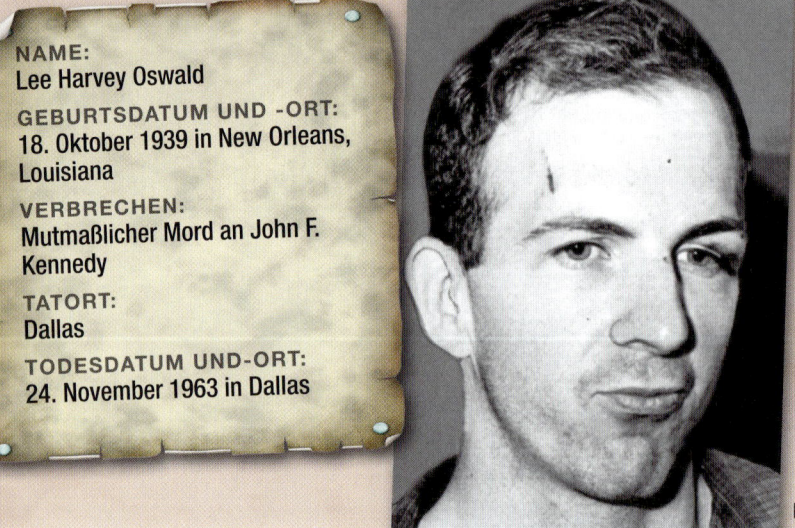

NAME:
Lee Harvey Oswald

GEBURTSDATUM UND -ORT:
18. Oktober 1939 in New Orleans, Louisiana

VERBRECHEN:
Mutmaßlicher Mord an John F. Kennedy

TATORT:
Dallas

TODESDATUM UND -ORT:
24. November 1963 in Dallas

Lee Harvey Oswald

KINDHEIT

Lee Harvey Oswald wurde 1939 in New Orleans geboren. Sein Vater starb vor seiner Geburt. Zeitweise wurden er und seine zwei Brüder von der Mutter im Waisenhaus untergebracht. Sein Onkel Charles gehörte zur Glücksspielmafia, seine Mutter unterhielt Kontakt zu zwei Geschäftsleuten der Mafia. Der junge Oswald galt als hochintelligent, lernte schnell und las viel, bevorzugt politische Bücher. Mit 17 Jahren ging er zur Marine.

SOWJETUNION

Noch als Soldat wurde er Kommunist und lernte Russisch. Nach seiner Entlassung aus dem Militär 1959 zog er in die Sowjetunion. Zwei Jahre lebte er als Metallarbeiter in Minsk, unter der Beobachtung des KGB. Er heiratete Marina Prusakowa, eine Tochter wurde im Februar 1962 geboren. Im Juni 1962 zog die Familie in die USA. In Dallas arbeitete Lee Harvey Oswald in einem Kartografiebetrieb. Im April 1963

John F. Kennedy mit seiner Frau Jacky (hinten) und dem Ehepaar Connally (vorn) kurz vor dem Attentat

kündigte man ihm, weil er das russische Satiremagazin Krokodil las.

FAIR PLAY FOR CUBA COMMITTEE

In zwei Interviews im August 1963 konnte er seine politischen Standpunkte im Radio erläutern. Nur wenige Monate nach der Kubakrise bekannte er sich öffentlich als Anhänger von Fidel Castro. Im September 1963 versuchte er nach Kuba einzureisen. Seine schwangere Frau verließ ihn, im Oktober 1963 kam seine zweite Tochter in Irving zur Welt. Da arbeitete Oswald schon in Dallas im Schulbuchlager.

ATTENTAT

Am 22. November 1963 fuhr der Präsident John F. Kennedy in einem Autokonvoi durch Dallas. Von mehreren Schüssen getroffen, starb er. Einige Stunden später wurde Lee Harvey Oswald in einem Vorort festgenommen. Zeugen wollten an einem Fenster seines Arbeitsplatzes einen Gewehrlauf gesehen haben. Zwölf Stunden dauerten die ersten Verhöre, ohne Tonbandaufzeichnungen, ohne Anwalt. Als Lee Harvey Oswald am 24. November ins Bezirksgefängnis überstellt werden sollte, erschoss ihn einer der vielen Schaulustigen, Jack Ruby. Oswald hatte die Tat abgestritten, Ruby sprach wirr und in Rätseln: Er sei erpresst worden und die Wahrheit käme nie ans Licht.

WIDERSPRÜCHE

Zahlreiche Zeugenaussagen gingen ein: unterschiedliche Angaben über die Anzahl der Schüsse, über die Anzahl der Schützen, über die Richtungen aus denen gefeuert wurde und zur (Nicht-)Identifikation von Lee Harvey Oswald. Trotz vieler offener Fragen erklärte man den beim Militär stets mittelmäßigen Schützen Oswald zum Alleintäter. Fotos und Schriftstücke, die Oswald belasteten, tauchten unerwartet auf. Unter Fachleuten ist es strittig, ob die sogenannten Backyard-Fotos, die Oswald mit einem Gewehr und kommunistischen Zeitschriften zeigen, authentisch sind. Ballistiker können heute gute Argumente vorbringen, warum es mindestens drei Schützen an drei verschiedenen Standorten gegeben haben muss und warum mindestens fünf Schüsse abgefeuert wurden. Die Antwort auf die Frage nach dem Attentäter bleibt also weiterhin strittig.

Tipp

Film *JFK – Tatort Dallas,* USA 1991, Regie: Oliver Stone, Darsteller: Kevin Costner, Kevin Bacon

JOHN GOTTI

Er zierte die Titelseiten der Zeitungen People, Time und New York Times Magazine. Er trug elegante Anzüge, trat gern in der Öffentlichkeit auf und plauderte mit den Reportern. Weil alle Vorwürfe von Illegalität an dem aalglatten Mafiaboss abprallten, nannte man John Gotti auch den Teflon-Don.

NAME:
John Gotti

VERBRECHERNAME:
Teflon-Don

GEBURTSDATUM UND -ORT:
27. Oktober 1940 in der Bronx, New York

VERBRECHEN:
Organisierte Kriminalität, Mord

TATORT:
New York City

TODESDATUM UND-ORT:
10. Juni 2002 in Springfield, Missouri

URTEIL:
Lebenslänglich

John Gotti vor Gericht

FAMILIENBANDE

John Gotti wuchs mit vier Brüdern im New Yorker Stadtteil Queens auf. Alle waren seit frühester Jugend als Kriminelle unterwegs. Vorzugsweise bestachen sie Sicherheitsleute und Arbeiter des nahe gelegenen John F. Kennedy International Airport, um anschließend Lagerhäuser auszuräumen. Die Gottis gehörten zu der Gambino-Familie, einer der „Fünf Familien", in die sich die New Yorker Ma-

fia, die La Cosa Nostra, aufteilt. Die anderen Familien sind Bonanno, Colombo, Genovese und Lucchese.

DROGENHANDEL

Entgegen einer internen Abmachung aller Familien, den risikoreichen Drogenhandel der sizilianischen Mafia zu überlassen, machten John

Gotti, sein Bruder Gene und Aniello Dellacocre mit dem Heroinhandel gewinnbringende Geschäfte. Der erste Minuspunkt, den John Gotti von den Familien erhielt und der ihn bei seinem Boss Paul Castellano unbeliebt machte.

STEAKHOUSE MASSACRE

1985 bereitete der Bundesanwalt Rudolph Giuliani eine Anklage gegen Paul Castellano vor. Er wollte zum großen Schlag gegen die Mafia ausholen. Castellano lud seine „Mitarbeiter" zu einem Arbeitsessen in Sparks Steakhouse ein, um die Lage zu besprechen. Gotti schickte seine Killer. Aus seinem Wagen heraus beobachtete er, wie Castellano und sein Vizechef, Thomas Bilotti, bei ihrer Ankunft im Kugelhagel der Maschinenpistolen starben. John Gotti übernahm daraufhin Castellanos Posten. Sein Alleingang brachte ihm von den Familien jedoch Unmut ein, denn die Beseitigung von Führungskräften bedurfte einer Abstimmung im National Crime Syndicate. Gotti hatte allein entschieden, ohne sich mit den anderen Familien zu beraten.

GESCHÄFTE

Neben dem Drogenhandel machte John Gotti in allen „traditionellen" Geschäftsfeldern der Mafia erfolgreich Gewinne. Außerdem stieg er verstärkt ins Immobiliengeschäft ein. Gern präsentierte er sich in der Öffentlichkeit. Provozierend forderte er die Staatsanwaltschaft auf,

Bundesanwalt Rudolph Giuliani

ihm doch etwas nachzuweisen. Diese Eitelkeit war innerhalb der Familien ebenfalls nicht gern gesehen, denn so viel Aufmerksamkeit war den illegalen Aktivitäten der Familien nicht zuträglich.

KRIEG ZWISCHEN DEN FAMILIEN

Mitglieder der Lucchese- und Genovese-Familie verübten 1986 einen Anschlag auf Gotti. Sein Begleiter Frank DeCicco, starb, John Gotti überlebte. Aber der Anschlag entfachte einen Kleinkrieg zwischen den drei Familien, der viele Opfer forderte.

KRONZEUGE

1992 gelang es den Behörden einen Insider zu einer Aussage gegen John Gottl zu bewegen. Sammy Gravano arbeitete für Gotti und geriet mit diesem in Streit über seine Einkünfte. Gotti verlangte seiner Meinung nach zu hohe Abgaben von ihm. Sammy Gravano bekam eine neue Identität und zog nach Arizona. Er blieb auf der schiefen Bahn und wurde 2001 zu 20 Jahren Haft verurteilt.

GESTORBEN IM GEFÄNGNIS

Durch Gravanos Aussage konnte John Gotti der Prozess gemacht werden. Er wurde 1992 zu lebenslänglich verurteilt und starb 2002 im Gefängnis an Kehlkopfkrebs.

RICHARD SPECK

In der Nacht vom 13. auf den 14. Juli 1966 ermordete Richard Speck in einem Schwesternwohnheim in Chicago acht junge Frauen. Sein letztes Mordopfer vergewaltigte er davor. Eine Krankenschwester überlebte, weil sie sich unter einem Bett verstecken konnte. Ihre Beschreibung seines Tattoos führte zu seiner Festnahme.

NAME:
Richard Franklin Speck

GEBURTSDATUM UND -ORT:
6. Dezember 1941 in Kirkwood, Illinois

VERBRECHEN:
Einbruch, Vergewaltigung, Mord

TATORT:
Chicago

TODESDATUM UND -ORT:
5. Dezember 1991 in Joliet, Illinois

URTEIL:
Tod auf dem elektrischen Stuhl, 1972 umgewandelt in lebenslänglich

Richard Speck

KINDHEIT

Richard Speck war das zweitjüngste von acht Kindern. Als sein Vater, zu dem er ein inniges Verhältnis hatte, 1947 starb, war er sechs Jahre alt. Es folgten rund zehn Umzüge in zwölf Jahren, viele Schulwechsel und ein alkoholkranker, krimineller Stiefvater. Seine schon erwachsenen Geschwister kümmerten sich um ihn. Dennoch begann er mit zwölf Jahren die Schule zu schwänzen und zu trin-

ken. 1955 wurde er erstmals verhaftet, wegen Hausfriedensbruch.

VORSTRAFEN

Mit 21 Jahren war er schon rund 40-mal verhaftet worden, meist wegen Eigentumsdelikten. 1962 heiratete er seine 16-jährige schwangere Freundin. Als seine Tochter geboren wurde, saß er gerade wieder in Haft. Seine Frau trennte sich von ihm. Seit 1965 fiel er oft wegen Körperverletzung auf. Ständig trug er ein Messer bei sich.

GERINGE FRUSTRATIONS-TOLERANZ

Als seine Exfrau nur zwei Tage nach der offiziellen Scheidung wieder heiratete, ertrug er das nicht. Wütend, betrunken und unter Drogen, beging er im März 1966 zwei Morde, die ihm aber noch nicht zugeordnet wurden. In den nächsten Monaten folgten einige Einbrüche und Überfälle. Auch eine Vergewaltigung und eine Messerstecherei konnten ihm später nachgewiesen werden.

ERNEUTE ABLEHNUNG

Seine Schwester und ihr Mann hatten ihn immer wieder bei sich aufgenommen und ihm auch Arbeitsstellen vermittelt, zuletzt als Seemann. Die Heuerstelle lag nur 150 Meter entfernt von einem Schwesternwohnheim. Bis seine Papiere fertig waren, hatte er das Wohnheim und seine Bewohnerinnen schon mehrfach beobachtet. Am 13. Juli 1966 bekam wider Erwarten ein anderer Bewerber den Job, den Speck haben wollte. An diesem Abend, um ca. 23.00 Uhr, brach er in das Schwestern-wohnheim ein und nahm nach und nach acht junge Frauen in andere Räume mit, wo er sie tötete. In dieser Nacht war allerdings eine Frau zu Besuch im Wohnheim, insgesamt handelte es sich also um neun Frauen. Sie versteckte sich unter dem Bett und Speck übersah sie. Wahrscheinlich zählte er die Opfer vorher nicht und ging nur von den ihm bekannten acht Frauen aus.

Das Stateville Correctional Center, in dem Speck inhaftiert war

TATTOO

Die Überlebende rief erst gegen 6.00 Uhr morgens am 14. Juli die Polizei. Sie konnte den Täter beschreiben, und auch sein Tattoo auf seinem linken Arm, auf dem „Born to raise Hell" stand. Nach einem Suizidversuch wurde Speck am 16. Juli in ein Krankenhaus eingeliefert, wo ein Assistenzarzt das Tattoo sofort erkannte und die Polizei rief.

ICH-SCHWÄCHE

Ein Psychiater bescheinigte Speck aufgrund seiner Persönlichkeit und des erheblichen Drogenkonsums eine verminderte Zurechnungsfähigkeit. Das Gericht verurteilte ihn dennoch zum Tod auf dem elektrischen Stuhl. 1972 wurde die Strafe in lebenslänglich umgewandelt. Richard Speck starb am 5. Dezember 1991 an einem Herzinfarkt in seiner Zelle. Später tauchte ein Video auf, in dem er scherzend von seinem Spaß in der Mordnacht erzählt. Befürworter der Todesstrafe nutzten es schon für einige Kampagnen.

FRED UND ROSE WEST

Ein Ehepaar, das missbraucht, foltert sowie tötet und auch nicht vor den eigenen Kindern halt macht, ist eine Seltenheit. Fred und Rose West heirateten 1972. Erst 1994 konnten Fred West zwölf Morde, seiner Frau Rose zehn Morde nachgewiesen werden. Vermutlich waren die beiden für weitaus mehr Vermisstenfälle verantwortlich.

NAME:
Frederick Walter Stephen „Fred" West

Rosemary Pauline West, geb. Letts

GEBURTSDATUM UND -ORT:
F. W.: 29. September 1941 in Murch Marcle, Herefordshire, Großbritannien

R. W.: 29. November 1953 in Devon, Großbritannien

VERBRECHEN:
Entführung, Mord

TATORT:
Gloucester

TODESDATUM UND -ORT:
F. W.: 1. Januar 1995 im Winson Green Prison, Birmingham

URTEIL:
F. W.: keines, Suizid

R. W.: lebenslänglich

Fred und Rose West

FREDERICK WEST

West stammte aus einer armen Familie und war das zweite von sechs Geschwistern. Die Kinder wurden von ihren Eltern missbraucht. Nach der Schule arbeitete Fred West als Gelegenheitsarbeiter. Mit 17 Jahren erlitt er bei einem Motorradunfall schwere Verletzungen an Bein und ter aber nicht verbergen konnten, erfanden sie eine Geschichte vom Tod ihrer leiblichen Tochter und der sofortigen Adoption von Charmaine. Die zweite Tochter Anne Marie kam 1964 zur Welt. Mit dem Kindermädchen Anne McFall zog die Familie nach Gloucester. Ehefrau Rena verließ die Familie. Von Fred West geschwängert verschwand 1967 das Kindermädchen Anne McFall spurlos. Ein Sohn der Wests mutmaßte 1994, dass sein Vater 1968 auch die vermisste 15-jährige Mary Bastholm tötete. Im selben Jahr lernte Fred West auch die 15-jährige Rosemary Letts kennen.

ROSEMARY LETTS

Rosemary Letts wuchs in einem Elternhaus voller Gewalt und sexuellem Missbrauch auf. Ihre schwer depressive Mutter soll mit einer Elektrokrampftherapie behandelt worden sein, während sie mit Rosemary schwanger war. In der Schule kam Rosemary kaum mit. Als sie mit 15 Jahren den 27-jährigen Fred West kennenlernte, arbeitete sie in einem Café.

KINDERMÄDCHEN

Bald darauf wurde sie das neue Kindermädchen der Wests. Nachdem die leibliche Mutter in Schottland lebte, das Kindermädchen Anne McFall verschwunden war und Fred West wegen Diebstahls eine Gefängnisstrafe absitzen musste, war Rosemary allein mit den Kindern Charmaine und Anne Marie. Im Oktober 1970 wurde die Tochter Heather, das erste gemeinsame Kind von Fred und Rose West geboren. Als im Juni 1971 die achtjährige Charmaine verschwand, saß Fred West noch im Gefängnis. Als Rena im August 1971 nach ihrer Tochter fragte, war West entlassen und Rena verschwand.

Stephen West, ein Sohn der Serienkiller, wurde 2004 zu einer Gefängnisstrafe wegen sexuellen Missbrauchs einer 14-Jährigen verurteilt.

Kopf, was ein leichtes Hinken und Krampfanfälle nach sich zog. Er lernte Catherine Bernadette „Rena" Costello kennen. Mit 20 Jahren soll Fred West eine 13-Jährige missbraucht haben, mit 21 heiratete er seine Freundin Rena.

ERSTE EHE

Im Februar 1963 wurde Tochter Charmaine geboren. Fred West war nicht der leibliche Vater, was sie aber ihren Familien nicht mitgeteilt hatten und auch nicht erzählen wollten. Nachdem sie die asiatische Herkunft ihrer Toch-

LEUTE VON NEBENAN

Die Wests bekamen in den folgenden Jahren noch mindestens sechs weitere Kinder. Im Juni 1972 kam Tochter Mae zur Welt, ein Jahr später Sohn Stephen. Von ihren sieben Kindern hatten allerdings drei eine sehr dunkle Hautfarbe, was auf mehrere unterschiedliche Väter schließen lässt. Die Wests zogen in das Haus 25 Cromwell Street in Gloucester, weil sie mehr Platz brauchten. Für die Nachbarn waren sie eine ganz normale Familie, die ab und zu ein Zimmer vermietete.

ÜBERLEBENDE

Das Kindermädchen Caroline Roberts entkam den Wests 1972, konnte aber erst 20 Jahre später ausführlich aussagen. Sie war im Dezember des Jahres entführt, geschlagen und vergewaltigt worden. Aus Angst, „unter das Pflaster von Gloucester" zu kommen, wie ihr die Wests androhten, schwieg sie eine lange Zeit.

John West, der Bruder von Fred, erhängte sich vor dem Verfahren in seiner Garage.

DAS HAUS

Den schalldichten Keller funktionierten die Wests zu einer heimlichen Folterkammer um, während oben im Haus Rosemarys Zimmer eingerichtet wurde, wo sie sich prostituierte. Ihr Vater soll einer ihrer Kunden gewesen sein. Der Raum hatte mehrere Gucklöcher, weil Fred West gern zuschaute, wenn Rosemary „arbeitete". In dem Keller missbrauchte das Ehepaar gemeinsam auch seine eigenen Kinder.

ENTDECKUNG

Tochter Heather verschwand im Jahr 1987 mit 16 Jahren. Über ihren Verbleib erzählten die Eltern diverse Geschichten. 1992 beschrieb eine West-Tochter ihrer Schulfreundin, wie sie von ihrem Vater gefilmt worden sei, als dieser sie brutal quälte und vergewaltigte. Die Freundin berichtete es ihrer Mutter und schließlich landete die Geschichte bei der Polizei. Die Kinder kamen in ein Heim und schnell fiel ein makabrer Spruch der Kinder auf: „Wenn du nicht gehorchst, kommst du zu Heather unter die Terrasse." Die Polizei fand 1994 im Garten die sterblichen Überreste von mindestens drei jungen Frauen, auch die von Heather. Insgesamt dauerte die Durchsuchung von Haus und Garten neun Monate. Unter den Fußböden, in den Wänden – überall fand man Leichenteile. Ein Kriminalbeamter meinte, es sähe so aus, als ob die Leichen irgendwann im Garten vergraben wurden, weil im Haus kein Platz mehr war.

VERFAHREN

Bis zum Juli 1994 konnten Fred West zwölf, Rose West zehn Morde nachgewiesen werden. Die Polizei geht bis heute von wesentlich mehr

Taten aus. Zu Beginn der Vernehmungen hatte Fred West 30 Morde gestanden. Rose West hatte alles abgestritten. Experten glauben nicht, dass die Wests zwischen den Morden jahrelange Pausen einlegten.

Die nachgewiesenen Opfer sind:

1. Anne McFall (geb. 8. April 1949 – getötet August 1967), die im achten Monat von Fred West schwanger war
2. Charmaine West (geb. 22. Februar 1963 – getötet Juni 1971)
3. Catherine Bernadette „Rena" West (geb. 14. April 1944 – getötet August 1971), nachdem sie sich nach ihrer Tochter erkundigt hatte
4. Lynda Gough (geb. 1. Mai 1953 – getötet April 1973), Untermieterin in 25 Cromwell Street
5. Carol „Caz" Ann Cooper (geb. 10. April 1958 – getötet November 1973) verschwand auf dem Heimweg vom Kino.
6. Lucy Katherine Partington (geb. 4 März 1952 – getötet Dezember 1973) verschwand an Weihnachten an einer Bushaltestelle.
7. Therese Siegenthaler (geb. 27. November 1952 – getötet April 1974), Studentin aus London, die nach Irland trampte
8. Shirley Hubbard (geb. 26. Juni 1959 – getötet November 1974) verschwand auf dem Heimweg nach einem Kurs.
9. Juanita „Nita" Marion Mott (geb. 1. März 1957 – getötet April 1975), Untermieterin in 25 Cromwell Street
10. Shirley Anne Robinson (geb. 8. Oktober 1959 – getötet Mai 1978), Untermieterin in 25 Cromwell Street und Prostituierte, verschwand, nachdem sie von Fred West schwanger wurde.

Das Haus in der Cromwell Street kurz vor dem Abriss

11. Alison Chambers (geb. 8. September 1962 – getötet August 1979)
12. Heather Ann West (geb. 17. Oktober 1970 – getötet Juni 1987) Heather wurde bevorzugtes Opfer ihrer Eltern, nachdem ihre Schwester Anne Marie ausgezogen war. Als sie ihrer Freundin von den Vorgängen im Haus West erzählte, wurde sie zum Risikofaktor für ihre Eltern.

DAS ENDE

Fred West änderte in seinen Geständnissen zwar die Opferzahl, aber er nahm die Schuld ganz auf sich. Am 1. Januar 1995 erhängte er sich in seiner Zelle. Rose West bestritt alles, sowohl die Morde als auch die Beteiligung an den Taten. Ihr konnten dennoch viele Vergehen nachgewiesen werden. Sie bekam lebenslänglich. Das Haus mit der Adresse 25 Cromwell Street wurde abgerissen.

JOHN WAYNE GACY

Zwischen 1972 und 1978 ermordete John Wayne Gacy mindestens 33 Jungen und junge Männer im Alter zwischen 14 und 21 Jahren. Weil der Familienvater und Geschäftsmann ehrenamtlich in Krankenhäusern oder auf Straßenfesten gern als Clown auftrat, nannte ihn die Presse nach seiner Entlarvung den Killer-Clown.

John Wayne Gacy

NAME:
John Wayne Gacy

VERBRECHERNAME:
Killer-Clown

GEBURTSDATUM UND -ORT:
17. März 1942 in Chicago, Illinois

VERBRECHEN:
Mord

TATORT:
Chicago

TODESDATUM UND-ORT:
10. Mai 1994 in Joliet, Illinois

URTEIL:
21-mal lebenslänglich, 12-mal Todesstrafe

BÜRGERLICHE FASSADE

John Wayne Gacy wurde 1942 in Chicago geboren. Das Lernen in der Schule fiel ihm schwer, da er als etwas dickliches Kind oft von seinen Mitschülern gehänselt wurde. Als Erwachsener arbeitete er als Verkäufer und nach seiner Heirat in den Schnellrestaurants seines Schwiegervaters. Gacy war Anfang 20, als sein Sohn geboren wurde. Er engagierte sich gesellschaftlich und politisch in diversen Organisationen. 1968 ließ sich seine erste Frau von ihm scheiden. 1971 heiratete er erneut und machte sich als Handwerker selbstständig. Seine zweite Ehe wurde 1976 geschieden. In seinem Umfeld galt er als lokale Größe, organisierte Paraden sowie Treffen seiner Partei und verkleidete sich auf Straßenfesten als lustiger Clown.

Gacy stimmte der Untersuchung seines Gehirns nach seinem Tod zu. Eine Expertin in Sachen Serienmörder stellte 2004 ihre Ergebnisse vor.

ENTDECKUNG

Robert Piest war das letzte Opfer des Killer-Clowns. Der 15-Jährige half in einer örtlichen Apotheke aus. Am 12. Dezember 1978 kam der Jugendliche nicht nach Hause. Seine Mutter wusste aber, dass ihr Sohn mit Gacy verabredet gewesen war. Erstmals überprüften Ermittler den angesehenen Geschäftsmann auf Vorstrafen – und überwachten ihn. Dennoch konnte Gacy die Leiche von Robert Piest aus dem Haus schmuggeln und zu einem Fluss transportieren. Danach meldete er sich auf der Polizeiwache, um einige Fragen zu beantworten.

HAUSDURCHSUCHUNG

Eine angekündigte Hausdurchsuchung versetzte ihn in Panik und er gestand über 30 Morde. In Haus, Garage und Garten fand die Polizei die sterblichen Überreste von 33 jungen Männern. Nur 24 von ihnen konnten identifiziert werden. Neun Opfer blieben ohne Namen. Für sie fand am 13. Juni 1981 eine zentrale Trauerfeier statt. Bestattet wurden die unbekannten Opfer aber auf verschiedenen Friedhöfen, um keine Anlaufstelle für zweifelhafte Verehrer von Gacy zu schaffen.

VORSTRAFEN

John Wayne Gacy war schon mehrfach wegen sexueller Übergriffe auf männliche Jugendliche aufgefallen. Im Mai 1968 war er wegen Kindesmissbrauchs zu zehn Jahren Haft verurteilt worden, weil er den 15-jährigen Sohn eines Bekannten entführt und vergewaltigt hatte. Jedoch kam er nach nur 18 Monaten wieder auf freien Fuß. Mitte 1971 wurde eine Anklage wegen des gleichen Delikts mangels Beweisen fallen gelassen. Ein halbes Jahr später mordete er erstmals. Die Leiche des 16-jährigen Timothy McCoy vergrub er im Keller seines Hauses. Als im März 1978 ein Student mit blutigen Verletzungen und Verbrennungen auf einer Polizeiwache erschien, um gegen John Wayne Gacy auszusagen, wurde wieder nicht ermittelt – angeblich wegen mangelnder Beweise. Erst das Verschwinden von Robert Piest im Dezember 1978 brachte den Fall ins Rollen.

HINRICHTUNG

Versuche, ihn für geistesrank oder vermindert schuldfähig erklären zu lassen, scheiterten. Das Gericht verurteilte ihn 1980 zum Tod durch die Giftspritze. Gacy verkaufte während seiner Haft etliche Gemälde mit dem Clownsmotiv zu Spitzenpreisen. Bei seiner Hinrichtung 1994 kam es zu einer Verzögerung, weil eine der Giftkanülen verstopft war. Nach 18 Minuten war es dennoch vorbei. Ein Staatsanwalt äußerte sich dazu: „Er hatte immer noch einen leichteren Tod als seine Opfer."

TED KACZYNSKI

Das Mathegenie verschickte zwischen 1978 und 1995 insgesamt 16 Briefbomben an Universitäten und Fluggesellschaften in den USA. Drei Menschen starben, 23 wurden verletzt. Nachdem Ted Kaczynski seine Motive in einem Manifest 1995 erläutert hatte, glaubte sein Bruder den Schreibstil zu erkennen. 1998 wurde der Attentäter zu lebenslanger Haft verurteilt.

NAME:
Theodore John Kaczynski

VERBRECHERNAME:
Unabomber (University and Airline Bomber)

GEBURTSDATUM UND -ORT:
22. Mai 1942 in Evergreen Park, Illinois

VERBRECHEN:
Mord

TATORT:
USA

URTEIL:
Lebenslänglich

Der junge Ted Kaczynski als Dozent in Berkeley

DAS GEBORENE GENIE

Theodore „Ted" Kaczynski ist US-Amerikaner mit polnischen Wurzeln. Als er 1942 geboren wurde, lebte die Familie in einfachen Verhältnissen. Schon in der Kindheit zeigte sich seine Hochbegabung. Er übersprang mehrere Schulklassen, wurde mit 16 Jahren Stipendiat der Harvard University und schrieb 1967 seine Doktorarbeit. Er galt als brillant. Ein Mitglied des Dissertationsausschusses beschrieb ihn so:

„Es gibt im ganzen Land vielleicht zehn bis zwölf Menschen, die seine Arbeit wirklich verstehen."

ABBRUCH DER AKADEMISCHEN KARRIERE

Er unterrichtete einige Jahre an der Universität von Michigan und wurde 1967 Assistenzprofessor der Universität Berkeley, Kalifornien. Ohne Erklärung brach er 1969 seine akademische Laufbahn ab. 1970 zog er nach Lincoln, Montana. Sein Ziel war es, dort als Selbstversorger zu leben. Deshalb baute er sich eine Hütte, kaufte Land dazu und bewirtschaftete es. Immer wieder nahm er auch Nebenjobs an.

BOMBENBAUER

Im Mai 1978 deponierte er seine erste selbst gebaute Briefbombe auf dem Parkplatz einer Universität. Als er 1979 eine Bombe in einer Boeing versteckte, wurde seine Verfolgung zur Bundesangelegenheit und das FBI ermittelte. Das erste Todesopfer war 1985 Hugh Scrutton, ein Computerladenbesitzer. Zwischen 1988 und 1992 legte der sogenannte Unabomber eine Pause ein. 1994 und 1995 kam es wieder zu Todesfällen. 1995 sagte er zu, die Anschläge aufzugeben, wenn sein technologiekritisches Manifest *Industrial Society and Its Future* veröffentlicht würde. Es wurde in der New York Times und der Washington Post gedruckt.

ENTDECKUNG

David Kaczynski glaubte, den Schreibstil seines Bruders Ted wiederzuerkennen. Er verglich das Manifest mit älteren Texten seines Bruders. Er wollte anonym bleiben, aber 1996 fiel sein Name in den Nachichten eines Fernsehsenders. David Kaczynski beauftragte eine Privatdetektivin mit Nachforschungen, die wiederum Kontakt mit dem FBI aufnahm. Die Experten des FBI waren sich nicht einig, ob das Manifest tatsächlich Ted Kaczynskis Werk war. Die bis dahin teuersten Ermittlungen des FBI wurden dennoch beendet.

FESTNAHME

Noch im gleichen Jahr wurde der Einsiedler auf seinem Land in Lincoln festgenommen. Kurzzeitig wurde er verdächtigt, der unbekannte Zodiac-Killer zu sein, was sich aber nicht bestätigte. Ted Kaczynski erhielt eine lebenslange Haftstrafe ohne die Möglichkeit auf Verkürzung oder Begnadigung. In der Haft schreibt er viel, einige Texte wurden 2010 auch in Deutschland veröffentlicht. Der Erlös einiger Schriften kommt den Angehörigen seiner Opfer zugute. Auf die Frage, was er am meisten in der Haft fürchtete, antwortete er bei seiner Verurteilung „ … dass ich meine Erinnerungen an die Berge und die Wälder verliere, … an die Berührung mit der wilden Natur. Aber ich habe keine Angst, dass sie meinen Geist brechen."

Ted Kaczynski in Handschellen

Literatur Lutz Dammbeck: *Das Netz – die Konstruktion des Unabombers. Im Anhang: Die industrielle Gesellschaft und ihre Zukunft (Unabomber-Manifest) von FC,* 2005

Tipp

DENNIS NILSEN

Von 1978 bis 1981 ermordete Dennis Nilsen in London 15 oder 16 junge Männer, er wusste es selbst nicht mehr genau. Nur von sechs Opfern konnte die Identität anhand von Knochenfunden festgestellt werden. Er selbst hielt sich zugute, dass er sehr human getötet habe, daher nannte man ihn auch den „Kindly Killer".

Dennis Nilsen

NAME:
Dennis Andrew Nilsen

VERBRECHERNAME:
Muswell Hill Murderer, Kindly Killer, British Jeffrey Dahmer

GEBURTSDATUM UND -ORT:
23. November 1945 in Fraserburgh, Aberdeenshire, Schottland

VERBRECHEN:
Mord

TATORT:
London

URTEIL:
Lebenslänglich

KINDHEIT

Dennis Nilsens Vater war Norweger, seine Mutter Schottin. Als sich die Eltern trennten, war Dennis vier Jahre alt. Seine Mutter heiratete erneut und bekam vier weitere Kinder, während Dennis bei seinen Großeltern aufwuchs. Sein Großvater, an dem er sehr hing, starb nur zwei Jahre später. Danach kehrte er doch in die neue Familie seiner Mutter zurück.

Mit 16 Jahren verpflichtete er sich in der Armee, wo er unter anderem zum Koch ausgebildet wurde.

BERUF

Als Soldat war Dennis Nilsen an vielen Standorten in Europa und Asien stationiert. Nach elf

Jahren quittierte er den Dienst und zog nach London. Er arbeitete bei der Polizei und bei einem Sicherheitsdienst. Zwei Jahre lebte er mit einem Mann zusammen, bis dieser ihn im Sommer 1977 verließ.

ERSTE MORDE

Als die Mordserie im Dezember 1978 begann, wohnte Dennis Nilsen in einem Vorort im Norden Londons. Das Haus hatte einen Garten und alte Fußbodendielen, die man leicht lösen konnte, um an den Zwischenraum zu gelangen. Nilsen nutzte diesen, um die Leichen der ersten zwölf Opfer verschwinden zu lassen. Er lockte junge Männer, die nicht so schnell vermisst werden würden, mit Angeboten wie Essen, Trinken und Obdach in seine Wohnung. Dort erwürgte oder ertränkte er sie. Großen Wert legte er darauf, die Toten zu baden und frisch einzukleiden. Lange beschäftigte er sich mit den Leichen, bewahrte sie auf, bevor er sie sezierte und zerstückelte. Manche Teile verbrannte Nilsen zusammen mit Autoreifen im Garten, andere versteckte er unter den Fußbodendielen.

Auf der Suche nach Spuren weiterer Opfer in Nilsens Garten

stopft war. Die Arbeiter fanden Leichenteile in den Rohren und riefen die Polizei. Als Nilsen von der Arbeit nach Hause kam, warteten die Ermittler bereits auf ihn. In der Wohnung schlug ihnen ein bestialischer Gestank entgegen. Die noch vorhandenen Leichenteile wurden schnell gefunden und Dennis Nilsen gestand.

MUSWELL HILL

Im Oktober 1981 zog Nilsen nach Muswell Hill, ebenfalls in der Nähe von London gelegen. In der neuen Wohnung ohne Garten konnte er die Leichen nicht mehr so einfach loswerden. Die zerstückelten Körper drei weiterer Mordopfer packte er in Plastiktüten oder Koffer und stellte sie in Schränke. Zudem kochte er die Körperteile ab, um das Fleisch von den Knochen zu lösen. Dieses und andere Weichteile versuchte er, in der Toilette herunter zu spülen. Anfang Februar 1983 rief einer seiner Nachbarn eine Rohrreinigungsfirma, weil der Hausabfluss ver-

VERFAHREN

Im Prozess, der am 24. Oktober 1983 begann, plädierte Nilsen auf nicht schuldig. Zwei psychiatrische Gutachten schrieben dem Serienmörder verschiedene Defekte zu, um seine Schuldunfähigkeit zu untermauern. Aber das Gericht leistete den Experten nicht Folge. Menschen könnten auch ohne psychische Krankheit einfach nur böse sein, hieß es zur Begründung des Urteils. Dennis Nilsen wurde zu lebenslanger Haft ohne Möglichkeit auf vorzeitige Entlassung verurteilt und ist in einem Hochsicherheitstrakt untergebracht.

DENNIS RADER

Am 25. Februar 2005 wurde Dennis Rader verhaftet. Seit 1974 hatte er zehn Menschen ermordet. An die Medien und die Polizei sandte er detaillierte Beschreibungen und morbide Gedichte zu seinen Taten. Auch machte er selbst Vorschläge für seinen Verbrechernamen – „BTK-Killer" setzte sich durch.

Dennis Rader

NAME:
Dennis Lynn Rader

VERBRECHERNAME:
BTK-Killer (bind, torture, kill)

GEBURTSDATUM UND -ORT:
9. März 1945 in Pittsburg, Kansas

VERBRECHEN:
Mord

TATORT:
Wichita, Kansas

URTEIL:
Lebenslänglich

BÜRGERLICHE FASSADE

Dennis Rader wuchs als ältester von vier Brüdern in Wichita auf. Dass er als Kind Katzen quälte und anschließend erhängte, kam seiner Umgebung erst Jahrzehnte später merkwürdig vor. Er erwarb an der Wichita University einen Abschluss in Elektrotechnik und einen in einem Verwaltungsfach. Mitte bis Ende der 1960er-Jahre arbeitete er vier Jahre lang als Mechaniker bei der US Air Force.

1971 heiratete er, seine beiden Töchter wurden 1975 und 1979 geboren. In seiner Gemeinde wurde er in den Kirchenvorstand gewählt. Von 1974 bis 1988 arbeitete er in einer Sicherheitsfirma, 1989 wechselte er zur Stadtverwaltung. Als Angestellter der Sicherheitsfirma installierte er genau die Alarmanlagen, mit denen sich die Bewohner vor dem anonymen BTK-Killer schützen wollten. Die Aufträge für Sicherheitssysteme

Dennis Rader mit seinen Verteidigern während einer Anhörung

ren. Neben „BTK-Killer" schlug er für sich als Spitznamen auch noch „BTK-Strangler" und „Wichita-Strangler" vor. Weitere Morde in seiner unmittelbaren Umgebung verübte er 1977 (zwei Opfer), 1985/86 (zwei Opfer) sowie 1991 (ein Opfer).

stiegen in Wichita nach dem ersten Mord 1974 rapide an, da sich die Bürger vor einem ähnlichen Schicksal schützen wollten.

ERSTE MORDE

Der Killer hatte am 15. Januar 1974 erstmals zugeschlagen. Der 15-jährige Charlie fand seine toten Eltern, Joseph und Julie Otero, sowie zwei seiner Geschwister in seinem Zuhause. Der Vater und der Bruder waren erstickt, die Mutter erwürgt und die Schwester an einer Wasserleitung erhängt worden.

SELBSTINSZENIERUNG

Im April 1974 wurde die 21-jährige Kathryn Bright zu Hause erstochen aufgefunden. Ihr Bruder Kevin überlebte den Angriff nur knapp. Er wurde von zwei Schüssen getroffen. Den Täter konnte er nur vage beschreiben. Dem sogenannten BTK-Killer war es wichtig, von jedem Tatort ein Souvenir mitzunehmen. Von den Oteros beispielsweise stahl er eine Uhr und ein Radio. In Briefen an die Medien und die Polizei beschrieb er detailliert seine Grausamkeiten. Auch durch morbide Gedichte versuchte er sich als etwas Besonderes zu profilie-

NEUE BOTSCHAFTEN

Genau 30 Jahre nach der ersten Tat, im März 2004, erreichte ein Brief die Tageszeitung Wichita Eagle, der mit Bill Thomas Killman unterzeichnet war. Er enthielt den Führerschein von Vicki Wegerle, die 1986 erwürgt aufgefunden worden war. Außerdem beschrieb der Absender das Versteck von Gegenständen eines weiteren Opfers von 1977. Der Täter wollte wieder auf sich aufmerksam machen. Als er auch noch eine CD mit Texten an die Polizei schickte, beging er den entscheidenden Fehler. In den Metadaten stand als Schreiber ein gewisser „Dennis" und die benutzte Software war auf die Lutheranische Kirche registriert. Mit den Suchbegriffen „Lutheran Church Wichita" und „Dennis" erhielt man das Ergebnis „Dennis Rader, Diakon".

FESTNAHME

Anhand von DNA-Vergleichen konnte Rader schnell als Täter überführt werden. Am 25. Februar 2005 wurde er festgenommen, im März 2005 wegen Mordes in zehn Fällen angeklagt. Das Urteil fiel im August des Jahres: lebenslänglich. Eine Revision des Urteils ist erst wieder am 26. Februar 2180 möglich.

DER ZODIAC-KILLER

Ein unbekannter Mörder verbreitete von 1966 bis 1971 im Raum San Francisco Angst und Schrecken. Mit einer schwarzen Henkerskapuze maskiert überfiel er vor allem junge Liebespärchen auf abgelegenen Parkplätzen, auf den bekannten sogenannten Lovers' Lanes. In größtenteils kryptischen Nachrichten an die Polizei nannte er sich selbst Zodiac.

Ein Phantombild des Zodiac-Killers

NAME:
Unbekannt

VERBRECHERNAME:
Zodiac-Killer

GEBURTSDATUM UND -ORT:
Unbekannt

VERBRECHEN:
Mord

TATORT:
Im Raum San Francisco

TODESDATUM UND-ORT:
Unbekannt

UNBEKANNTER TÄTER

Der Täter konnte weder identifiziert noch gefasst werden. Die Opferzahl ist ungewiss. Fünf Morde werden ganz sicher dem mysteriösen Killer zugeordnet, fünf weitere Opfer gehen eventuell auf sein Konto, der Zodiac-Killer selbst behauptete, 37 Menschen getötet zu haben.

MÖGLICHE OPFER

Zu den möglichen Opfern des Zodiac-Killers zählen: Robert Domingos, 18 Jahre alt, und seine Freundin Linda Edwards, 17 Jahre alt, wurden am 4. Juni 1963 an einem Strand in Südkalifornien erschossen aufgefunden. Am 30. Oktober 1966 wurde die 18-jährige Studentin Cheri Jo Bates auf dem Campus des Riverside City College erstochen und annähernd enthauptet. Die 25-jährige Donna Lass verschwand 1970. In Expertenkreisen wurde über eine Postkarte mit Hinweisen diskutiert. Man war sich nicht sicher, ob sie als Geständnis des Zodiac-Killers gelten konnte.

Ein Brief des Zodiac-Killers mit dem typischen
Zeichen als Signatur

ALS SICHER GELTENDE OPFER

Das Pärchen David Arthur Faraday, 17, und Betty Lou Jensen, 16, fand man im Dezember 1968 erschossen auf. Sie hatten an einem Treffpunkt für Liebespärchen geparkt. David war noch im Wagen sitzend erschossen worden, Betty war wahrscheinlich auf der Flucht von fünf Schüssen in den Rücken getroffen worden. Ein maskierter Mann mit einem Zodiak-Symbol, einem Tierkreis, auf der Brust überfiel im Juli 1969 Michael Renault Mageau und Darlene Elizabeth Ferrin. Die 22-jährige Darlene starb, ihr Freund Michael überlebte schwer verletzt und konnte den Täter als dunkle Gestalt beschreiben. Bryan Calvin Hartnell, 20 Jahre alt, und Cecelia Ann Shepard, 22 Jahre alt, waren die nächsten Opfer. Bryan überlebte mit acht Stichwunden, Freundin Cecelia verstarb am 27. September 1969. Der 29-jährige Taxifahrer Paul Lee Stine wurde einen Monat später erschossen. Einen Stofffetzen von Stines blutigem T-Shirt schickte der Mörder ebenfalls an eine Zeitung.

KRYPTISCHE BOTSCHAFTEN

Die Medien erhielten zahlreiche Botschaften, in denen der Mörder seine Taten beschrieb und seine Motive andeutete. Berühmt wurde der Zodiac-Killer vor allem durch seine in die Texte eingebauten Chiffren und seine Kryptogramme. Dabei handelt es sich um Zeichenfolgen, die bis heute nicht alle entschlüsselt werden konnten. Eine Nachricht begann mit: „Ich liebe es, Menschen zu töten, weil es so einen Spaß macht, …"

HAUPTVERDÄCHTIGER

Arthur Leigh Allen galt lange als Hauptverdächtiger. Ein früherer Freund führte die Polizei 1971 auf seine Spur. Er wurde mehrfach verhört, sein Haus 1972, 1991 und 1992 durchsucht, allerdings ohne Ergebnisse. Allen starb, bevor man seine Unschuld beweisen konnte. 2002 führte man eine DNA-Analyse durch, die belegte, dass er nicht der Absender der Zodiac-Botschaften war.

ANGEBLICHE TOCHTER DES ZODIAC-KILLERS

Die Immobilienmaklerin Deborah Perez gab im April 2009 eine Pressekonferenz beim San Francisco Chronicle. Die 47-Jährige behauptete, ihr Vater, der 1983 verstorbene Guy Ward Hendrickson, sei der Zodiac-Killer gewesen, was sie aber erst 2007 realisiert habe. Tatsächlich konnte das aber nicht bewiesen werden. Dagegen war in San Francisco bekannt, dass Deborah Perez einen Dokumentarfilm über den Zodiac-Killer plante. Ihre Theorie gilt heute als nicht glaubhaft.

DAS MONSTER VON FLORENZ

Acht Doppelmorde zwischen 1968 und 1985 in der Umgebung von Florenz sind bis heute ungelöst. Der oder die Täter überfielen ausschließlich Liebespärchen, immer in dunklen Neumondnächten der Sommermonate. Die Opfer wurden erschossen und anschließend bestialisch verstümmelt, vor allem die Frauen.

NAME:
Unbekannt

VERBRECHERNAME:
Ungeheuer oder Monster von Florenz

GEBURTSDATUM UND -ORT:
Unbekannt

VERBRECHEN:
Mord

TATORT:
Florenz, Italien

TODESDATUM UND-ORT:
Unbekannt

Der Tatort des Doppelmordes an Stefania Pettini und Pasquale Gentilcore

17 JAHRE LANG

Die Mordserie begann im August 1968. Barbara Locci und ihr Geliebter Antonio Lo Bianco wurden in ihrem Alfa Romeo erschossen. Die Tatwaffe war eine Beretta Kaliber 22, wie auch bei den weiteren Doppelmorden. Das letzte Mal schlug „Il Mostro", wie der Täter mittlerweile genannt wurde, im September 1985 zu. Ein Touristenpaar aus Frankreich zeltete wild. In einer Neumondnacht wurde ihr Zelt aufgeschlitzt, die beiden erschossen und die Frau von zahlreichen Messerstichen verstümmelt.

FRAUEN WURDEN VERSTÜMMELT

In den Jahren dazwischen schlug der Täter mehrfach zu. Die 18-jährige Stefania Pettini

Das Paar Stefania Pettini (18) und Pasquale Gentilcore (19)

wurde 1974 mit 96 Messerstichen aufgefunden, sie lag tot neben ihrem Freund, Pasquale. Die Staatsanwältin Silvia della Monica erhielt wenig später ein Päckchen mit einem Stück Haut des weiblichen Opfers. Ein Jahr später schändete ein Unbekannter ihr Grab. 1983 starben zwei deutsche Touristen, die in ihrem VW-Bus wild campten. Wahrscheinlich hielt der Mörder einen der beiden Männer mit seinen langen, blonden Haaren für eine Frau.

THEORIEN

Nach dem ersten Doppelmord wurde der betrogene Ehemann Stefano Mele von Barbara Locci verhaftet. Während er in Haft saß, geschah 1974 der zweite Doppelmord. Mele kam nach sechs Jahren wieder frei. Viele weitere Theorien über Verdächtige kursierten: Handelte es sich um einen Einzeltäter, Auftragsmorde einer satanischen Sekte, Gynäkologen oder Klinikpersonal, Metzger, eine sardische Bande …? Auch der italienische Geheimdienst und das FBI ermittelten. Eine der aufwendigsten Ermittlungen der italienischen Kriminalgeschichte wurde geführt. Plakate warnten Liebespärchen davor, sich nachts an abgelegenen Plätzen zu treffen. Alleinreisende Männer wurden registriert, 40.000 Besitzer einer Beretta überprüft.

UNSCHULDIGE IN DEN SUIZID GETRIEBEN

Im Zusammenhang mit den Ermittlungen gab es mehrere Festnahmen, aber spätestens wenn der Mörder erneut zuschlug, kamen die Verdächtigen wieder frei. Drei von ihnen brachten

sich um, da sie den Druck nicht ertrugen.

MÖGLICHER MITTELSMANN

Der Apotheker Francesco Calamandrei wurde von seiner Frau wegen angeblicher Leichenanteile im Kühlschrank denunziert. 1986 wurde er als Mittelsmann der Mörder verurteilt. Er soll die abgetrennten weiblichen Geschlechtsteile an eine Sekte weitergegeben haben. Erst 2006 sprach ein Gericht den Inhaftierten von allen Vorwürfen frei. Seine ehemalige Frau war zu diesem Zeitpunkt schon lange wegen Schizophrenie in einem Heim untergebracht worden.

HAUPTVERDÄCHTIGE

Ein weiterer Hauptverdächtiger war Pietro Pacciani. Der gewalttätige Bauer sollte zu einem Mörder-Trio gehören. 1994 bekam er lebenslänglich, wurde aber wieder freigesprochen und 1998 tot aufgefunden, als ein neuer Prozess kurz bevorstand. Der Mörder von Pacciani wurde nie gefasst. Auch das Urteil gegen seine zwei angeblichen Komplizen, die für einen Teil der Morde schuldig gesprochen worden waren, hob das Gericht wieder auf.

MONSTER IMMER NOCH FREI

Der Journalist Mario Spezi kam 2006 vorübergehend in Haft, weil er die Ermittlungen behindere. Er vertrat die Ansicht, dass das Monster von Florenz ein Einzeltäter und noch immer auf freiem Fuß sei.

HAROLD SHIPMAN

Der Arzt Harold Shipman wurde im Januar 2000 zu lebenslanger Haft verurteilt, weil er 15 seiner Patienten umgebracht hatte. Einen Monat später wurden ihm 175 Morde zur Last gelegt. Im Juni 2001 wurden weitere 466 Todesfälle untersucht. Der beliebte Arzt spritzte bei Hausbesuchen Hunderte seiner Patienten zu Tode und bescheinigte anschließend deren natürliches Ableben.

Harold Shipman

NAME:
Harold Frederick Shipman

VERBRECHERNAME:
Dr. Death

GEBURTSDATUM UND -ORT:
14. Januar 1946 in Nottingham

VERBRECHEN:
Mord

TATORT:
Hyde, Greater Manchester

TODESDATUM UND -ORT:
13. Januar 2004 in Wakefield

URTEIL:
15-mal lebenslänglich

ARZT AUS LEIDENSCHAFT

Harold Shipman wurde als zweites von vier Geschwistern in Nottingham, England, geboren. Der Vater war Kraftfahrer, die Mutter starb an Krebs, als Harold 17 Jahre alt war. Sie hatte zur Schmerzbekämpfung lange Morphin bekommen. Ihr Sohn studierte in Leeds Medizin und begann 1970 als Arzt zu praktizieren. Zunächst war er in verschiedenen Gemeinschaftspraxen im Großraum Manchester tätig, ab 1993 mit eigener Praxis in Hyde, einer kleinen Gemeinde bei Manchester. Er war ein angesehener Bürger: verheiratet, Vater von vier Kindern, Vorsitzender im Elternbeirat, beim Ambulanzdienst und in einem Verein zur Rettung eines historischen Kanals. Shipman arbeitete sechs Tage in der Woche in der Praxis oder unterwegs auf Hausbesuchen.

SUCHT UND PRAXIS IN HYDE

1975 hatte er Rezepte gefälscht, um an Morphin für die eigene Sucht zu kommen. Er verlor seine Stelle, wurde abgemahnt und bezahlte eine Geldstrafe. Davon wusste in Hyde aber niemand etwas. In seiner Praxis behandelte er rund 3000 Patienten, darunter auch viele ältere Menschen. Er war so beliebt, dass Patienten und Angehörige von Verstorbenen ihm aus Dankbarkeit oft Geld spendeten.

ENTDECKUNG

Am 24. Juni 1998 starb Kathleen Grundy, 81 Jahre alt und kerngesund, eines „natürlichen" Todes. Drei Wochen später tauchte ein Testament auf, in welchem dem Arzt 386.402 Pfund vermacht wurden. Die Tochter Angela Woodruff, Rechtsanwältin, erkannte das Testament als Fälschung. Daraufhin wurde bei der Untersuchung der Leiche eine Morphinvergiftung festgestellt. Weitere Tote wurden daraufhin ebenfalls untersucht, und jedes Mal konnte eine

Vergiftung nachgewiesen werden. Im September 1998 wurde Shipman verhaftet. Als im Oktober 1999 das Verfahren eröffnet wurde, lautete die Anklage auf 15 Morde. Am 1. Februar 2000 fällte ein Geschworenengericht das Urteil: 15-mal lebenslänglich.

UNTERSUCHUNGSKOMMISSION

Ab Februar 2000 untersuchte eine Kommission weitere Todesfälle im Zusammenhang mit Shipman. Aber erst nachdem Angehörige Verstorbener in einem Gerichtsverfahren erreicht hatten, dass die Öffentlichkeit umfassend informiert wurde, startete eine großangelegte Untersuchung, an deren Ende sich niemand auf eine exakte Zahl von Todesopfern festlegen konnte. Es sollen Hunderte gewesen sein. Im Bericht vom Juli 2002 werden 215 bestätigte Opfer von Shipman aufgeführt, 171 Männer und 44 Frauen im Alter von 47 bis 93 Jahren. Sie waren alle zu Hause gestorben, kurz nach einem Besuch des Arztes. Das erste Mordopfer Eva Lyons starb 1975 einen Tag vor ihrem 71. Geburtstag.

Shipmans ehemalige Praxis in Hyde

TOD

Harold Shipman erhängte sich am 13. Januar 2004. Er hat nie über seine Motive gesprochen. 2005 wurden im Haus seiner Witwe Schmuckstücke gefunden, die zum Teil nachweislich von seinen Opfern stammten. 2009 sollten 65 Briefe von ihm versteigert werden, die er in der Haft geschrieben und an ein befreundetes Ehepaar geschickt hatte. Nach Protesten Angehöriger wurde die Auktion abgesagt.

JÜRGEN BARTSCH

Der sogenannte Kirmesmörder tötete zwischen 1962 und 1966 vier Jungen im Alter von acht bis elf Jahren. Seine Opfer fand er meist auf Rummelplätzen. Von dort lockte er sie in einen ehemaligen Luftschutzstollen und missbrauchte und zerstückelte sie. Bei seinem ersten Mord war der Metzgerlehrling erst 15 Jahre alt. 1976 starb er während seiner Kastration.

Jürgen Bartsch

NAME:
Jürgen Bartsch, eigentlich Karl-Heinz Sadrozinski

VERBRECHERNAME:
Kirmesmörder

GEBURTSDATUM UND -ORT:
6. November 1946 in Essen

VERBRECHEN:
Mord

TATORT:
Velbert, Kreis Mettmann

TODESDATUM UND -ORT:
28. April 1976 in Lippstadt-Eickelborn

URTEIL:
Lebenslänglich

WAISENKIND

Karl-Heinz Sadrozinski wurde 1946 in Essen geboren. Über den Vater ist nichts bekannt, die Mutter starb kurz nach seiner Geburt. Mit elf Monaten kam er zu den Eheleuten Bartsch, die keine eigenen Kinder hatten. Sie nannten ihr Pflegekind Jürgen. Sieben Jahre später, wurde er offiziell adoptiert.

ADOPTIVKIND

Die Eltern wirkten sehr verstörend auf das Kind. Bartsch wurde sowohl verwöhnt als auch geschlagen. Die Mutter badete ihr „Goldkind", wie sie ihn nannte, noch, als er 19 Jahre alt war. Jürgen Bartsch sagte später, er habe nie gewusst, was zu Hause als Nächstes passieren würde und ständig in Angst vor Gewaltattacken gelebt. In einem katholischen Internat für Jungen, das er mit zehn Jahren besuchen musste, wurde er mehrfach missbraucht. Nach der Schulzeit begann er eine Lehre bei seinen Eltern in ihrer Metzgerei.

ERSTES VERGEHEN

Im Juni 1961 lockte der 14-jährige Jürgen Bartsch den Sohn eines Langenberger Malermeisters in einen Bunker, fesselte und quälte ihn. Der 12-jährige Frank Beck konnte zwar entkommen, das Verfahren gegen Jürgen Bartsch wurde aber trotz der Aussagen des Opfers eingestellt, weil Bartsch glaubhaft machen konnte, dass es sich nur um eine Rauferei unter Gleichaltrigen gehandelt habe.

DIE MORDE

Jürgen Bartsch lockte seine Opfer in einen abgelegenen ehemaligen Luftschutzbunker in Velbert-Langenberg. Die Leichen ließ er an Ort und Stelle liegen. Im März 1962 ermordete er den achtjährigen Klaus Jung. Im August 1965 schlug Bartsch zweimal zu: Peter Fuchs und

Der junge Jürgen Bartsch in der Metzgerei seiner Adoptiveltern

Ulrich Kahlweiß, beide elf Jahre alt, mussten sterben. Im Mai 1966 traf der elfjährige Manfred Graßmann auf seinen Mörder. Im Juni 1966 ging der 14-jährige Peter Frese mit Bartsch mit. Dieser unterbrach die Misshandlungen, um pünktlich zum Abendessen daheim zu sein, und ließ den Jungen gefesselt zurück. Peter Frese konnte sich befreien. Daraufhin führte er die Polizei zu dem Bunker und die Fahndung begann. Im Verlauf der Suche erinnerte sich der Vater des ersten Opfers, Frank Beck, an den Vorfall im Jahr 1961 und brachte die Ermittler auf die richtige Spur.

VERHANDLUNG

Bei seiner Festnahme 1966 war Bartsch 19, bei der Urteilsverkündung 21 Jahre alt. Zunächst wurde er zu lebenslänglich verurteilt, aber 1969 revidierte der Bundesgerichtshof das Urteil, da Jürgen Bartsch zum Zeitpunkt der Morde die Volljährigkeit noch nicht erreicht hatte. Das neue Urteil erging 1971 und lautete: zehn Jahre Jugendstrafe sowie Unterbringung in einer geschlossenen Anstalt.

KASTRATION

Bartsch wurde in die geschlossene Klinik in Lippstadt-Eickelborn eingewiesen, das heutige LWL-Zentrum für Forensische Psychiatrie. 1976 stimmte Bartsch einer Kastration zu, um seine Triebe unter Kontrolle zu bringen. Er starb am 28. April 1976 während der Operation durch ein falsch dosiertes Narkosemittel.

Tipp

Literatur Paul Moor: *Jürgen Bartsch – Selbstbildnis eines Kindermörders*, 2003

TED BUNDY

Ted Bundy ermordete in den 1970er-Jahren in mehreren Staaten der USA eine unbekannte Zahl junger Frauen. Seine Opfer suchte er meist in der Umgebung von Universitäten, daher wurde er von der Presse auch „Campus-Killer" genannt. Wie viele Morde er beging, ist ungewiss. Bis zu seiner Hinrichtung 1989 gestand er nach und nach 36 Morde – wahrscheinlich waren es noch mehr.

Ted Bundy

NAME:
„Ted" Bundy, eigentlich Theodore Robert Cowell

VERBRECHERNAME:
Campus-Killer

GEBURTSDATUM UND -ORT:
24. November 1946 in Burlington, Vermont

VERBRECHEN:
Entführung, Vergewaltigung, Mord

TATORT:
Washington, Utah, Colorado, Oregon, Idaho, Florida

TODESDATUM UND -ORT:
24. Januar 1989 im Florida State Prison

URTEIL:
Tod auf dem elektrischen Stuhl

JUGEND

Theodore Robert Cowell wurde 1946 in Burlington, Vermont, geboren. Seine Mutter war ledig, über den Vater ist nichts bekannt. Er wuchs bei seinen Großeltern auf, bis die Mutter 1951 Johnny Bundy heiratete, der den Jungen adop-tierte. Über seine Jugend gibt es widersprüch-liche Aussagen, auch von ihm selbst. Mal er-zählte er von warmherzigen (Groß-)Eltern und einer wunderbaren Kindheit, dann wieder wollte er in einer Welt von Lügen, Gewalt, Alkohol und

Missbrauch aufgewachsen sein. Er behauptete, nie Freunde gehabt zu haben, während seine ehemaligen Kommilitonen ihn als beliebt und völlig integriert beschrieben.

BEGABTER STUDENT

1965 beendete er die High School, studierte in den Folgejahren Psychologie und Jura. Als Student arbeitete er bei einer Krisenhotline für Suizidgefährdete und nahm Anrufe entgegen. Er engagierte sich als Wahlhelfer und wurde Assistent des republikanischen Parteivorsitzenden im Staat Washington. Im April 1974 brach er jeglichen Kontakt zur juristischen Fakultät, zu Parteikollegen und Freunden ab. Und genau zu diesem Zeitpunkt begannen, junge Frauen in der Region zu verschwinden.

UNGEZÄHLTE OPFER

Ted Bundy hatte keine feste Methode, um seine Opfer zu entführen. Frauen, die ihm entkamen, erzählten, dass er sie „verletzt und gehandicapt" um Hilfe bat und zu seinem VW-Käfer lotsen wollte. Er gab sich auch als Polizist in Zivil aus oder überfiel nachts seine Opfer in deren Wohnungen. Die Tortur begann immer damit, dass er die Frauen mit einem stumpfen Gegenstand niederschlug, danach folgten Vergewaltigung und Tötung. Er zerstückelte die Leichen. Bissspuren an den Opfern halfen vor Gericht, ihn zu belasten.

BEVORZUGTES OPFERSCHEMA

Sein Opferschema war eindeutig: junge Frauen mit langem Haar. Nur ein Fall wurde bekannt, der nicht zu ihm passte: 1978 ermordete er die 12-jährige Kimberly Diane Leach. Dies geschah

in Florida, nachdem er seit 1974 in den Staaten Washington, Utah, Colorado, Oregon und Idaho sein Unwesen getrieben hatte. Zweimal war er in dieser Zeit schon verhaftet worden und wieder geflohen.

FESTNAHME UND TOD

In Florida konnte er schließlich am 13. Februar 1978 gefasst werden, kurz nach seinen jüngsten Morden. Die Spuren waren deshalb noch frisch und es gab sogar Zeugen. Nur deswegen gelang es der Staatsanwaltschaft, dem gewieften Juristen Ted Bundy, der sich selbst(gefällig) verteidigte, wenigstens drei Morde zweifelsfrei nachzuweisen. Das Gericht verurteilte ihn zum Tod durch den elektrischen Stuhl. Ted Bundy versuchte immer wieder die Hinrichtung hinauszuzögern, indem er weitere Informationen anbot. Damit quälte er die Angehörigen noch jahrelang. Am 14. Januar 1989 starb er. Kein Ermittler war mehr an weiteren Gesprächen mit ihm interessiert und ihm wurde kein Aufschub mehr gewährt.

Ted Bundy verteidigte sich selbst vor Gericht.

FRANK W. ABAGNALE JR.

Als Jugendlicher ergaunerte sich Frank Abagnale Jr. durch gefälschte Schecks, Tricks und Unverfrorenheit ein kleines Vermögen. Mit falschen Papieren war er als Pilot, Arzt, Rechtsanwalt oder Staatsbeamter weltweit unterwegs. Seit 1976 stellt er sein Wissen dem FBI und Unternehmen zur Verfügung, um Sicherheitslücken aufzudecken.

NAME:
Frank William Abagnale Jr.

GEBURTSDATUM UND -ORT:
27. April 1948 in Bronxville, New York

VERBRECHEN:
Betrug, Fälschung, Hochstapelei

TATORT:
International

URTEIL:
12 Jahre Haft in den USA, nach 4 Jahren vorzeitig entlassen

Frank Abagnale

HERKUNFT

Frank Abagnale wurde in Bronxville bei New York City geboren. Sein Vater stammte von dort, die Mutter kam aus Frankreich. Sie hatten vier Kinder. Die Familie betrieb ein gutgehendes Schreibwarengeschäft, bis sich die Eltern 1964 trennten. Frank Abagnale lief von zu Hause weg, aber nicht ohne ein erstes Startkapital. Er hatte die Kundenkarte seines Vaters für eine Tankstelle benutzt, um an Bargeld zu kommen. Einige Tausend Dollar sollen es gewesen sein.

VERGEHEN

Er fälschte Schecks auf unterschiedliche Weise und eröffnete Konten mit verschiedenen Identitäten. In einem Flughafen beobachtete er, dass Firmen wie Hertz oder United Airlines abends das Bargeld in einer Box deponierten. Er besorgte sich eine Uniform, stellte ein Schild auf mit dem Text „Dropbox out of order" und postierte sich neben dieser Box. Die Angestellten fielen auf diesen Trick herein und überreichten stattdessen ihm das Geld.

VERSCHIEDENSTE BERUFE

Mit gefälschten Pässen, Berufsabschlüssen und Schecks ergaunerte er sich Arbeitsstellen als Co-Pilot bei Pan Am, als Dozent an zwei Universitäten, als Rechtsanwalt, als Kinderarzt und als staatlicher Gefängnisbeauftragter. Bis er 21 Jahre alt war, hatte er sich 2,5 Millionen Dollar ergaunert. Um seine Umgebung zu täuschen, bewies Frank Abagnale echtes Schauspieltalent. Er war in einem Alter, in dem man gerade erst mit einem Studium beginnt. Trotzdem glaubte man ihm auch den Harvard-Abschluss, den er in einer Anwaltskanzlei vorlegte. Von seinem 16. bis zu seinem 18. Lebensjahr flog er als Pan-Am-Angehöriger kostenlos bei rund 250 Flügen in 26 Länder rund 1.600.000 Kilometer durch die Welt. Durch seinen Pilotenstatus durfte er in vielen Hotels umsonst speisen und übernachten.

AUSBRECHER

Zweimal entkam er auf spektakuläre Weise aus dem Polizeigewahrsam. Einmal in New York auf dem Flughafen, als er aus einem Flugzeug floh und über eine Absperrung entkam. Erst als er nach Montreal weiterreisen wollte, erkannte ihn ein Beamter. Das zweite Mal brach er aus dem Gefängnis aus. Er kam in den Besitz einer Visitenkarte eines staatlichen Kontrolleurs und gab sich gegenüber dem Wachpersonal als Undercoveragent der Behörde aus, der aufgrund seiner Tarnung keinen Anzug tragen könne.

FESTNAHME

1969 wurde er in Frankreich gefasst, nachdem ein Mitarbeiter der Air France ihn erkannt hatte. Er saß dort sechs Monate im Gefängnis, bis er

nach Schweden ausgeliefert wurde. Inzwischen hatten zwölf Staaten seine Auslieferung wegen Betrugs beantragt. Nach sechs Monaten Haft in Malmö ging es für Frank Abagnale aber zurück in die USA, wo er 1970 zu zwölf Jahren Gefängnis verurteilt wurde. 1974 wurde ihm die vorzeitige Entlassung angeboten, sollte er seine Fähigkeiten in legale Bahnen lenken. Seit 1976 berät Frank Abagnale das FBI, Fluggesellschaften, Banken und Unternehmen als Sicherheitsberater.

Catch-me-if-you-can-Darsteller Leonardo DiCaprio und das Vorbild für seine Rolle Frank Abagnale

Tipp	
Film	*Catch me if you can*, USA 2002, Regie: Steven Spielberg, Darsteller: Leonardo DiCaprio, Tom Hanks

GARY RIDGWAY

Der Autolackierer Gary Ridgway war in seiner Umgebung völlig unauffällig. Seit seinem Militärdienst immer denselben Arbeitgeber, verheiratet, ein Pudel, zwei Katzen – so wohnte er in einem Vorort von Seattle.
Als man ihn 2001 festnahm, drohte ihm die Todesstrafe. Um das zu verhindern, gestand er zwei Jahre später 48 Morde.

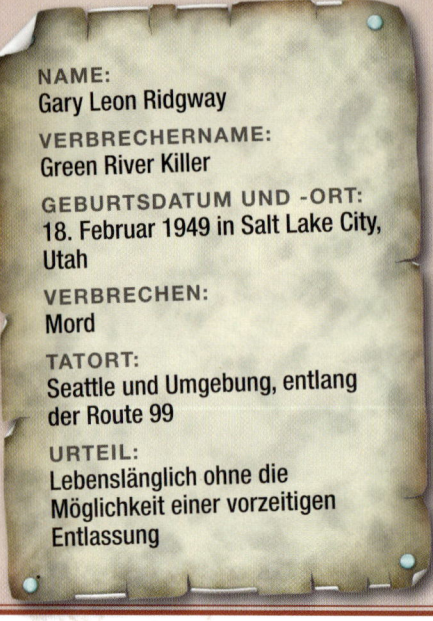

NAME:
Gary Leon Ridgway

VERBRECHERNAME:
Green River Killer

GEBURTSDATUM UND -ORT:
18. Februar 1949 in Salt Lake City,
Utah

VERBRECHEN:
Mord

TATORT:
Seattle und Umgebung, entlang
der Route 99

URTEIL:
Lebenslänglich ohne die
Möglichkeit einer vorzeitigen
Entlassung

Gary Ridgway

BÜRGERLICHE FASSADE

Gary Ridgway wuchs in Salt Lake City bei seinen Eltern und zwei Brüdern auf. Nach der High
School nahm er als Soldat am Vietnamkrieg teil.
Mit 22 Jahren wurde er Fahrzeuglackierer in
Seattle. Bei diesem Arbeitgeber bleib er bis zu
seiner Festnahme 2001. Zu diesem Zeitpunkt
lebte er mit seiner dritten Ehefrau zusammen.

Sein 1975 geborener Sohn stammt aus der
zweiten Ehe. Als Erklärung seines Hasses auf
Frauen wurde immer wieder sein angeblich
gestörtes Verhältnis zu seinen Eltern, vor allem
zu seiner Mutter, angeführt. Was in seiner Kindheit wirklich vorgefallen ist, kann aber nicht
eindeutig geklärt werden.

LEICHENFUNDE

Am 15. Juli 1982 fand man die Leiche von Wendy Lee Coffield am Ufer des Green River bei Seattle. Innerhalb der nächsten vier Wochen wurden an diesem Fluss vier weitere Frauenleichen entdeckt. Die Presse sprach vom „Green River Killer". Es begannen die umfangreichsten Ermittlungen der amerikanischen Kriminalgeschichte, die bis heute nicht abgeschlossen sind. Auf der Website des King County werden noch immer Hinweise für die Identifizierung unbekannter Opfer gesucht.

FRAUENHASSER

Gary Ridgway verachtete Frauen. Seine Opfer bezeichnete er als „Prostituierte", die keiner vermissen würde. Angeblich hatte er einvernehmlichen Sex mit den Frauen und erdrosselte sie anschließend. Danach legte er die Leichen am Fluss oder im Wald ab. Später fand man heraus, dass er sich auch an den Leichen

vergangen hatte. Teilweise waren Kopf und Körper an ganz unterschiedlichen Stellen gefunden worden. Ein Opferschema hatte er nicht, es reichte, wenn man weiblich und in seinen Augen „Abfall" war. Die ermordeten Frauen waren zwischen 15 und 38 Jahren alt.

Unter Tränen entschuldigt sich Ridgway im Gericht bei den Hinterbliebenen der Opfer.

VERDACHT

Gary Ridgway war schon 1987 in Verdacht geraten. Ein Zeuge hatte ihn zusammen mit einer später vermissten Frau gesehen. Aber weder in der Vernehmung noch bei einer Hausdurchsuchung fanden sich Beweise gegen ihn.

AUFWENDIGE ERMITTLUNGEN

Im Lauf der Jahrzehnte wurden 18.000 Personen vernommen und 10.000 Indizien überprüft. Aber erst 2001 war die Kriminaltechnik soweit, dass die Ermittlungen durch einen DNA-Abgleich zu Gary Ridgway führten. Dieser hatte 1987 eine Speichelprobe abgegeben. Seine DNA konnte nun zweifelsfrei an sieben Leichen nachgewiesen werden. Am 30. November 2001 wurde er festgenommen, stritt seine Verbrechen jedoch ab.

GESTÄNDNIS

Aufgrund erdrückender Beweise drohte ihm auch ohne Geständnis die Todesstrafe. Nicht um Ridgway zu helfen, sondern nur um zahlreichen Angehörigen Gewissheit zu verschaffen, bot der Staatsanwalt Norm Maleng dem Serienmörder einen Deal an. Gegen eine umfassende Aussage würde dieser von der Todesstrafe verschont werden. Daraufhin gestand Gary Ridgway die Morde und die Polizei fand noch zahlreiche weitere Leichen. Bis heute konnten dennoch nicht alle Frauen identifiziert und gefunden werden. Schätzungen gehen von bis zu 90 Fällen aus. Verurteilt wurde Gary Ridgway 2003 zu lebenslanger Haft aufgrund von 48 bewiesenen Morden. 2011 konnte die 1983 verschwundene Rebecca Marrero identifiziert werden, 2012 die 1982 verschwundene Sandra Denise Major.

CARLOS

Sein echter Name ist wenigen Menschen geläufig, aber als „Carlos" ist der Terrorist Ilich Ramírez Sánchez weltweit bekannt. In den 1970er- und 1980er-Jahren verübte er brutal und kaltblütig zahlreiche Terroranschläge in mehreren Ländern. Seinen Beinamen „der Schakal" bekam er laut Legende als während einer Hausdurchsuchung der gleichnamige Roman von Frederick Forsyth gefunden wurde.

„Carlos" im Jahr 2000

NAME:
Ilich Ramírez Sánchez

VERBRECHERNAME:
Carlos, der Schakal

GEBURTSDATUM UND -ORT:
12. Oktober 1949 in Caracas, Venezuela

VERBRECHEN:
Terrorismus, Mord

TATORT:
International

URTEIL:
Lebenslänglich

JUGEND

Sánchez' Vater war Anwalt und Kommunist. Ab seinem 14. Lebensjahr war Ilich Ramírez Sánchez Mitglied in der Jugendorganisation der Kommunistischen Partei. Nach der Scheidung seiner Eltern zog er mit der Mutter 1966 nach London. Zwei Jahre später studierte er in Moskau Jura, 1970 wurde er aber wegen seines westlichen Lebensstils wieder ausgewiesen.

„AUSBILDUNG"

Anfang der 1970er-Jahre sympathisierte er mit der PFLP (Popular Front for the Liberation of Palestine). Die sogenannte Volksfront galt in den meisten Ländern der Welt als Terrororganisation. In Jordanien nahm er an einem Trainingslager teil. In dieser Zeit bekam er den Namen „Carlos", nach Carlos Andrés Pérez, einem venezolanischen Politiker.

Die Strafanstalt auf dem ehemaligen Gelände des Klosters Clairvaux, in dem Carlos seine Strafe verbüßt

INTERNATIONALER TERROR

Sánchez verübte Terroranschläge in London und Paris. 1975 war er an der Planung und Ausführung des Angriffs auf das OPEC-Hauptquartier in Wien beteiligt. Drei Menschen starben und 60 Geiseln wurden genommen, darunter elf Ölminister verschiedener Staaten. Die Terrorgruppe floh mit rund 40 Geiseln, die sie in Algier und Tripolis wieder frei ließen. Die Geiselnehmer blieben in Libyen. Möglicherweise hatte Muammar al-Gaddafi die Geiselnahme unterstützt.

AUSSCHLUSS

Carlos wurde unterstellt, den Auftrag in Wien absichtlich falsch ausgeführt zu haben. Angeblich hatte er zwei Ölminister gegen viel Geld am Leben gelassen, obwohl sie eigentlich sterben sollten. Daraufhin wurde Carlos aus der PFLP ausgeschlossen.

AUFTRAGSARBEITEN

1976 bildete Carlos mit Gleichgesinnten aus verschiedenen Ländern eine Terrorgruppe. Er nahm Kontakt zu angeblich 15 verschiedenen Geheimdiensten auf, die ihn teilweise später selbst jagten. Viele Terroranschläge geschahen mit Unterstützung von Geheimdiensten.

UNERWÜNSCHTER BÜRGER

Die Ziele in den nächsten Jahren waren beispielsweise ein Kernkraftwerk in Frankreich, ein Kulturzentrum in Berlin, der französische Hochgeschwindigkeitszug TGV, eine Bank in London oder ein Radiosender in München. Gleichzeitig distanzierten sich immer mehr Staaten und

Organisationen von dem gnadenlosen Killer. Ungarn wies ihn 1985 aus. Der Irak, Libyen und Kuba wollten ihn nicht mehr aufnehmen. In Syrien wurde er unter der Bedingung, seine Aktionen einzustellen, geduldet. Er ließ sich dort mit Frau und Kind für einige Jahre nieder, bis 1991 die nächste Ausweisung folgte. Über Jordanien ging es für ihn nach Khartum in den Sudan.

AUSLIEFERUNG

Am 14. August 1994 lieferte ihn die sudanesische Regierung an Frankreich aus. Dort wurde er wegen Mordes zu einer lebenslangen Haftstrafe verurteilt. Österreich verzichtete auf seine Auslieferung. Heute verbüßt er seine Haft in einem Hochsicherheitsgefängnis in Frankreich.

OPFER

Carlos konnten letztlich 20 Morde nachgewiesen werden, man schätzt, dass es an die 100 waren. Nach eigener Aussage, rechnet er bei rund 100 Anschlägen mit 1500 bis 2000 Toten.

ARNO FUNKE

Der Autor, Grafiker und Karikaturist Arno Funke erpresste Ende der 1980er- und Anfang der 1990er-Jahre Kaufhäuser. Erfindungsreichtum und technische Raffinessen bei der Geldübergabe machten ihn international berühmt und brachten ihm große Sympathien in der Öffentlichkeit ein. Nach zahlreichen Pannen konnte die Polizei ihn am 22. April 1994 festnehmen.

Arno Funke

NAME:
Arno Martin Franz Funke

VERBRECHERNAME:
Dagobert

GEBURTSDATUM UND -ORT:
14. März 1950 in Berlin

VERBRECHEN:
Erpressung

TATORT:
Berlin

URTEIL:
9 Jahre Haft und 2,5 Millionen DM Schadenersatz an Karstadt (1996), im August 2000 vorzeitig entlassen

EIN KREATIVER KOPF

Arno Funke wurde 1950 in Berlin geboren. Er wuchs bei der Mutter in Berlin-Rudow auf. Sein Vater hatte die Familie früh verlassen. Schon in der Kindheit zeigte sich seine Kreativität. Früh interessierten ihn Malerei und Fotografie. Die anschließende Ausbildung zum Schilder- und Lichtreklamehersteller schloss er 1969 ab. Zahlreiche kreative Arbeitsstellen folgten. Er war beispielsweise Schilderhersteller, DJ, Pressefotograf und Kunstmaler. Jahrelang lackierte er Autos. Die dabei eingeatmeten Lösungsmittel machten ihn krank. Daraus resultierende schwere Depressionen wirkten sich bei seiner Verurteilung 1996 schuldmindernd aus.

ERPRESSUNG 1988

Im Berliner Kaufhaus des Westens, genannt KaDeWe, deponierte Arno Funke 1988 eine Bombe, um seiner Forderung nach 500.000 D-Mark Nachdruck zu verleihen. Die erste Geldübergabe scheiterte, deshalb ließ Arno Funke am 25. Mai 1988 eine weitere Bombe hochgehen. Der Sachschaden betrug damals rund 250.000 D-Mark. Daraufhin erhielt der Erpresser das geforderte Geld.

KARSTADT 1992–1994

Erneute Geldnot und private Probleme ließen Arno Funke 1992 wieder als Erpresser aktiv werden. Diesmal forderte er vom Karstadt-Konzern zunächst eine Million D-Mark, und erhöhte später auf 1,4 Millionen D-Mark. Die Presse nannte den unbekannten Erpresser „Dagobert". Eine Kleinanzeige mit der Zeile „Dagobert grüßt seine Neffen" sollte ihm signalisieren, dass Karstadt auf seine Forderungen eingehen werde. An die 30 Geldübergaben in zwei Jahren misslangen. Witterte Arno Funke Gefahr, zog er sich lieber ohne Geld zurück. In mehreren deutschen Großstädten detonierten in Karstadt-Häusern Bomben.

KATZ-UND-MAUS-SPIEL

Das Katz-und-Maus-Spiel, das sich die Polizei mit dem Erpresser lieferte, war medienwirksam. Am 19. April 1993 sollte das Lösegeld beispielsweise in einer Streusandkiste deponiert werden. Arno Funke hatte einen Kanaldeckel unter einer dünnen Betonschicht „verschwinden" lassen und die präparierte Streusandkiste darauf postiert. So hatte er unbemerkt Zugang zu dem vermeintlichen Geldpaket, indem er sich durch den Kanal anschlich und wieder verschwand. Die Polizei observierte zwar die Umgebung und hatte auch ein Mikrofon installiert – aber mit dem Weg durch den Kanal hatte niemand gerechnet, da der Kanaldeckel unbemerkt blieb. Arno Funke ergaunerte bei dieser Übergabe allerdings nur Papierschnipsel.

FESTNAHME

Am 22. April 1994 verließ Arno Funke sein Glück. Das Fahrrad im Laderaum seines Wagens verriet ihn. Er war damit schon 1993 auf der Flucht gesehen worden. Bei einem seiner Erpresseranrufe wurde er in Berlin-Johannistal in einer Telefonzelle geschnappt. Zunächst wurde er zu sieben Jahren und neun Monaten Haft verurteilt, aber der Staatsanwalt ging in Revision und das Strafmaß wurde auf neun Jahre erhöht. Am 13. August 2000 wurde er wegen guter Führung vorzeitig entlassen. Heute ist Arno Funke als Autor und Karikaturist erfolgreich.

Das Kaufhaus des Westens, Erpressungsopfer von Dagobert

DAVID UND CATHERINE BIRNIE

David und Catherine Birnie ermordeten 1986 vier junge Frauen in ihrem Haus. Die Adresse war Number 3 Moorhouse Street in Willagee, einem Vorort von Perth. Daher nannte die Presse den Fall „Moorhouse Murders". Das fünfte Opfer konnte fliehen und verständigte die Polizei.

NAME:
David John Birnie
Catherine Margaret Birnie, geb. Harrison

GEBURTSDATUM UND -ORT:
D. B.: 16. Februar 1951 in Perth, Australien
C. B.: 23. Mai 1951 in Perth

VERBRECHEN:
Entführung, Vergewaltigung, Mord

TATORT:
Perth

TODESDATUM UND -ORT:
D. B.: 7. Oktober 2005 in Perth

URTEIL:
Lebenslänglich

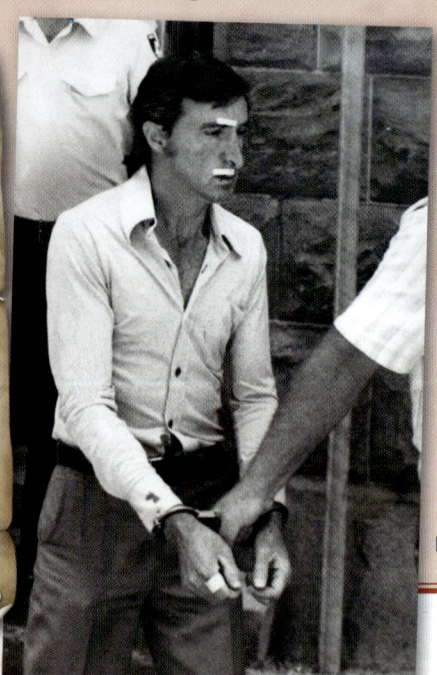

David Birnie

DAVID BIRNIE

David wuchs als ältester von mehreren Brüdern in Perth auf. Die Eltern waren alkoholkrank und die Kinder oft in Heimen untergebracht. Als er zehn Jahre alt war, zog seine Familie um. In der neuen Nachbarschaft lernte er Catherine Harrison, seine spätere Ehefrau, kennen. Seine Eltern ließen sich etwa 1961 scheiden und kümmerten sich nicht mehr um ihre Kinder. Mit 15 Jahren begann David Birnie eine Ausbildung zum Jockey, aber er geriet in Verdacht, die Pferde zu quälen. Nachdem er als Exhibitionist aufgefallen war, verließ er die Farm. Er verbüßte einige kurze Haftstrafen, heiratete mit Anfang 20 und bekam eine Tochter.

CATHERINE HARRISON

Ihre Mutter starb, als Catherine noch ein Kleinkind war. Der Vater gab das Mädchen zu den
Großeltern. Als Catherine zehn Jahre alt war,
entbrannte ein Sorgerechtsstreit zwischen ihrem
Vater und den Großeltern, den der Vater gewann. Ungefähr in dieser Zeit lernte sie David
Birnie kennen. Als Teenager waren David und
Catherine kurze Zeit ein Paar, begingen einige
Diebstähle und bekamen mehrere Jugendstra-
fen. Sie heirateten aber beide mit Anfang 20
andere Partner. Catherine bekam in kurzer Zeit
sieben Kinder mit ihrem Mann Donald McLaugh-
lin. Eines starb bei einem Autounfall, was Catherine mit ansehen musste.

VERBRECHEN

Ab 1985 waren Catherine und David Birnie wieder ein Paar. Catherine nahm den Namen Birnie
an. Sie wohnten in Willagee in einem Einfamilien-
haus. David Birnie soll krankhaft sex- und porno-
süchtig gewesen sein. Vom 6. Oktober bis zum
4. November 1986, in nur vier Wochen, entführten und ermordeten die beiden vier junge Frauen
im Alter zwischen 15 und 31 Jahren. Alle waren
zur falschen Zeit am falschen Ort gewesen. Das
Paar zwang seine Opfer mithilfe eines Messers
mitzukommen. Waren sie erst im Haus, wurden
sie ans Bett gefesselt und David Birnie vergewaltigte sie, während seine Frau zuschaute.
Noch im Haus oder erst an ihrem späteren
Fundort wurden die Frauen mit einem Seil er-
drosselt. Manche der Opfer wurden vor ihrem
Tod über mehrere Tage im Haus festgehalten
und gequält. Schließlich vergruben die Birnies
die Frauen im Wald. Als ein tot geglaubtes Opfer sich im Grab wieder aufsetzte, erschlugen
sie es mit einer Axt.

ENTDECKUNG

Am 10. November 1986 stürzte die 17-jährige
Kate Moir um Hilfe schreiend aus dem Haus der
Birnies. Sie war am Tag zuvor entführt und gequält worden. Als sie zu Hause anrufen sollte,
um ihren Eltern zu sagen, dass alles in Ordnung
sei, löste Catherine Birnie ihre Fesseln. So
konnte das Opfer durch ein offenes Fenster
entkommen.

FESTNAHME

David und Catherine waren sofort geständig
und führten die Polizei zu den versteckten Leichen im Wald. Die Verhandlung dauerte wegen
der Geständnisse nur 30 Minuten. Das Urteil
lautete lebenslänglich. 2005 fand man David
erhängt in seiner Zelle. Catherine Birnie wollte
bisher kein Richter vorzeitig entlassen.

Das Gefängnis in Freemantle, in dem David Birnie bis 1990 einsaß

DAVID BERKOWITZ

Von 1976 bis 1977 ermordete David Berkowitz in New York sechs Menschen. Er schlich sich an parkende Autos heran und schoss in den Innenraum. Meist waren Pärchen sein Ziel. Den Auftrag dazu habe er von „Father Sam", der frisches Blut brauche, schrieb der Mörder an die Polizei. Heute engagiert sich Berkowitz in der Gefängnis-Seelsorge.

NAME:
David Berkowitz

VERBRECHERNAME:
Son of Sam, .44 Caliber Killer

GEBURTSDATUM UND -ORT:
1. Juni 1953 in Brooklyn, New York

VERBRECHEN:
Mord

TATORT:
New York

URTEIL:
6-mal lebenslänglich

David Berkowitz

HERKUNFT

David Berkowitz wurde in Brooklyn, als Richard David Falco geboren. Seine Eltern trennten sich vor seiner Geburt, die Mutter gab ihn zur Adoption frei. Der Säugling wurde von Nathan und Pearl Berkowitz adoptiert. Geschwister hatte er keine. Als Berkowitz 13 Jahre alt war, starb seine Adoptivmutter an Krebs. Mit seiner Stiefmutter kam er nicht zurecht. 1971 ging er für drei Jahre zum Militär. Mit 21 Jahren erfuhr er,

dass er adoptiert wurde und auch, dass seine leibliche Mutter noch lebte. Eine Identitätskrise war die Folge. Als er festgenommen wurde, arbeitete er bei der Post.

VERBRECHEN

An Weihnachten 1975 griff Berkowitz in der Bronx zwei Frauen an. Beide überlebten die Messerattacke und Berkowitz entkam. Von Juli 1976 bis Juli 1977 kam es zu neun Überfällen auf Insassen parkender Autos. In einem Fall erstach er eine Frau, die allein war. Eigentlich schoss er sonst nur auf Paare. Sechs Todesopfer und einige Schwerverletzte waren die Bilanz.

BRIEFE VOM SON OF SAM

Im April 1977 erhielt der Leiter der Ermittlungen, Joseph Borelli, einen Brief des unbekannten Serienmörders. Er liebe die Menschen, aber müsse für Father Sam töten, war darin zu lesen. Ähnliches stand in einem zweiten Brief, der im Mai bei einer Zeitung einging. Später kam heraus, dass Berkowitz' Nachbar mit Vornamen Sam hieß. Berkowitz erklärte, dass Sams schwarzer Labrador Harvey von einem Dämon besessen sei. In der Presse hieß der Täter seit dem ersten Brief „Son of Sam". Bis dahin hatte man ihn nach der verwendeten Munition den „.44 Caliber Killer" genannt.

FESTNAHME

Wenige Tage nach der letzten Schießerei am 31. Juli 1977 meldete sich eine Zeugin bei der Polizei. Ihr war in ihrer Nachbarschaft ein gelber Ford Galaxy aufgefallen, weil dieser wegen Falschparkens aufgeschrieben wurde. Kurz nachdem die Polizei wegfuhr, sah sie, wie ein Mann mit einem großen, dunklen Gegenstand unter dem Arm einstieg. Als sie zu Hause von einer Schießerei in der Nähe erfuhr, stellte sie eine Verbindung her. Bereits am 10. August 1977

konnte die Polizei den auf Anhieb geständigen David Berkowitz festnehmen.

URTEIL

Der Täter wurde zu lebenslanger Haft verurteilt. 1979 erklärte er, die Dämonengeschichte habe er nur erfunden. In Wirklichkeit habe er einfach Frauen und Pärchen gehasst, weil er sich selbst ständig abgelehnt gefühlt hatte. Seit 1987 bekennt er sich zum christlichen Glauben, schreibt für religiöse Zeitschriften und engagiert sich im Gefängnis in sozialen Projekten. Im Jahr 2012 wurde eine Begnadigung zum sechsten Mal abgelehnt.

ERSTES „SON OF SAM LAW"

Als ihm für die Exklusivrechte an seiner Geschichte viel Geld geboten wurde, erließ New York ein neues Gesetz. Viele US-Staaten schlossen sich an. Die „Son of Sam Laws" verbieten, dass Straftäter aus ihren Verbrechen nachträglich Kapital schlagen dürfen. David Berkowitz konnte deshalb keine gewinnbringenden Verträge abschließen.

Eine Waffe mit .44 Kaliber, von der Art, wie sie Berkowitz verwendete

ROBERT MAUDSLEY

Seit 1973 in Haft, seit 1983 völlig isoliert in einem Hochsicherheitsgefängnis, sitzt Robert Maudsley, der als der gefährlichste Häftling Großbritanniens gilt. Vier Menschen wurden von ihm ermordet. Weil er 1983 vom Gehirn eines seiner Opfer gegessen haben soll, nannte man ihn „Hannibal the Cannibal" oder den „Brain Eater". Der erste Hannibal-Lecter-Roman war zwei Jahre zuvor erschienen.

Die Vorwürfe, Maudsley habe vom Gehirn seiner Opfer gegessen, stellten sich als falsch heraus.

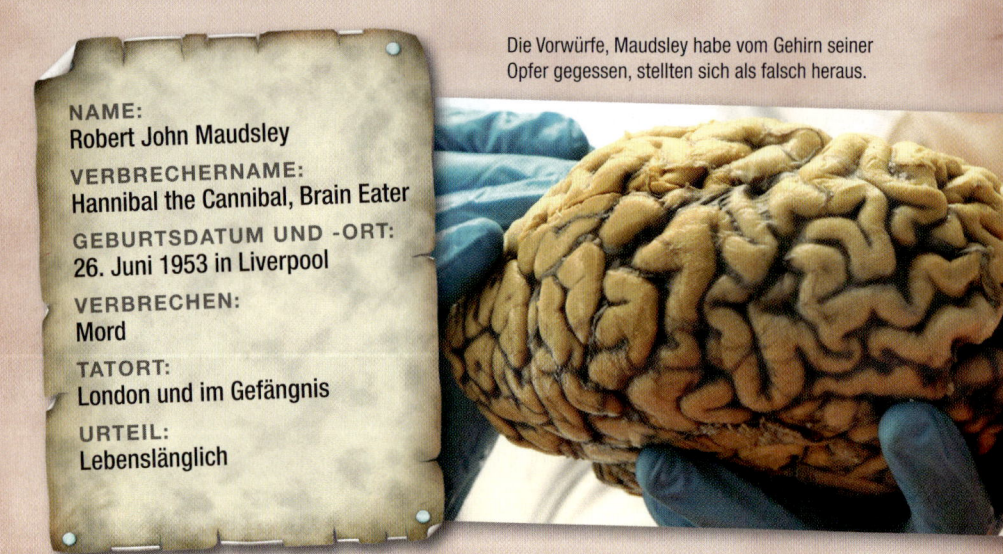

NAME:
Robert John Maudsley

VERBRECHERNAME:
Hannibal the Cannibal, Brain Eater

GEBURTSDATUM UND -ORT:
26. Juni 1953 in Liverpool

VERBRECHEN:
Mord

TATORT:
London und im Gefängnis

URTEIL:
Lebenslänglich

KINDHEITSTRAUMA

Robert Maudsley wurde 1953 in Liverpool als jüngstes von vier Geschwistern geboren. Weil die Eltern die Kinder völlig vernachlässigten, kamen sie in das Haus Nazareth, ein katholisches Waisenhaus, als Robert knapp zwei Jahre alt war. „Die Nonnen dort waren unsere Familie", sagten die Maudsley-Kinder aus. Als sie Jahre später zurück zu ihren Eltern mussten, hatten sie acht weitere Geschwister. Eingesperrt über Wochen oder Monate wurde Robert mehrmals täglich mit Stöcken geprügelt und auch sexuell missbraucht. Mit 16 Jahren ging er nach London und wurde Stricher, um seine Drogensucht zu finanzieren. Wegen mehrerer Suizidversuche kam er in eine Klinik. Er erzählte den Ärzten, dass ihn Stimmen aufforderten, seine Eltern zu töten.

Das Gefängnis in Wakefield, 2004, in dem Maudsley inhaftiert ist

HASS AUF KINDERSCHÄNDER

Seinen ersten Mord beging Robert Maudsley 1973 in London. Ein Freier, John Farell, zeigte ihm Fotos von Kindern, die er missbrauchte. Maudsley erdrosselte ihn und wurde in eine psychiatrische Gefängnisklinik eingewiesen. Dort folterte er 1977 mit einem Mitinsassen einen Mann zu Tode. Dieser hatte sich ebenfalls an Kindern vergangen. Die Presse berichtete, der Kopf des Toten sei aufgeplatzt wie ein Ei gewesen und ein Löffel habe in der Gehirnmasse gesteckt, von der Maudsley laut Zeitungsbericht gegessen haben soll.

WEITERE MORDE

Maudsley wurde ins Wakefield Prison verlegt, das unter dem Namen „Monster Mansion" bekannt ist und in dem besonders viele Sexualstraftäter inhaftiert sind. 1978 ermordete Maudsley an einem Nachmittag zwei Mithäftlinge. Salney Darwood, einem verurteilten Kinderschänder, schnitt er die Kehle durch und Bill Roberts erdrosselte er. Danach informierte er die Wächter und gab ihnen sein Messer.

THERAPIE ABGEBROCHEN

Drei Jahre war Robert Maudsley im Psychiatrie-Gefängnis Parkhurst, Isle of Wight. Der behandelnde Psychiater Dr. Bob Johnson bescheinigte Maudsley große Fortschritte, sein Kindheitstrauma zu verarbeiten. 1983 musste er zurück ins Wakefield Prison, wo er seitdem in Isolationshaft lebt. Im Keller der Haftanstalt wurde ein gläsernes Verlies gebaut, mit einer Schleuse für Nahrung. Bett, Tisch und Stuhl sollen aus Pappe sein. Eine Stunde am Tag hat er Hofgang, begleitet von mehreren Wächtern.

SPÄTE RICHTIGSTELLUNG

Einer der Wärter, die 1977 sein Opfer fanden, berichtete viel später, dass die Geschichten vom aufgeplatzten Schädel und dem Hirn essenden Mörder erfunden waren. In Ermangelung anderer Waffen hatte Maudsley dem Opfer einen abgebrochenen Löffel ins Ohr gerammt, um ihn zu töten. Der Schädel sei intakt gewesen. Diese Version bestätigt auch der Autopsiebericht laut dem keine Gehirnmasse fehlte. Das kann man auf der Website der Press Complaint Commission, auf der Beschwerden über Presseberichte veröffentlicht werden, nachlesen. Anfang 2009 gab die Daily Mail zu, dass ihre Berichterstattung inkorrekt gewesen sei.

AILEEN WUORNOS

Die Serienmörderin ermordete 1989 und 1990 in Florida sieben Männer. Alle Opfer hätten sie vergewaltigt oder es versucht, sagte Aileen Wuornos nach ihrer Festnahme aus. Sie habe aus Notwehr gehandelt. Vor Gericht konnte sie das nicht beweisen. Die Prostituierte wurde zum Tode verurteilt und 2002 hingerichtet.

NAME:
Aileen Carol Wuornos, geb. Pittman

GEBURTSDATUM UND -ORT:
29. Februar 1956 in Rochester, Michigan

VERBRECHEN:
Diebstahl, Raub, Mord

TATORT:
Florida

TODESDATUM UND-ORT:
9. Oktober 2002 im Florida State Prison, Bradford County

URTEIL:
Tod durch Giftinjektion

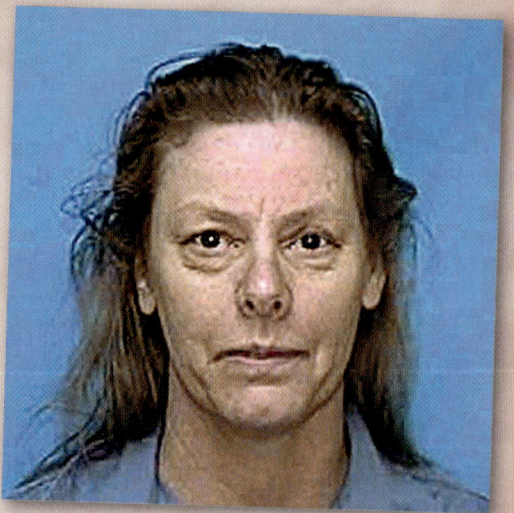

Aileen Wuornos

HERKUNFT

Als Aileen Carol Pittman geboren wurde, war ihre Mutter 17 Jahre alt und hatte schon einen Sohn. Ihren Vater lernte Aileen nie kennen, er wurde vor ihrer Geburt wegen Vergewaltigung und versuchten Mordes an einem siebenjährigen Kind inhaftiert. 1960 verließ die Mutter die beiden Geschwister. Diese wurden von den Großeltern mütterlicherseits adoptiert und hießen Wuornos. Schon mit elf Jahren soll Aileen in der Schule Sex angeboten haben, um Zigaretten, Drogen und Lebensmittel zu erhalten. Sowohl mit ihrem Bruder als auch mit ihrem alkoholkranken Großvater soll es zu Inzest gekommen sein. Mit 14 Jahren wurde sie schwanger. Ob vom Bruder, dem Großvater oder dessen Freund, ist unklar. Das Kind wurde zur Adoption freigegeben. Der Großvater warf sie aus dem Haus, nachdem die Großmutter 1971 gestorben war. Auf sich allein gestellt, begann sie, als Prostituierte zu arbeiten. Sie war obdachlos und lebte im Wald.

KURZE EHE

1976 war sie für neun Wochen verheiratet. Beim Trampen hatte sie den wohlhabenden 69-jährigen Lewis Gratz Bell kennengelernt. Sie soll ihren Ehemann geschlagen haben und er trennte sich von ihr.

STRAFREGISTER

Wuornos stahl Autos, überfiel Geschäfte und kam dadurch an Waffen und Munition, aber auch zu einem langen Vorstrafenregister. Haupteinnahmequelle blieb die Prostitution. Ab 1986 lebte sie mit Tyria Moore zusammen, die an den späteren Morden nicht beteiligt war und als Zimmermädchen und Putzfrau arbeitete.

MORDE

Im Dezember 1989 erschoss Aileen Wuornos ihren Freier, den 51-jährigen Richard Mallory. Dieser war wegen Vergewaltigung vorbestraft. Seine Leiche wurde fast zwei Wochen nach der Tat in einem Waldstück gefunden. In den folgenden zwei Jahren erschoss Aileen Wuornos weitere sechs Männer im Alter von 43 bis 65 Jahren, immer aus Notwehr, weil diese gewalttätig wurden, wie sie später aussagte. Peter Siems, 65, verschwand im Juni 1990; seine Leiche wurde nie gefunden. Sein Auto allerdings führte die Ermittler auf die Spur von Aileen Wuornos. Nach einem Unfall ließen Wuornos und Moore den Wagen stehen und Zeugen konnten die Frauen beschreiben.

Charlize Theron als Aileen Wuornos im Film *Monster*

ENTDECKUNG

Die verdächtigen Frauen wurden vernommen, aber erst im Januar 1991 gestand Aileen Wuornos die Morde. In einem langwierigen Verfahren (Januar 1992 bis Februar 1993) wurde Aileen Wuornos schließlich zum Tod verurteilt, obwohl mehrere Gutachter ihr eine verminderte Zurechnungsfähigkeit bescheinigten. In einem Interview mit dem Dokumentarfilmer Nick Broomfield erklärte sie, sie habe die Männer nicht aus Notwehr getötet. Als sie die Kameras abgeschaltet glaubte, sagte sie jedoch, sie habe sich nur derart geäußert, damit alles bald zu einem Ende käme. Sie könne das Leben im Todestrakt nach zwölf Jahren einfach nicht mehr ertragen. Am 9. Oktober 2002 starb sie durch eine Giftinjektion.

Tipp

Film *Monster*, USA 2003, Regie: Patty Jenkins, Darsteller: Charlize Theron, Christina Ricci

MARC DUTROUX

In den 1990er-Jahren entführte Marc Dutroux mindestens sechs Mädchen. Er hielt sie in einem Kellerverlies gefangen und missbrauchte sie. Nur zwei der Mädchen konnten lebend befreit werden. 2004 wurde Marc Dutroux zu lebenslanger Haft verurteilt. Ermittlungspannen und Ungereimtheiten sprachen dafür, dass Marc Dutroux kein Einzeltäter war, sondern Teil eines Netzwerks von Pädophilen.

NAME:
Marc Dutroux

GEBURTSDATUM UND -ORT:
6. November 1956 in Ixelles, Brüssel

VERBRECHEN:
Entführung, Vergewaltigung, Missbrauch, Mord

TATORT:
Charleroi, Belgien

URTEIL:
Lebenslänglich

Marc Dutroux

HERKUNFT

Marc Dutroux wurde 1956 in der Region Brüssel als erstes Kind eines Lehrer-Ehepaars geboren. Er hatte vier jüngere Geschwister. Als sich seine Eltern 1971 scheiden ließen, verließ der tyrannische Vater die Familie. Marc Dutroux soll sich danach als Familienoberhaupt aufgespielt haben, zog aber mit 16 Jahren aus. Mit 20 war er das erste Mal verheiratet, mit 25 Jahren heiratete er Michelle Martin, die an den späteren Entführun-

gen beteiligt war. Seine fünf Kinder haben nach dem Bekanntwerden seiner Verbrechen alle einen anderen Namen angenommen.

VORSTRAFEN

In den 1980er-Jahren handelte Marc Dutroux mit gestohlenen Autos und Zubehör, geriet aber auch mehrmals in Verdacht, an Entführung,

Vergewaltigung und Mord von Frauen beteiligt gewesen zu sein. Die Verfahren wurden aus Mangel an Beweisen eingestellt. Im Februar 1986 verhaftete man ihn und seine Ehefrau Michelle Martin. Im April 1989 wurde Marc Dutroux wegen der Entführung und Vergewaltigung von fünf minderjährigen Mädchen zu 13,5 Jahren Haft verurteilt, Martin bekam fünf Jahre. Bei seiner Festnahme hatte man Tausende von Pornovideos gefunden, auf einigen war er selbst zu erkennen. Er hatte die Mädchen missbraucht und dabei gefilmt. Nach nur drei Jahren Haft begnadigte man ihn wegen guter Führung, obwohl psychiatrische Gutachter und seine Mutter ausdrücklich vor ihm warnten. Ein anderes ärztliches Gutachten dagegen bescheinigte ihm Erwerbsunfähigkeit aufgrund gesundheitlicher Schäden, die er während der Haft erlitten haben soll, weshalb er seitdem eine kleine staatliche Rente bekam. Seine Frau war schon 1991 entlassen worden. Im Juli 1994 und im Juli 1995 soll er zwei junge Frauen aus der Slowakei vergewaltigt haben. Dafür wurde er zwar angeklagt, aber das Verfahren verlief im Sande.

VERHAFTUNG 1996

Im August 1996 wurde das Haus von Dutroux in Charleroi durchsucht. Man verhaftete ihn, seine Frau und den drogensüchtigen Michel Lelièvre, einen Tag später auch den Immobilienmakler Michel Nihoul. Nach zwei Tagen Vernehmung, erklärte Dutroux, wo sein geheimes Verlies zu finden sei. Sabine Dardenne, 12, und Laetitia Delhez, 14, wurden daraus befreit. Im Garten eines seiner Häuser zeigte Dutroux den Beamten die Gräber zwei achtjähriger Mädchen und seines ehemaligen Komplizen Bernard Weinstein. Anfang September 1996 sagte er aus, wo die Leichen von Eefje Lambrecks, 19, und An Mar-

Mitangeklagter Michel Nihoul

chal, 17, zu finden waren. Sie waren nahe der Wohnung von Weinstein verscharrt worden.

VERBRECHENSCHRONIK

Am 24. Juni 1995 verschwanden bei Lüttich zwei achtjährige Mädchen, Mélissa Russo und Julie Lejeune. Wenige Wochen später schickte die Gendarmerie aus Charleroi ein Fax an die Kollegen in Lüttich, in dem ein Verdächtiger genannt wurde: Marc Dutroux. Zeugen informierten die Polizei über merkwürdige Vorgänge in Dutroux' Haus, über einen Keller, in dem Zellen gebaut würden, über die verdunkelten Fenster und das Gerede von Dutroux, dass man mit Kindern viel Geld verdienen könne.

Am 22. August 1995 wurden An Marchal, und Eefje Lambrecks, in Blankenberge als vermisst gemeldet. Im Spätsommer schrieb Dutroux' Mutter an den Ermittlungsrichter, dass Nachbarn gesehen hätten, wie zwei junge Mädchen ins Haus gebracht worden seien. Am

In diesem Raum wurden die Mädchen festgehalten.

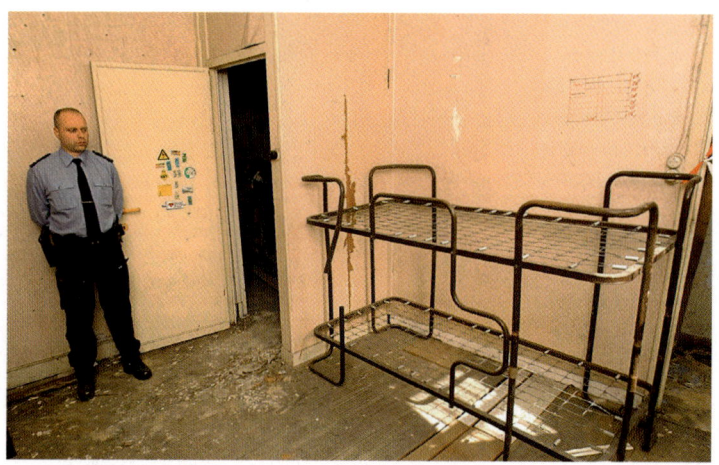

NETZWERK ODER EINZELTÄTER?

Die zahlreichen Ermittlungspannen ließen Gerüchte von einem Netzwerk von Kinder(porno)händlern aufkommen. Die Ermittler Michel Bourlet und Jean-Marc Connerotte waren diejenigen gewesen, die die Vermisstensuche mit absoluter Dringlichkeit vorangetrieben und die Verbrechen aufgeklärt hatten. Sie wurden wenige Wochen nach der Befreiung der Kinder von dem Fall abgezogen. Connerotte wurde Befangenheit vorgeworfen, da er mit den Eltern und den Kindern in einem Restaurant Spaghetti gegessen hatte. Der Vorfall wurde als „Spaghetti-Arrest" bekannt und die Öffentlichkeit protestierte empört gegen die Verleumdung der Beamten. Unter anderem setzten Feuerwehrleute aus Protest den Keller des Justizpalastes unter Wasser. Nach diesen spontanen Demonstrationen berief das Parlament am 17. Oktober 1996 eine Untersuchungskommission ein. Am 20. Oktober 1996 kam es in Brüssel zum „Weißen Marsch". Rund 300.000 Menschen forderten Aufklärung und Reformen in der Justiz.

6. Dezember 1995 wurde Dutroux wegen Autodiebstahls verhaftet. Beamte durchsuchten im Januar sein Haus. Man bemerkte zwar Kinderstimmen, meinte aber, sie kämen von draußen. Man fand Schlafmittel, Ketten, ein Spekulum, wie es von Gynäkologen benutzt wird, sowie Videos. Diese zeigten Umbauarbeiten im Keller sowie einen kurzen Ausschnitt von Dutroux beim Geschlechtsverkehr. Eine frisch verputzte Kellerwand fiel nicht auf.

Im März 1996 kam Dutroux wieder frei und fand im Kellerverlies die verhungerten Kinder Mélissa und Julie. An und Eefje waren wahrscheinlich bei dem Komplizen Weinstein versteckt oder bereits tot. Im Mai 1996 wurde Sabine Dardenne, 12, auf ihrem Schulweg entführt, Anfang August verschwand Laetitia Delhez, 14, vor einem Schwimmbad. Ein verdächtiges Auto sowie der Geschäftsmann Michel Nihoul wurden am Tatort gesehen. Am 13. August 1996 wurden Marc Dutroux, Michelle Martin und ihr Komplize Michel Lelièvre verhaftet. Zwei Tage später fand man Sabine und Laetitia in dem Kellerverlies.

UNTERSUCHUNGSAUSSCHUSS

Der Untersuchungsausschuss beschäftigte sich vor allem mit einer Frage: Steckte hinter den Ermittlungspannen gezielter Schutz von oben? Hinweise deuteten auf ein mafiöses System hin, die Beweise fehlten allerdings. Es kam jedoch zu einer Reform im belgischen Justizwesen.

URTEILE

Marc Dutroux wurde 2004 als Einzeltäter zu lebenslanger Haft verurteilt. Im Februar 2013 lehnte ein Gericht es ab, ihn mit elektrischen Fußfesseln ausgestattet freizulassen. Bis heute hält Dutroux an seiner Aussage fest, er sei nur der Handlanger für andere gewesen. Michelle Martin bekam 30 Jahre Haft, wurde aber 2012 unter bestimmten Auflagen in ein Kloster in Malonne entlassen. Michel Lelièvre erhielt 25 Jahre Haft. Der Geschäftsmann Michel

Nihoul, der schon 1996 bekannt gab, dass er durch seine guten Verbindungen „Arme so lang wie die Donau" habe, wurde 2004 freigesprochen.

CHILD FOCUS

Der Vater eines der ermordeten Mädchens, Jean-Denis Lejeune, initiierte 1996 Child Focus, eine Organisation, die die Suche nach vermissten Kindern unterstützt und eine Anlaufstelle für verzweifelte Eltern ist.

Michelle Martin und Marc Dutroux vor Gericht

JEFFREY DAHMER

Mit 18 Jahren tötete er einen jungen Anhalter, danach folgte eine neunjährige Pause. Von 1987 bis 1991 ermordete Jeffrey Dahmer 16 junge Männer. Erst wenn sie tot waren, fand er sie interessant, anziehend und appetitanregend. Der nekrophile Kannibale bewahrte die Leichen oft tagelang auf, um mit ihnen zu „spielen".

NAME:
Jeffrey Dahmer

VERBRECHERNAME:
Milwaukee Monster

GEBURTSDATUM UND -ORT:
21. Mai 1960 in Milwaukee, Wisconsin

ANSCHULDIGUNGEN:
Mord

TATORT:
Milwaukee

TODESDATUM UND-ORT:
28. November 1994 in Portage, Wisconsin

URTEIL:
957 Jahre Haft

Jeffrey Dahmer

HERKUNFT

Jeffrey Dahmer wuchs in Wisconsin auf. Sein Vater war Chemiker, der seine Freizeit mit seinem Sohn verbrachte. Seine Mutter war Hausfrau und soll unter Angststörungen gelitten haben. Nach der Schule ging er für zwei Jahre zur Armee und wurde Sanitäter. Danach zog er zu seiner Großmutter nach Florida. Seit seiner Schulzeit hatte er Alkoholprobleme. Das Kind

Jeffrey Dahmer erfuhr keinen Missbrauch und keine Gewalt. Einzig sein Interesse für tote Tiere irritierte seine Mitmenschen.

ERSTER MORD

1978, ein Jahr nach der Scheidung seiner Eltern, beging Jeffrey Dahmer seinen ersten Mord. Er lud den 16-jährigen Anhalter Steven Hicks zu sich ein. Als dieser sich verabschiedete, „wollte ich, dass er bleibt", sagte Dahmer später, und erschlug ihn. 1987 ging das Morden weiter. Lange Jahre wohnte er bei seiner Großmutter, bis diese ihn drängte auszuziehen. Im Mai 1990 zog Jeffrey Dahmer in ein eigenes Appartement. Zu diesem Zeitpunkt waren schon vier weitere junge Männer tot. Bei seiner Festnahme wurde ein Schädel von einem der Opfer gefunden.

Das Columbia Correctional Institution in Wisconsin, in dem Dahmer bis zu seinem Tod einsaß

APPARTEMENT 213

In nur einem Jahr beging Dahmer elf Morde. Er bot jungen Männern an, sie zu fotografieren. In seinem Appartement setzte er sie mit Betäubungsmitteln außer Gefecht. Er hatte Sex mit den Toten, schnitt sie auf, um die Eingeweide zu untersuchen oder arrangierte sie in merkwürdigen Posen, um sie zu fotografieren. Er trennte Fleisch von Oberschenkeln und Bizeps heraus, und fror es als Geschnetzeltes ein. Er bereitete sich Mahlzeiten aus Menschenfleisch und Gemüse. Hatte er wenig Zeit, die Leichen zu verarbeiten, legte er sie in die mit Eis gefüllte Badewanne, um sie frisch zu halten.

POLIZEIPANNE

Im Mai 1997 floh der 14-jährige Konerak Sinthasomphone verletzt und halb betäubt aus Dahmers Wohnung. Passanten riefen die Polizei. Ohne weitere Nachforschungen glaubten die Polizisten dem hinzukommenden Dahmer, dass der Junge sein 19-jähriger Freund sei, mit dem er sich gestritten hätte. Sie brachten Konerak zurück zu Dahmers Wohnung. Stunden später war der Junge tot. Das Versagen hatte für die zwei Beamten keinerlei Konsequenzen.

ENTDECKUNG

Der 32-jährige Tracy Edwards entkam Dahmer im Juli 1991. Bei der anschließenden Durchsuchung von Dahmers Wohnung fand man ein Fass mit Säurebad, in dem sich Teile von Opfern auflösten. Im Kühlschrank lag ein „frischer" Kopf, der die Beamten mit offenen Augen anstarrte, daneben abgehackte Hände. Im Gefrierfach war ein Herz. Man fand in der Wohnung noch sechs Köpfe, einige abgehackte Geschlechtsteile und Hände sowie Dahmers erschreckende Fotosammlung. Die gefundenen Körperteile stammten von elf Männern.

GEHIRNUNTERSUCHUNG

Jeffrey Dahmer wurde für voll zurechnungsfähig erklärt und am 15. Februar 1992 zu 957 Jahren Haft verurteilt. 1994 wurde er von einem Mithäftling erschlagen. Weder Psychologen noch er selbst konnten seine Taten erklären. Sein post mortem untersuchtes Gehirn zeigte keine Abnormalitäten.

Tipp

| Literatur | Derf Backderf: *My Friend Dahmer*, 2012 |

FRANK SCHMÖKEL

Ab 1981 geriet Frank Schmökel immer wieder mit dem Gesetz in Konflikt und erhielt diverse Haftstrafen. Aufgrund seiner zahlreichen Ausbrüche und den auf der Flucht begangenen Straftaten geriet der Maßregelvollzug in Deutschland in die Kritik und wurde verschärft. Am 11. Dezember 2002 wurde Frank Schmökel zu lebenslanger Haft mit anschließender Sicherungsverwahrung verurteilt.

NAME:
Frank Winfried Schmökel

VERBRECHERNAME:
Ausbrecherkönig

GEBURTSDATUM UND -ORT:
19. August 1962 in Strausberg, Brandenburg

VERBRECHEN:
Vergewaltigung, Mord

TATORT:
Brandenburg

URTEIL:
Lebenslänglich mit anschließender Sicherungsverwahrung

Frank Schmökel

KINDHEIT

Frank Schmökel soll ein schwieriges Kind gewesen sein. Er lebte mit den Eltern und einem Bruder im brandenburgischen Strausberg. Von der Mutter erlebte er ein ständiges Wechselbad zwischen schwerer Prügel und erzwungener Nähe wie Zwangskuscheln im Bett. Der Bruder soll von der Mutter unbehelligt geblieben sein.

JUGEND

In seiner Jugend beging Schmökel mehrere Diebstähle, schließlich kam er in eine Einrichtung für Schwererziehbare, in einen Jugendwerkhof. Mit 18 Jahren begann er eine Rinderzüchterlehre. Als der Leiter bemerkte, dass Frank Schmökel Sodomie mit Kälbern betrieb, durfte er nicht mehr im Kleinviehstall arbeiten. In einem eigenen Stall hielt er sich fortan Ziegen.

In dieser Zeit kamen ihm angeblich erste Suizid-gedanken. 1983 überlebte er einen Suizidver-such und begann eine Therapie.

AUF DER SUCHE NACH HILFE

Wegen seiner Probleme suchte er Hilfe in der Kirche, ließ sich taufen und arbeitete bis 1987 in einer Gemeinde. Seine Neigungen bereiteten ihm aber weiterhin Schwierigkeiten. Beispiels-weise entblößte er sich vor Kindern.

VERBRECHEN

1988 vergewaltigte Frank Schmökel ein 13-jäh-riges Mädchen. Er floh aus der Haft und nach seiner Festnahme verlängerte man seine Strafe um weitere zehn Monate. 1989 wurde er vorzeitig entlassen. Nach vier Missbrauchsfällen kam er 1992 in eine psychiatrische Klinik und 1993 verurteilte ihn ein Gericht zur Unterbringung im Maßregelvollzug. Frank Schmökel konnte in den Jahren 1994, 1995, 1996, 1997 und 2000 aus-brechen, 1997 sogar zweimal. In den kurzen Zeitspannen auf freiem Fuß beging er sofort neue Straftaten. Er lauerte kleinen Mädchen zwischen acht und elf Jahren auf, vergewaltigte sie und versuchte, sie anschließend zu töten.

ZWEI GESICHTER

Trotzdem konnte er in der Klinik immer wieder den Eindruck erwecken, dass er therapierbar sei. Im April 2000 erhielt er die Lockerungsstufe 4, was bedeutete, dass er sich in Begleitung von Pflegern aus der Klinik entfernen durfte. Rund 70-mal war er mit seinen Pflegern zum Einkaufen oder zum Sport gegangen, bevor er im Oktober 2000 seine Mutter besuchen wollte. Beim Kaffeetrinken ging er ohne erkennbaren

Anlass mit einem Messer auf seine Mutter und die Pfleger los. Die Mutter starb, die Pfleger über-lebten mit zahlreichen Messerstichen. Die größte Verfolgungsjagd Deutschlands nach einem ein-zelnen Flüchtigen begann. Auf seiner 13-tägigen Flucht erschlug Schmökel einen Mann – angeb-lich, um sein Auto zu stehlen. Die Polizei warnte die Bevölkerung vor einem völlig unberechen-baren Täter, im einen Moment ruhig und nett, im nächsten aggressiv und jähzornig. Die Ver-antwortlichen der Klinik wurden vom Bund Deutscher Kriminalbeamter wegen Gefangenen-befreiung angezeigt.

Polizisten mit Hunden bei einer groß angelegten Suchaktion des Sexualstraftäters Schmökel

LETZTE FESTNAHME

Am 7. November 2000 konnte Schmökel in einem Waldgebiet bei Bautzen gestellt werden. Der Skandal führte zur Entlassung eines Staatssekretärs und zu Verschärfungen im Maßregelvollzug. Frank Schmökel wird nach seiner Entlassung aus der lebenslangen Haft in Sicherungsverwahrung bleiben.

PHOOLAN DEVI

Als Kind wurde die Inderin für ein Fahrrad und eine Kuh mit einem 35-jährigen Mann verheiratet. 1979 schloss sie sich einer Räuberbande an und wurde bald darauf deren Anführerin. Von 1996 bis zu ihrer Ermordung 2001 war sie Abgeordnete des Indischen Parlaments.

NAME:
Phoolan Devi

VERBRECHERNAME:
Bandit Queen

GEBURTSDATUM UND -ORT:
10. August 1963 in Gorha Ka Puwa,
Uttar Pradesh, Indien

VERBRECHEN:
Vermutlich Raub, Diebstahl, Mord

TATORT:
Indien

TODESDATUM UND -ORT:
25. Juli 2001 in Neu-Delhi

Phoolan Devi

HERKUNFT

Mit fünf Geschwistern wuchs Phoolan Devi in einem indischen Dorf auf. Ihre Familie gehörte zu einer niederen Kaste, den Mallahs. Weil ihr Geburtstag auf den Tag eines hinduistischen Blumenfestes fiel, nannten ihr Eltern sie Phoolan, was „Blume" bedeutet. Mit elf Jahren wurde sie mit einem 35-jährigen Mann zwangsverheiratet. Dieser verstieß sie nach Jahren voller Misshandlungen. Zurück in ihrem Dorf galt sie als rechtlos. Sie wurde mehrfach sowohl von Dorfbewohnern als auch von Polizisten vergewaltigt.

RÄUBER

1979 kamen Banditen in ihr Dorf. Einer der Anführer, Baboo Gujar Singh, gehörte zu der Kaste der Thakur, der andere, Vickram, war wie Phoolan aus der Kaste der Mallah. Vickram überlebte

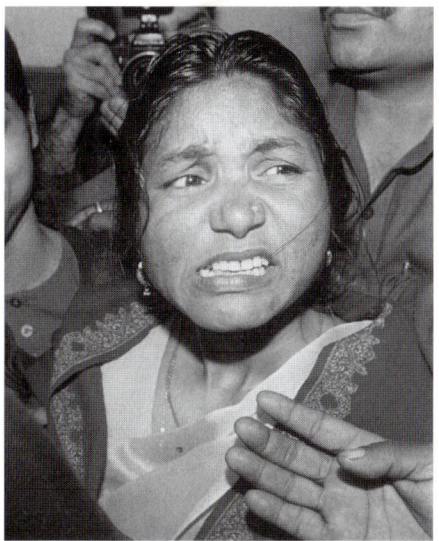

Phoolan Devi nach ihrer Entlassung nach elf Jahren Gefängnis

einen Streit, bei dem er Baboo Gujar erschoss. Phoolan Devi und Vickram heirateten und zogen mit den Banditen raubend durchs Land. Phoolan soll ihren ersten Ehemann verprügelt und auf einem Esel sitzend öffentlich dem Spott preisgegeben haben. Nachdem ihr Mann Vickram von einem Mitglied der Thakur ermordet worden war, gründete Phoolan ihre eigene Räuberbande. Der Legende nach agierte sie wie Robin Hood, stahl von den Reichen und verteilte die Beute an die Armen. Sie war beim Volk beliebt, aber zu den Banditen aus der Kaste der Thakur bestand eine große Feindschaft. Phoolan rächte den Tod ihres zweiten Mannes. Beim Massaker von Behmai 1981 soll ihre Bande für den Tod von 22 Thakur-Mitgliedern verantwortlich gewesen sein. Danach begann eine groß angelegte Jagd auf sie.

KAPITULATION

1983 handelte Phoolan Devi mit den Justizbehörden einen Vertrag aus. Ihre Bande und sie wollten sich freiwillig stellen. Dafür sollte

keine Strafe höher als acht Jahre Haft ausfallen und ihre Familie sollte ein Stück Land erhalten. Am 13. Februar 1983 legte Phoolan Devi öffentlich ihre Waffen nieder. Die Bevölkerung feierte sie als Heldin. Eine Frau, noch dazu aus einer niederen Kaste, hatte sich gewehrt.

HAFT

Der Räuberin wurden 48 Straftaten, darunter Morde, Raubüberfälle und Entführungen zur Last gelegt. Phoolan Devi verbrachte ohne Prozess elf Jahre in Haft. Hätte man ihre Verbrechen untersucht, wären auch die Gewalttaten, die ihr angetan worden waren, international bekannt geworden. 1994 wurde sie auf Bewährung freigelassen und alle Anklagen gegen sie zurückgezogen.

ERMORDUNG

Bei den Parlamentswahlen 1996 gewann Phoolan Devi einen Sitz im Unterhaus des Indischen Parlaments. 1999 wurde sie wieder gewählt. Sie setzte sich für Menschenrechte, insbesondere für die Rechte von Frauen, ein. Am 25. Juli 2001 wurde sie vor ihrem Haus in Neu-Delhi aus einem fahrenden Auto heraus von fünf Schüssen getroffen. Sie starb kurz darauf noch am selben Tag im Krankenhaus.

Tipps

Literatur	Phoolan Devi, Marie-Therese Cuny: *I, Phoolan Devi: The Autobiography of India's Bandit Queen*, 1997
Film	*Phoolan Devi – Rebellion einer Banditin*, D 1994, Regie: Pepe Danquart, Myriam Quinte

OSAMA BIN LADEN

Der ehemals meistgesuchte Terrorist der Welt starb in der Nacht zum 2. Mai 2011 in seiner Villa in Pakistan. Ein US-Kommando hatte den Anführer der al-Qaida gestellt. Osama bin Laden wurde international bekannt, nachdem er maßgeblich an der Planung der Anschläge auf das World Trade Center am 9. September 2001 beteiligt gewesen war.

NAME:
Usama ibn Muhammad ibn Awad ibn Ladin

VERBRECHERNAME:
Osama bin Laden

GEBURTSDATUM UND -ORT:
Zwischen März 1957 und Februar 1958

VERBRECHEN:
Terrorismus

TATORT:
International

TODESDATUM UND-ORT:
2. Mai 2011 in Abottabad, Pakistan

Osama bin Laden

HERKUNFT

Osama bin Laden wuchs in Saudi-Arabien auf. Sein Vater hatte 57 Kinder von 22 Ehefrauen. Seine Mutter hatte in ihrer zweiten Ehe vier weitere Kinder. So hatte Osama bin Laden 61 Halbgeschwister. Die Familie bin Laden besitzt in Saudi-Arabien einen international agierenden Mischkonzern im Bau- und Immobilien-gewerbe mit Milliardenumsätzen. Die Kinder besuchten eher westlich orientierte Schulen nach angelsächsischem Vorbild. 1976 begann Osama bin Laden BWL und Bauingenieurswesen in Dschidda zu studieren. Parallel arbeitete er in der Baufirma seiner Familie und interessierte sich zunehmend für religiöse und politische Themen.

POLITISIERUNG

1979 brach er das Studium vorzeitig ab. Drei Ereignisse hatten ihn möglicherweise stark beeindruckt: erstens die Islamische Revolution im Iran, zweitens die Besetzung der großen Moschee in Mekka und drittens die sowjetische Besetzung Afghanistans. Er engagierte sich so stark in diversen Gruppierungen, dass er 1984 seine Stellung im Familienunternehmen verlor.

AL-QAIDA

Zunächst organisierte er Spendengelder für Hilfsdienste in Afghanistan, wurde aber zunehmend fundamentalistisch und gewaltbereit. Nach dem Abzug der Sowjets 1988/89 aus Afghanistan gründete Osama bin Laden „al-Qaida". Hatten ihn Saudi-Arabien und die USA im Kampf gegen die sowjetischen Besatzer noch finanziell unterstützt, distanzierten sich diese nun von ihm.

ENDE DER UNERSCHÖPFLICHEN GELDQUELLEN

Ab 1989 lebte bin Laden wieder als erfolgreicher Geschäftsmann in Saudi-Arabien. Wegen seiner illegalen Aktivitäten erteilte ihm das saudische Königshaus 1990 ein Ausreiseverbot und zog seinen Pass ein. Dennoch lebte er ab 1992 als Unternehmer im Sudan. Von dort unterstützte er islamistische Gruppierungen in Nordafrika, Arabien und Asien. Nach dem ersten islamistischen Anschlag auf das World Trade Center 1993 wurde die internationale Presse auf den Geschäftsmann, der die al-Qaida anführte, aufmerksam. 1994 verlor er die saudische Staatsbürgerschaft. Seine Familie schloss ihn aus. Seine Firmenanteile, Konten und Besitztümer in Saudi-Arabien wurden eingezogen.

STAATENLOS IN AFGHANISTAN

Ab 1996 war Osama bin Laden auch im Sudan nicht mehr erwünscht. Der Staatenlose zog nach Afghanistan, wo er mit weiteren Anführern neue Feindbilder formulierte: die USA, deren Verbündete und das saudische Königshaus. Die Terroristen begingen weltweit blutige Anschläge. Seit 1999 stand Osama bin Laden auf der FBI-Liste der meistgesuchten Verbrecher ganz oben. Die USA verhandelte jahrelang mit der afghanischen Talibanregierung über seine Auslieferung – allerdings vergebens.

Die brennenden Türme des World Trade Centers

ATTENTAT

Am 9. September 2001 brachten Terroristen beide Türme des World Trade Centers mit entführten Flugzeugen zum Einsturz. Mehr als 3000 Menschen starben. Als Drahtzieher des Attentats wurde Osama bin Laden verstärkt gejagt bis er fast zehn Jahre später, am 2. Mai 2011, von einem Sondereinsatzkommando der USA getötet wurde.

DIE BELTWAY SNIPER

Im Oktober 2002 feuerte ein Schütze mit einem halbautomatischen Gewehr wahllos auf Passanten vor Supermärkten, Schulen, an Bushaltestellen, Tankstellen oder auf Parkbänken im Raum Washington. Zehn Menschen starben. Zur Überraschung der Polizei waren es zwei Täter: John Allen Muhammad, ein ausgebildeter Scharfschütze, und der minderjährige Lee Boyd Malvo.

NAME:
John Allen Muhammad
Lee Boyd Malvo

VERBRECHERNAME:
Beltway Sniper

GEBURTSDATUM UND -ORT:
J. M.: 31. Dezember 1960 in
New Orleans, Louisiana
L. M.: 18. Februar 1985 in
Kingston, Jamaica

VERBRECHEN:
Mord

TATORT:
Washington D. C., Virginia,
Maryland

TODESDATUM UND -ORT:
J. M.: 10. November 2009 in
Jarratt, Virginia

URTEIL:
J. M.: Tod durch Giftinjektion
L. M.: Lebenslänglich

John Allen Muhammad

JOHN ALLEN MUHAMMAD

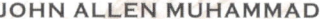

Muhammads Geburtsname war John Allen Williams, 1987 konvertierte er zum Islam und nannte sich seither Muhammad. Zum Zeitpunkt der Mordserie war er 41 Jahre alt, also die Vaterfigur des ungleichen Mörderduos. Muhammad wuchs bei Verwandten auf, nachdem der Vater früh verschwunden und die Mutter gestorben war, als er drei Jahre alt war. Mit 21 Jahren heiratete er seine erste Frau. Mit ihr und einem Sohn lebte er im Wohnwagen. 1987 trennten sich die Eheleute. Ein Jahr später heiratete er

Mildred, mit der er drei Kinder hatte. In der Armee lernte er Automechaniker und war im Zweiten Golfkrieg (2. August 1990 bis 5. März 1991) im Einsatz, wo er eine Auszeichnung als besonders guter Schütze bekam. 1994 machte er sich selbstständig, zunächst mit einer Autowerkstatt, danach mit einer Karateschule. Nach ihrer Trennung stritten seine Frau Mildred und er um das Sorgerecht für ihre drei Kinder. Er entführte seine drei Kinder nach Antigua, wo er auch den 15-jährigen Lee Boyd Malvo und dessen Mutter kennenlernte. 18 Monate lebten sie dort von dem Handel mit gefälschten Papieren. Zurück in den USA, ging Malvos Mutter 2001 auf Arbeitssuche in Florida. Muhammads leibliche Kinder kamen zurück zur Mutter, die ihn längst wegen Kindesentführung angezeigt hatte. So blieb nur Malvo bei Muhammad in Washington.

LEE BOYD MALVO

Lee Boyd Malvo, auch John Lee Malvo genannt, wuchs in Jamaica bei seiner alleinerziehenden Mutter auf. Weil sie den Lebensunterhalt verdie-

nen musste, war das Kind oft allein oder bei Verwandten. Als er 14 Jahre alt war, ging seine Mutter mit ihm nach Antigua, wo die beiden John Allen Muhammad und seine Kinder trafen. Muhammad wurde sein Ziehvater und blieb es auch, als sie zurück in die USA gingen.

ZURÜCK IN DEN USA

Muhammad und Malvo schliefen in Obdachlosenheimen oder Autos. Sie wurden für Vater und Sohn gehalten. Laut Malvo missbrauchte Muhammad ihn sexuell. Einen Chevrolet Caprice bauten sie so um, dass einer liegend durch ein Loch in der Heckklappe schießen konnte. Sie besaßen ein halbautomatisches Gewehr, Marke Bushmaster, mit Laserzielvorrichtung, was genaues Zielen auch aus größerer Distanz ermöglichte. In Wäldern unterrichtete Muhammad den jüngeren Malvo im Schießen. Später sagte Malvo aus, in dieser Zeit habe Muhammad immer mehr Hass auf fast alles, aber vor allem auf die USA, entwickelt. Muhammad habe ihm erzählt, dass er zehn Millionen Dollar erpressen wolle, um damit Camps für obdachlose schwarze Kinder und Jugendliche aufzubauen. Dazu müssten aber erst einige Menschen sterben. Laut Muhammads späterem Anwalt sollten die Morde zur Täuschung der Polizei gewesen sein. Um das Sorgerecht für seine Kinder zu erhalten, wollte er auch seine Exfrau Mildred erschießen. Da er vorher die anderen Menschen getötet hatte, würde der Verdacht nicht auf ihn fallen, sondern dem Beltway Sniper zugerechnet werden.

Lee Boyd Malvo

VERBRECHEN ZUR PROBE

Bevor die Mordserie in Washington begann, „probten" die beiden in verschiedenen Städten. Im September 2002 wurden völlig willkürlich an unterschiedlichsten Plätzen fünf Personen angeschossen, von denen zwei schwer verletzt überlebten. Bei einer dieser Schießereien konnte ein Fingerabdruck gesichert werden, der sich später mithilfe seiner Akte bei der Einwanderungsbehörde Lee Boyd Malvo zuordnen ließ.

MORDSERIE IN WASHINGTON

In Washington wurde aus dem Hinterhalt, aus größerer Distanz geschossen. Die Ziele waren zufällige Passanten. Zunächst ging man von einem Täter aus, der aber unsichtbar blieb. Am 2. Oktober 2002 wurde frühmorgens ein Laden beschossen, aber niemand getroffen. Eine Stunde später starb ein 55-Jähriger auf dem Parkplatz eines Supermarktes. In den Morgenstunden des 3. Oktobers wurden innerhalb von zwei Stunden vier Menschen an vier verschiedenen Plätzen innerhalb der Stadt erschossen.

Das Gewehr, mit dem die Opfer getötet wurden

Am Abend und am nächsten Tag starben wieder zwei Menschen. Weil es Muhammad geärgert hatte, dass die Polizei öffentlich behauptete, Schulkinder seien vor dem Sniper sicher, wurde am Morgen des 7. Oktobers ein 13-jähriger Schüler niedergeschossen. Trotz schwerster innerer Verletzungen überlebte er. Am Tatort fand man eine Tarotkarte mit dem Symbol des Todes, dazu eine Notiz: „Call me God". Am 9. und 11. Oktober erschossen die Täter jeweils einen Menschen an einer Tankstelle. Am 19. Oktober traf es jemanden, der gerade vor einem Restaurant stand, das Opfer überlebte jedoch. Im Gebüsch fand die Polizei erstmals einen längeren Brief mit einer Lösegeldforderung. Am 22. Oktober wurde ein Busfahrer tödlich getroffen, als er in seinen Wagen einsteigen wollte.

ERMITTLUNGEN

An den Ermittlungen waren neben den örtlichen Polizeibehörden auch das FBI und der Secret Service beteiligt. Die wenigen Spuren waren die Tarotkarten, ein Brief, ein Telefonanruf, einige Patronenhülsen und ein Fingerabdruck an einem Tatort. Malvo hatte bei seiner Einwanderung Fingerabdrücke abgegeben und wurde identifiziert. Weitere Recherchen ergaben, dass er mit einem John Allen Muhammad eingereist war, der im Krieg als Scharfschütze tätig gewesen war. Man fand heraus, dass Muhammad ein großes weißes Auto fuhr. Das passte zu den Zeugenaussagen, die einen solchen Wagen an manchen Tatorten gesehen hatten. Erst wurde nach einem weißen Van gefahndet, danach nach einem hellen Chevrolet

Der Angeklagte Muhammad verteidigte sich vor Gericht selbst.

Caprice. So ein Modell bemerkte ein LKW-Fahrer am Morgen des 24. Oktobers auf einem Parkplatz an einer Schnellstraße.

FESTNAHME

Die alarmierten Einsatzkräfte riegelten den Parkplatz ab und pirschten sich leise und unauffällig an das verdächtige Fahrzeug heran. Die beiden Täter lagen schlafend in ihrem Auto.

VERFAHREN

Es gab mehrere Verfahren. Zum einen, weil der minderjährige Lee Boyd Malvo nach Jugendstrafrecht verurteilt wurde, zum anderen, weil die Verbrechen in mehreren Bundesstaaten verübt wurden. Obwohl nicht sicher geklärt werden konnte, wer die Schüsse abgegeben hatte, erhielt Muhammad als Drahtzieher und Terrorist die Todesstrafe. Auch für Malvo wurde die Todesstrafe heftig diskutiert, aber wegen seines Alters verworfen. Er bekam lebenslänglich ohne eine Möglichkeit auf Begnadigung. John Allen Muhammad starb am 10. November 2009 durch eine Giftinjektion. Lee Boyd Malvo verbüßt seine Haft. In Interviews und Briefen an die Angehörigen zeigte er Reue für seine Taten.

ZIVILKLAGE

2003 strengten Angehörige der Todesopfer sowie die Überlebenden einen Zivilprozess gegen die Täter sowie den Hersteller und den Händler des benutzten Bushmaster-Gewehres an. Der Waffenhändler besaß eine dicke Akte, in der diverse Ungereimtheiten aufgelistet waren.

Im Laufe von drei Jahren hatte er schon 238 Gewehre als verschwunden gemeldet. Damit konnte ihm mindestens grobe Fahrlässigkeit nachgesagt werden. Beide Täter hätten legal gar nicht an ein halbautomatisches Gewehr kommen dürfen, Malvo aufgrund seines Alters, Muhammad wegen einiger Vorstrafen, beispielsweise der Kindesentführung. Dem Hersteller wurde vorgeworfen, dass der Vertrieb solcher Waffen unverantwortlich sei. Das Gericht erkannte bei den angeklagten Parteien auf schuldig und sprach den Familien 2,5 Millionen Dollar Entschädigung zu. Das Urteil war ein Präzedenzfall, denn zum ersten Mal in den USA wurden Waffenhersteller und Waffenhändler für Verbrechen, die mit ihren Produkten begangen wurden, verantwortlich gemacht.

Tipp

Film *Sniper – Der Heckenschütze von Washington,* USA 2003, Regie: Tom McLoughlin, Darsteller: Charles S. Dutton

RONNY RIEKEN

Im November 1998 stand Ronny Rieken vor Gericht. Zwei Morde und zahlreiche Vergewaltigungen an Kindern wurden dem dreifachen Familienvater zur Last gelegt. Er war der erste Sexualstraftäter in Deutschland, der durch einen DNA-Massentest identifiziert werden konnte. Das Verfahren war damals brandneu.

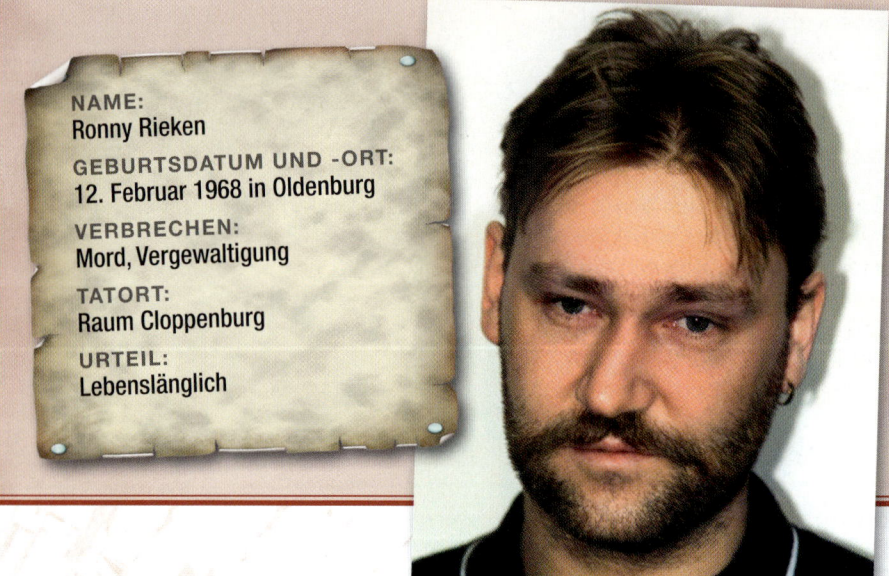

NAME:
Ronny Rieken

GEBURTSDATUM UND -ORT:
12. Februar 1968 in Oldenburg

VERBRECHEN:
Mord, Vergewaltigung

TATORT:
Raum Cloppenburg

URTEIL:
Lebenslänglich

Ronny Rieken

HERKUNFT

Ronny Rieken wuchs mit zwei Schwestern in Oldenburg bei seiner Mutter auf. Der Vater war im Gefängnis, verurteilt wegen Missbrauchs und Vergewaltigung der eigenen Töchter und eines weiteren Mädchens. Schon als Kind soll Ronny Rieken jähzornig und unberechenbar gewesen sein. In seiner Jugend stahl und trank er. Er selbst behauptete, er sei von seinen alkoholkranken Eltern oft verprügelt worden.

Nach der Schule arbeitete er als Maschinenbauer und Binnenschiffer.

VORSTRAFEN

Im Mai 1989 hatte sich Ronny Rieken mit seiner zwei Jahre jüngeren Schwester getroffen. Weil sie gehen wollte, aber nicht sollte, strangulierte er sie mit einem Gürtel bis zur Bewusstlosigkeit und vergewaltigte sie. Das Gericht attestierte ihm eine Persönlichkeitsstörung und verurteilte ihn zu zehn Jahren Haft. In der Revision wurde das Urteil auf fünf Jahre reduziert. Nach nur dreieinhalb Jahren kam er vorzeitig und ohne Therapie wegen guter Führung wieder frei. Im Ort hatte seine Mutter erzählt, ihr Sohn sei zur See gefahren. Sogar während eines Hafturlaubs soll er ein Kind missbraucht haben. Bei den Ermittlungsbehörden wurde der Fall von 1989 unter „Familiensachen" abgelegt, daher wurde Ronny Rieken bei späteren Fahndungen nicht als vorbestrafter Sexualtäter überprüft.

MORDFÄLLE

Am 16. März 1998 verschwand die elfjährige Christina Nytsch auf ihrem Nachhauseweg im ländlichen Weser-Ems-Land. Sechs Tage später wurde ihre Leiche in einem Waldstück gefunden, übersät mit Hämatomen und mit 17 Messerstichen getötet. Laut Autopsie war sie mehrmals vergewaltigt worden. Die DNA des gefundenen Spermas stimmte mit einer Probe aus einem anderen Fall überein. Zwei Jahre zuvor war eine Neunjährige gefunden worden. Zwar war der Täter noch unbekannt, aber durch die zwei übereinstimmenden DNA-Spuren war klar, dass die Polizei einen Serientäter suchte.

MASSENTEST

Der bis dahin weltweit größte DNA-Massentest bestimmte die DNA von 16.400 Männern zwischen 18 und 30 Jahren aus der Region. Nach 50 Tagen stand das Ergebnis fest: Die Probe mit der Nummer 3889 stammte vom Täter. Ronny Rieken wurde verhaftet, gestand aber zunächst nur den Mord an Christina Nytsch, erst später auch den Mord an der 13-jährigen Ulrike Everts.

Beamte am Fundort von Ulrike Everts, die nach weiteren Spuren suchen

OPFERSUCHE

Nach und nach kam heraus, dass Rieken regelmäßig auf der Suche nach Kindern durch die Gegend gefahren war, bis zu 8000 Kilometer im Monat. Er zerrte seine Opfer in den Kofferraum seines Wagens, fuhr in einen Wald und verging sich an ihnen.

URTEIL

Im November 1998 verurteilte ihn das Gericht wegen zweifachen Mordes und Vergewaltigung in 14 weiteren Fällen zu lebenslanger Haft. Außerdem stellte es wegen seiner Grausamkeit eine besondere Schwere der Schuld fest, wodurch die lebenslange Haft nicht automatisch nach 15 Jahren endet. Bei einer Haftprüfung im Frühjahr 2012 entschied man, das Rieken mindestens bis 2021 in Haft bleiben muss, weil er bis zu diesem Zeitpunkt keine Anzeichen einer Therapierbarkeit gezeigt hatte.

PETER LUNDIN

Der Serienmörder Peter Lundin hat vier Menschen auf dem Gewissen: seine Mutter, seine Freundin und deren zwei Kinder. Nicht nur durch die Brutalität seiner Taten ist er vor allem in Dänemark bekannt. Erstaunlich ist auch, wie er vor allem weibliche Fans anzieht. Schon dreimal heiratete er im Gefängnis, zuletzt 2011.

NAME:
Peter Kenneth Bostrøm Lundin, auch Niels Schaftner oder Bjarne Skounborg

GEBURTSDATUM UND -ORT:
15. Februar 1971 in Roskilde, Dänemark

VERBRECHEN:
Mord

TATORT:
USA, Dänemark

URTEIL:
Lebenslänglich

Peter Lundin

KINDHEIT

Peter Lundin wurde in Dänemark geboren. Sein dänischer Vater Ole Lundin war in die USA ausgewandert und als Soldat in Deutschland stationiert, wo er die Deutsche Anna Schaftner heiratete. Das junge Paar zog nach Dänemark, wo der einzige Sohn geboren wurde. Nach einer Pleite bauten die Lundins in Florida eine neue Firma auf. In der Pubertät soll Peter Lundin zunehmend jähzornig und gewalttätig geworden sein, besonders gegenüber seiner Mutter.

ERSTER MORD

Wegen eines Streits um seine Frisur erwürgte er seine Mutter im April 1991 und brach ihr das Genick. Sein Vater half ihm anschließend dabei, die Leiche an einem Strand zu vergraben. Ihren Nachbarn erzählten die beiden, die Mutter sei nach Deutschland zurückgekehrt. Nachdem die Leiche im November 1991 gefunden wurde, erhielt Peter Lundin eine Haftstrafe von 20 Jahren, sein Vater musste wegen Beihilfe zwei Jahre ins Gefängnis.

IM FERNSEHEN

1994 interviewte ein dänisches Fernsehteam Peter Lundin im amerikanischen Gefängnis. Während des skurrilen Interviews malte er sich eine Gesichtshälfte schwarz, die andere weiß an, als Zeichen der zwei Seiten seiner Persönlichkeit. Nach der Sendung erreichten ihn zahlreiche Briefe, auch mit Heiratsangeboten. 1996 heiratete er seine erste Frau Tina. Als er 1999 vorzeitig entlassen wurde, zog er zu ihr nach Dänemark. Aber seine Frau ließ sich bald scheiden, nachdem er sie und ihre Tochter mehrfach verprügelt hatte.

DREIFACHMORD

Peter Lundin zog bald zur alleinerziehenden Marianne Pedersen. Im Juni 2000 erwürgte er seine Freundin sowie ihre beiden Söhne, zehn und zwölf Jahre alt, nach einem Streit. Später demonstrierte er der Polizei an Puppen, wie er der Frau und den Kindern zusätzlich den Hals brach. Mit Axt, Säge und Winkelschleifer zerstückelte er die Leichen, packte die Stücke in Gefrierbeutel und fror sie in einer großen Truhe ein. Die Leichen wurden nie gefunden, vermutlich wurden sie mit dem Hausmüll in einer Müllverbrennungsanlage entsorgt. Wieder half Peter Lundins Vater bei der Beseitigung von Spuren und den Leichen. Im Haus und im Auto fand die Polizei zahlreiche Blutspuren und andere Hinweise, obwohl versucht wurde, alles gründlich zu reinigen.

LEBENSLANGE HAFT

Peter Lundin wurde im Juli 2000 verhaftet, gestand aber erst im Oktober seine Verbrechen. Sein ebenfalls beschuldigter Vater hatte ihn

Peter Lundin wird abgeführt.

schwer belastet. Peter Lundin gab zu, seinen Opfern die Gesichter und Hände zerschmettert zu haben, damit sie nicht identifiziert werden könnten. 2001 wurde Lundin zu lebenslanger Haft verurteilt. Im Sommer 2008 heiratete er seine zweite Frau Mariann. Sie reichte jedoch nach elf Tagen die Scheidung ein. Seit Mai 2011 ist Peter Lundin zum dritten Mal verheiratet und nennt sich Bjarne Skounborg. Schon zweimal klagte er dagegen, dass er als Psychopath bezeichnet worden war. Beide Prozesse verlor er. 2008 hatte er 100.000 Dänische Kronen, ungefähr 13.400 Euro, als Entschädigung für die Bezeichnung „Psychopath" gefordert.

ALEXANDER PITSCHUSCHKIN

Er wollte so viele Menschen umbringen wie ein Schachbrett Felder hat. Im Oktober 2007 wurde Alexander Pitschuschkin wegen Mordes in 48 Fällen in Moskau zu lebenslanger Haft verurteilt. Dabei hatte er darauf bestanden, schon 62 Menschen getötet zu haben. Vom Richter gefragt, ob er das Urteil verstanden habe, antwortete er: „Ich bin ja nicht taub."

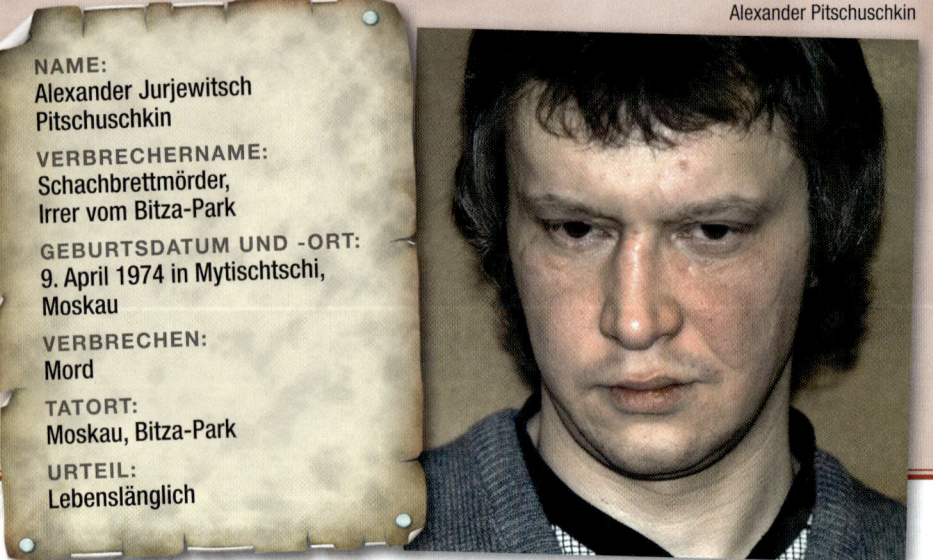

Alexander Pitschuschkin

NAME:
Alexander Jurjewitsch Pitschuschkin

VERBRECHERNAME:
Schachbrettmörder, Irrer vom Bitza-Park

GEBURTSDATUM UND -ORT:
9. April 1974 in Mytischtschi, Moskau

VERBRECHEN:
Mord

TATORT:
Moskau, Bitza-Park

URTEIL:
Lebenslänglich

HERKUNFT

Über die Kindheit von Alexander Pitschuschkin ist nichts bekannt, außer seinem Geburtsort, einer Vorstadt von Moskau. Mit 17 Jahren plante er mit einem Mitschüler die sogenannten Schachbrettmorde. Aber sein Schulkamerad wollte die Idee nicht in die Tat umsetzen. Deshalb wurde er 1992 das erste Opfer von Pitschuschkin, womit dieser den einzigen Mitwisser aus dem Weg geschafft hatte. Arbeit fand Pitschuschkin seit seiner Jugend z. B. in Supermärkten.

MORDSERIE

Im Jahr 2001 begann die Mordserie. Alexander Pitschuschkin sprach Menschen an, von denen er vermutete, sie würden nicht so schnell ver-

misst: Arbeitslose, Obdachlose, Behinderte.
Ein festes Opferschema hatte er aber nicht.
Er lauerte seinen Opfern meist an der U-Bahn-
Station Kachowskaja auf und lockte sie in den
Moskauer Stadtwald Bitza. Er wolle mit ihnen
auf seinen toten Hund trinken, erzählte er gern.
Waren die Opfer betrunken, schlug er zu, mit
einem Hammer oder einem anderen Werkzeug.
Danach warf er die Bewusstlosen in einen
Schacht, wo sie im Abwasser ertranken. Manche Opfer wurden auch erwürgt aufgefunden.
Wichtiger als eine bestimmte Tötungsart war
ihm die Anzahl seiner Opfer. Es sollten mehr
werden als bei dem bisherigen Rekordhalter
unter Russlands Serienmördern: Chikatilo. Ihm
waren 53 Morde nachgewiesen worden. Um
korrekt mitzuzählen, notierte er die Zahlen auf
einem Schachbrett. Bis 62 war er gekommen,
als er geschnappt wurde. Die Polizei fand das
Schachbrett mit nur noch zwei freien Feldern.
Aber drei „Pannen" hatten das Ergebnis ver-
fälscht. Drei Menschen, die er bewusstlos in
den Schacht geworfen hatte, waren durch eine
andere Öffnung wieder herausgekrochen und
hatten sich retten können. Als er einen der Überlebenden 2003 zufällig auf der Straße sah, legte
er vor Schreck eine zweijährige Pause ein. 2005
fing er erneut an – von nun an noch brutaler, um
sicher zu gehen, dass die Opfer wirklich tot waren. Er ließ die Leichen mit dem Mordwerkzeug
im Kopf liegen.

FESTNAHME

Sein letztes Opfer 2006 war eine Arbeitskollegin
von ihm. Diese hatte ihrem Sohn allerdings eine
Notiz hinterlassen, dass sie mit Pitschuschkin
zu einem Spaziergang verabredet sei und seine
Handynummer dazu geschrieben. Deshalb
fasste ihn die Polizei und er gestand seine Taten

Der Angklagte Pitschuschkin vor Gericht

sofort. Er bestand sogar auf die 62 Morde, obwohl ihm nur 48 nachgewiesen werden konnten.
Mit dieser Zahl hätte er seinen Rekord nicht
erreicht gehabt.

PROZESS

Im Oktober 2007 wurde ihm der Prozess gemacht. Gutachter bescheinigten ihm volle Zurechnungsfähigkeit. Er bekam lebenslänglich für
48 Morde und drei versuchte Mordanschläge.
Das Morden habe ihm das Gefühl gegeben, ein
Gott zu sein, erklärte er dem Gericht. Nach
64 Morden hätte er sich außerdem ein neues
Schachbrett besorgt. Reue zeigte er nicht, wohl
aber großes Interesse in ein „standesgemäßes"
Gefängnis mit prominenten Insassen zu kommen.
Als ihm das verwehrt wurde, verweigerte er jede
weitere Aussage.

REGISTER

BILDNACHWEIS

dpa Picture-Alliance, Frankfurt: 11, 12, 14, 15, 16, 17, 21, 22, 25, 28, 31, 32, 39, 44, 52, 53, 62, 65, 66, 76, 80, 83, 84, 86, 87, 92 r., 95, 96, 97, 98, 102, 103, 104, 106, 107, 110 l., 112, 113, 114, 115, 116, 117, 118, 119, 122, 123, 124, 125, 126, 127, 128, 129, 130, 131, 132, 133, 134, 136, 137, 138, 139, 140, 141, 144, 145, 146, 148, 149, 150, 152, 153, 154, 156, 158, 160, 161, 162, 163, 164, 165, 167, 168, 169, 170, 171, 172, 174, 175, 167, 177, 178, 179, 180, 181, 182, 183, 184, 185, 186, 188, 190, 192, 194, 195, 196, 197, 198, 199, 200, 201, 202, 204, 205, 206, 207, 208, 210, 211, 212, 213, 214, 215, 216, 217, 218, 219

fotolia.com: Kanusommer 30

Sonstige:
Lizenz cc-by-sa: MatthiasKabel 6, Olaf Tausch 7, Kadellar 9, picture taken by me in 2001 10, Holger Weinandt 43, Jürgen Howaldt 45, Cngodles 47, PRA 55, Tage Olsin 59, Pretzelpaws 71, Huhu Uet 73, Miserlou 88, Tim Schredder 105, Thesab 110 r., David Corby 111, Americasroof 135, Parrot of Doom 147, Rw2 159, Bergman, George M. 166, Jochen Jansen 189, ghostieguide 191, M62 193, Dual Freq 203, upstateNYer 209

www.loc.gov/pictures: 2004669987 64, 2006679475 67, 2005682822 68, 2005682821 69

Hinweis: Die Umrechnungen von Währungen und historischer Kaufkraft erfolgten nach MeasuringWorth,
www.measuringworth.com.